ちくま新書

日本経営哲学史

——特殊性と普遍性の統合

林 廣茂
Hayashi Hiroshige

1413

日本経営哲学史——特殊性と普遍性の統合【目次】

序章　経営哲学とは何か

職業をえらぶとは、生き方をえらぶなり。
生き方をえらぶとは、死に方をえらぶなり。

†経営哲学の定義

最初に、本書における経営哲学の定義をしておきたい。

経営哲学は「**企業経営の原理・根幹**」である。経営哲学には、その時代の経営者の思想（宗教観、倫理道徳観、世界観、歴史観、文明観など）と価値観（信念・個性・伝統など）が強く反映される。長寿企業では、創業者とか創業家の経営哲学が遺訓や家訓として継承されていることが多い。

経営哲学は、企業理念（企業の存在理由）や企業文化（企業の個性）などとして形式知化され、経営者と従業員に共有・共感されて企業が果たすべきCSR（社会に善と正義をなす企業の社会的責任）への態度と行動の規範となる。そして経営哲学は、暗黙知としても共有・共感される。

今日の経営哲学は、企業の「持続可能な成長」を実現するために不可欠な、**人的資本**（有能な経営者や従業員）（×）**経済的資本**（資金や設備）（×）**社会関係資本**（哲学や価値観の共有・共感）の三大資本の内の、社会関係資本を構成する要因・社会情緒的資産（Socio-Emotional Wealth）として捉えられている。

経営哲学とほぼ同義である用語として、経営思想、経営理念、経営倫理などが用いられる。厳密にはそれぞれ意味が異なるようだが、本書で使う経営哲学の意味は、「人の思想・理念・倫理と価値観を含み、合理性と非合理性、知性と感性・情性の中間にあって、人間が**働く意味と意欲**を駆動させる人間哲学」であると考えておきたい。

人は、自分個人の哲学（思想や価値観）と企業の経営哲学（理念や文化）が同期・共鳴したときに、最も強く企業の目標や目的に向かって自律的に努力する意欲をたぎらせると言われる。

経営哲学は、時代の文明システム（政治・経済・社会文化・技術の仕組み）**を構成する社会文化のサブシステムである思想の申し子である。**文明システムは過去から現在へ、経路依存（現在に過去が反映）し、不易流行（変わるものと変わらないもの・伝統は革新の連続）し、時代の特徴を反映して変化する。思想とその申し子である経営哲学も、企業経営の歴史を通して、文明システムの進化と共に進化し、拡張する。そして時として、文明システムの退化と共に退化することもある。

企業は時代を越え洋の東西を問わず、文明システムの変化を迅速に内部化する能力（アジリティ Agility）を持ち、変化に沿った競争戦略を立てる能力（ダイナミック・ケイパビリティ Dynamic Capabilities）を持たなければ持続的成長を実現できないとされる。それには経営哲学（企業理念や企業文化）という経営の原理・根幹にまで踏み込んで、絶えず企業そのものを包括的に自己変革する能力（トランスフォーメーション Transformation）を持たねばならない。

経営哲学は、歴史を通して形成された日本人「らしい・ならでは」の**「特殊」**な思想から生まれてきた。と同時に、それが目指している「顧客、社会、国家、世界」の人々の心身の健康と豊かさ（ウェルネス Wellness）への貢献に向けて、**「普遍」**を志向している。文明システムがグローバル化した今日、経営哲学もまた、国内志向だけに留まることなく、日本をグローブ（地球）の一部と捉えて、「国内から国外へ」と「国外から国内へ」の双方向で、アップ・スパイラルに循環し、拡張・進化されなければならない。

本書では、経営哲学が形式知として文章化され始めた江戸時代から現在まで400年の時間軸で、文明システムの変遷と経営哲学の進化・拡大・退化を検証する。そして最後に、現在から将来に向けて変化している21世紀の文明システムに適応した、新しい経営哲学のコンセプトを提案する。

†本書の構成

序章から終章まで全9章立てである。そして最後に、補章を加えた。

第1章では、日本人の思想（宗教観・倫理道徳観・世界観）**の形成と変容の歴史的な系譜をたどる。日本人「らしい・ならでは」の思想形成と、その経営哲学との関連に焦点を当てる。**

日本人「らしい・ならでは」の思想は、古代から歴史的・重層的に形成された。日本人の経営哲学はその思想の申し子である。日本人の思想（宗教観・倫理道徳観・世界観）は、神道・仏教・儒教の三教などのメタ統合で、日本に特殊的である。つまり、アニミズム的な基層信仰による魂《たま》の不滅、王権神話による国の創生と天皇の祭祀、浄土信仰・密教・浄土真宗・禅宗など仏教由来の救済と善の思想、そして、儒教の倫理道徳論・正義の思想などが重層的にメタ統合されている。

「お金は善悪をわきまえて、正しくきれいに稼ぐ」が文書化された経営哲学のスタートである。商人が収益をあげ、家業を持続するのは、祖先から自分へ・自分から子孫へ、命をつなぐ・家族を守る人としての「孝」の務めを果たすためである。それが善であり正義であると信じられた。人を騙す・怨みをかう・義にもとるなどの穢《けが》れた金では孝はつくせない。特殊な日本人「らしい・ならでは」の思想から、普遍の「善と正義」の意味を持つ経営哲学が育った。家族への「善と正義」は、やがて「顧客、社会、国家、世界」への「善と正義」にまで拡大する。

第2章は、封建日本期（江戸時代）の文明システムと経営哲学である。

江戸期の文明システム（政治・経済・社会文化）とその変容の中で、当時3000万人の人口を養う農工生産物の流通・販売という経済活動・商業資本主義を担った商人の活躍があった。厳格な「士農工商」の身分制度下での商人たちが、「賤商観」に抗して確立した存在証明である商人道の形成プロセスをたどる。

文明システムの変容。幕府の封建統治を支えたのは、神道と儒教が習合《しゅうごう》した（神儒合一の）日本化した朱子学である。上下関係の序列と秩序を守る統治である。一方では陽明学も日本化した。かくして、中国から伝来した儒教（朱子学と陽明学など）は日本の儒学になった。商人たちの中からは、儒学（主として陽明学）と仏教（浄土真宗など）が合体した経営哲学（商人道）が形成され深化した。

代表的な思想家と商人たちをとりあげる。近江商人が形成した「三方《さんぽう》よし（売り手よし・買い手よし、世間よし）」に代表される江戸期の経営哲学（商人道）の倫理道徳観は、西洋世界のそれと較べても、普遍性が高い。江戸時代は、明治維新以降の近代資本主義経済の助走期間だった。

第3章は、帝国日本期（明治・大正・昭和戦前・戦中期）の文明システムと経営哲学をカバーする。

「半開の文明国」であるとして、屈辱の不平等通商条約を欧米列強に強制された幕末の日本。明治維新の最大の眼目は、天皇主権の近代国家を建設し、富国強兵・殖産興業で国力を高め、欧米列強と対等の一等国になることだった。日清・日露両戦争に辛うじて勝利し、第一次大戦では戦勝国の一つになり、世界の五大国のメンバーに加わった。

大正の平和とデモクラシーの時代を経て、世界大恐慌に見舞われると、中国大陸での権益拡大を狙って「自己肥大」「夜郎自大」の道に突き進んだ。その道を政治家も国民も、日本にとって善であり正義であると賛同した。その善と正義が日本人のマインドセットになり、国全体が構造的慣性に陥り、国としての自己省察ができないままに昭和の戦争に突入した。

その間、実業家・企業家は忠君愛国・産業報国を実現する経営哲学（士魂商才）を共有して近代産業を育てた。日本は農業国家から工業国家に変貌した。国民にとって国家の方針に従い、国家に奉仕することは当然の義務だった。

明治時代の代表的な思想家・啓蒙家10人（福澤諭吉・渋澤栄一・新渡戸稲造・内村鑑三など）をとりあげる。そして、明治・大正期の代表的な企業家10人の、不易流行し経路依存し、かつ時代の鑑としての経営哲学とその形成プロセスを読み解く。

第4章では、民主日本期（1945〜1990）45年間の文明システムと経営哲学を論じる。

戦後民主主義による日本と日本人のつくり変え。そして世界2位の経済大国化。1980年代まで、和魂商才の経営哲学を持った戦前・戦中世代がリードして国家と経済の再建・家庭経済の立て直しを実現した。日本企業は国内外で急成長し、モノ造りで世界一と言われた。しかしその後、産業構造が世界的に、モノ造り（機械製品の性能・機能価値の競争）からコト創り（意味・情緒価値の競争）にパラダイムシフトした。日本を代表するモノ造り企業の多くが、コト創りのGID（グローバリゼーション・イノベーション・ダイバーシティ）の競争に後れをとり、それが現在にも続いている。

敗戦後、経済と生活を一から再建したのは、戦前・戦中世代の企業家とその従業員たちだった。彼らは、「忠孝一体の思想・天皇への忠誠と家族を守る」哲学を、「国家再建・経済再建・生活再建を実現する」哲学（和魂商才）へ転換した。軍国主義に多少を問わず加担した自分を、自己否定的につくり変えて転換したとされる。戦後に創業された企業が、現在の日本の時価総額上位300社の6割近くを占める。創業者の大多数は戦前・戦中世代である。

戦前・戦中世代は、「社員が会社と上司に忠義を尽くし年上を敬い、一致団結して、自分の務めを最後まで果たす企業」を作りあげた。企業は、後に「日本式経営の強み」と言われた「年功序列、終身雇用、企業内労働組合」を制度化して組織の序列と秩序を守り、雇用の安定と生活保障で社員の忠誠心を高め、社員中心主義で企業という運命共同体の和を確保した。

１９９０年以降はその経営哲学が薄れ、「日本式経営」は企業の足かせだとされて、株主至上主義、短期的な成果主義、形式知優先主義が横行している。戦前・戦中派の思想と経営哲学は戦後世代に継承されなかったようである。

第5章では戦後の日本を代表する、そして、日本の経済大国化を先導した創業者・企業家6人を取りあげ、第4章での論点を一段と深掘りする。

彼らの生い立ち・思想形成・経営哲学の実践と継承をたどる。彼らは戦前・戦中世代で、戦後の文明システムに適応して自己を変革し、それでいて日本人「らしい・ならでは」の思想の基軸をしっかりと踏まえていた。松下幸之助、土光敏夫、本田宗一郎、井深大、丸田芳郎、中内㓛の6人である。それぞれの業界で日本だけでなく世界を先導した企業家である。

6人には共通体験がある。彼らは皆、少年・青年時代に大正デモクラシーの空気を吸い、昭和の戦争は身近にあり、生活の一部あるいは生活そのものでもあった。一方では、江戸時代から連綿として継承されてきた日本人「らしい・ならでは」の思想（宗教性・倫理道徳性・世界観）と明治・大正に欧米から学んだ科学的合理性を、家庭の躾や教育を通して身につけた。戦前・戦中にも顧客志向を貫いた起業家がいた（松下幸之助など）。彼らは、1940年代の戦中には国民の義務として軍需産業に携わるか戦場に召集された。その思想を戦後は経済再建・事業の成長・国民の豊かさへ貢献する哲学に転換して、事業を再建し、または、創業した。

第6章では戦後70年、日本人の思想（意識）の変遷をたどる。日本人の思想の変遷と文明シ

ステム（特に経済）の変化とが相互に関連している、つまり両者の関係が一定の規則性・法則性を持っていることが検証される。

数理統計研究所の「日本人の国民性調査（5年毎）」（1953〜2013）、NHK放送文化研究所「日本人の意識調査（5年毎）」（1973〜2013）のデータを中心に読み解く。以下の流れに沿って分析した。

①日本人の思想（意識）は、戦後の70年間に大きく4度転換した。その転換は、日本経済の成長・停滞・再成長・長期低迷に同期している。

②日本人は、「信仰」は無いが「宗教心はある」と意識する、世界でも稀有の人たちだ。宗教心と倫理道徳心とは相互に関連しており、かつ、社会関係資本の不可欠の要因だ。それらが弱くなると会社や仕事への忠誠心は弱まり、人間関係は希薄になり、利己主義・現在主義が強まって社会全体への関心は薄れ、国家を便宜的に利用する、といった意識や行動が顕著になる。

③価値観の変化。「正しいと思うことはおし通す」「筋を通す」「公共の利益」「企業へのエンゲージメント（企業への愛着・仕事のやる気）」などに対して、ネガティブな人たちが急増中である。

④国家、国家と個人、ナショナリズム。国家を便宜的に考える日本人。日本人の愛国心も世界の中で特異である。日本への愛着心は強いが、自分と国家の関係を考えたことがない。国の

ために戦うことを否定する。

⑤外国人への意識。外国人に対して厚くて高い心の壁がある。

⑥日本人の思想（意識）の変遷のまとめをした。築いてきたプラスの社会と、失った・失われつつあるマイナスの社会を較べたら、マイナスの方がはるかに多い。特に宗教観と倫理道徳観が希薄になっている。

日本人「らしい・ならでは」の思想を21世紀の今日、再定義して取り戻さなければならない。戦後70年間で観察された、歴史的・伝統的な日本人「らしい・ならでは」の思想の風化とその理由を分析し、経営哲学の劣化の実態と相互に関連づける。

思想の風化と経営哲学の劣化の理由として、戦後の日本人の思想（意識）にそれ以前の思想・哲学の経路依存性・不易流行性があまり・ほとんど見られないこと、そして一方では、戦後70年の時代性が特に強く反映していることの2点が指摘できる。戦後の民主主義教育は、軍国主義を否定するあまり、日本人「らしい・ならでは」の思想の歴史の根幹部分を切り落としたと考える。その良い面も悪い面も一蓮托生に捨ててしまったようだ。そのため日本人自身が、「仏教由来の善と儒教由来の正義」を大切にしてきた良き日本人性を急速に失いつつあると言えるだろう。そのために社会の結束性や、安定性が弱まっていると考えられる。

グローバルに普遍的な経営哲学は、世界標準としてアプリオリにあるのではなく、ましてや欧米から与えられるのでもなく、日本人の思想の「特殊」の中から私たちが帰納するものだ。その歴史的特殊への知識も共感もないままに、グローバルな「普遍」を求めるのは、根がない木に花を咲かせようとするのと同じだろう。自己の歴史を知らない者に未来は見通せない。

第7章は四半世紀に及ぶ日本経済の低迷と、日本企業の「コトの価値創造」でのGID競争力の後退を、データで裏付ける。

1990年から最近までを対象に、内外の主要調査機関が公表しているデータを解析する。日本を主要国と相対比較する。第6章の思想の変遷と第7章の経済・経営の競争力の変化がほぼパラレルに進行していることが検証される。

日本経済と日本企業の停滞・低成長。コトの価値造りでのGID（グローバリゼーション・イノベーション・ダイバーシティ）競争力の低下を、以下の項目によって検証する。企業のグローバル展開の成長性と利益性・技術革新力・人材力、企業の研究開発投資の効率・効果である。そして、世界は日本に好意を持っているのに、人間の多様性・異文化との共生と衝突を避ける日本人の意識などを分析する。企業の盛衰とその理由（変わる企業・変わらない企業）を比較して、21世紀の、日本経済・日本企業の課題を取り出す。

終章で、「新和魂によるグローバル最適経営」の経営哲学を提唱する。

近江商人「長者三代の鑑」の画像（蓄積→浪費→衰退）の解釈に、今日の企業経営を重ねてみる。今日の企業経営者は利益の蓄積をし浪費はしていないが、前の世代の「思いや志」を継承せず、将来の成長性と利益性の向上のための新しい価値創造への投資もあまりしていない。そして従業員の給与は20数年ほとんど増やしていない。株主至上主義で内部留保を積み増しするのが経営者の務めだと思っているかのようだ。

「和魂」の継承を求める日本のトップ経営者の遺言がある。日本人「らしい・ならでは」の思想と経営哲学を再発見しなければならない。企業経営の「コトの価値の創造力」(×)「GID競争力」を強めるために、今日の経営哲学を再定義し、その日本的特殊性とグローバルな普遍性との共生と衝突を避けない、それでいて両者を最適統合する必要があると提案する。コトの価値創造のGID競争に勝ち抜く意欲・意志を取り戻したい。

「新和魂グローバル最適経営」のすすめである。

†グローバリゼーション・イノベーション・ダイバーシティ

最後に、本書で多用するGID(グローバリゼーション・イノベーション・ダイバーシティ)について改めて説明しておきたい。

(G) グローバリゼーション。企業が、日本の「内へ」と「外へ」、かつ同時に、アップ・スパイラルにグローバリゼーションを継続することである。日本中心主義から離れて、日本をグローブ（地球）の一部であると捉え、企業が経営の5要素をグローバルに最適配分して、グローバルな成果を最大化する、つまり、グローバル最適経営を実行する。それでいて企業の国籍は日本である。経営の5要素とは、企業理念、企業文化、経営資源、顧客価値創造プロセス、経営組織である。

日本企業はこれまで、日本にいながら海外から学んで自社の知識にする内へのグローバリゼーションは得意だったが、その知識を外へグローバライズする力はまだ不足している。とくに、企業が外へ（海外へ）展開するグローバリゼーションの中で、現地で学ぶ自社の内へのグローバリゼーションが遅れている。欧米企業はもとより、韓国や中国企業に較べてもそうである。つまり、現地での標準化や適応化は進めているが、現地に文化的に帰化する・現地の文化を内部化する内へのグローバリゼーションはまだまだ弱い。第7章で検証する。

（I）イノベーションは、技術だけでなくそれ以上に経営の5要素の全てで継続されなければいけない。顧客価値は、モノの価値（機能・性能価値）とコトの価値（意味・情緒価値）の統合として創造され世界中の顧客に届けられるのだ。日本企業はこれまで日本発のモノの価値造りで世界一といわれ、日本仕様のエンジニアリングに強かった。しかし、技術を世界中で顧客目線のコトの価値に転換するプラットフォームの構築力（創造力と想像力が不可欠）、コトの価値を顧客に届けるSC・VC（供給網・価値連鎖）の整備やマーケティング力が相対的に弱い。とりわけイノベーションを実行する人材のグローバリゼーションとダイバーシティが不十分である。

(D)ダイバーシティでは、外国人従業員を増やすとか、女性やＬＧＢＴの採用率を高めるといった数値の向上もさることながら、彼らの価値観や文化の多様性を受け入れ共生することがもっと重要だ。彼らのウェルネスを高めるのは当然である。今日では、世界中から集まってくる人たちの価値観の多様性との共生や衝突が、企業のグローバル競争力を高める原動力となっているのは、アメリカ・シリコンバレーのＩＣＴ企業の大成功を代表例として周知されている。

また、異文化と自己の文化との最適化は、国内で実体験をしないで海外で実現できるはずもない。反面、海外での経験を国内に移転して活かす仕組みも必要だ。

第1章 経営哲学前史——日本人の思想の系譜をたどる

1 日本人の思想の基層に神・仏・儒の三教がある

日本人「らしい・ならでは」の思想は、古代から2000年にわたり、主として三教（神道、仏教、儒教）とそれらをメタ統合（習合《しゅうごう》）した宗教性、倫理道徳性、そして世界観の総称である。本章では、経営哲学の母体である日本人の思想の系譜を概観する。

†日本人「らしい・ならでは」の思想

水と緑が溢れ、野にも山にも、川にも海にも、食料になる命が豊富にあり、周囲は海という巨大な要害に守られて外敵に襲われることがなかった安全な日本列島。日本人はその小宇宙の中で、「森羅万象に命を生む力（産霊《むすひ》＝魂《たま》）が宿り、その魂は循環する」というアニミズム的な基層信仰を古代から持ち続けてきたとされる。森羅万象の魂《たま》が基層信仰（古神道）の八百万《やおよろず》の神々である。神々が仲たがいしないで共存する精神空間を日本人は持ちつつ、人の命をつないでくれた祖先を崇拝してきた。

このように精神的柔軟性を歴史的に積み重ねてきたために、外来の仏教や儒教を対決することなく融通無碍に受け入れた。しかしそれらを丸ごと受け入れたのではなく、それぞれ日本適応化（日本化）して受け入れた。そして神・仏・儒の三教を自成的に（多民族に強制されることなく）メタ統合して、日本人「らしい・ならでは」の思想を、餅をこねるようにして創りあげたと言えるだろう。「らしい・ならでは」の思想とは、日本人に「特殊な」思想のことであり、そこから時代を越えた「普遍な」思想も形成され、経路依存し、不易流行して継承されてきた。

人への慈悲と思いやりが強い。他者を排撃しないで受け入れて共生する寛容性、柔軟性と適応性がある。天道に恥じない倫理道徳性を持ち、組織の和、序列と秩序、継続性を大切にする行動規範に従う。そして、天皇への尊崇の観念を持つ。

日常生活の佇まいでは、「清潔で静謐な空間」「親切・思いやり」「品と作法を守る」「真実は細部に宿る・手抜きしない」などを大切にしてきた。

この思想を母として生まれた経営哲学には、「祖先から受け継いだ命を子孫につなぐために、事業を承継することが人の務めである」「日本人の思想を態度や行動の指針として修身し、世のため、人のために尽くす」「その後に得られる利益は天の理にかなっている」とする価値観が根をはっているとされてきた。経営哲学は、日本人の思想の申し子であると考える所以である。

以下では、日本人「らしい・ならでは」の思想の中身を歴史的に概観しながら、社会経済分野（企業経営を含む）思想や価値観の形成に重要だと思われる諸点をハイライトする。

†天皇尊崇の精神

思想次元での日本創成の物語から始めたい。事実史ではないことをお断りしておく。8世紀に成立した『記紀』の王権神話は、神聖な権威による国家統一の物語である。つまり、この国の統一がどのように定められたかの物語である。皇祖神・アマテラスの出現は、日本が一つの統一的な国土であることの中枢的な意義を持つと、和辻哲郎は言う（和辻、1952a）。

アマテラスを『古事記』では「天照大御神《あまてらすおおみかみ》」、『日本書紀』では「天照大神《あまてらすおおかみ》」と表記している。本書では上山春平（1972、1975）に倣い、王権神話の神々をカタカナ表記に統一する。

アマテラスは天上の主宰者で、地上の大八洲《おおやしま》国（日本）に、三種の神器と共に天孫・ニニギを降臨せしめた。ニニギの三代孫が初代・神武天皇である。つまり日本・豊葦原《とよあしはら》の瑞穂《みずほ》の国（稲穂がたわわに実る国）は、アマテラスの権威を担う万世一系で、アマテラスの生まれ変わりである天皇（現《あき》つ神＝現実に現れる肉体をもった神）の統治に委ねられた。天皇を中心に、アマテラスの神聖なる権威において、日本の民族的統一が成立した（天壌無窮《てんじょうむきゅう》の神勅、『日本書紀』）。政治的統一よりも、この祭祀的統一が遥かに古い。祭祀的統一者（天皇）の権威を承認し、それへの帰属を核とする倫理思想が形成された。王権神話の神々と人々が一体だった。

かくして日本には、基層信仰・古神道のアニミズム的神々と王権神話・皇室神道の神々が併存している。

「私」を捨てて「公」に奉ずる清さ・清明心、邪心のないことの価値、その自覚の基盤が天皇尊崇・祭祀的団結心で、天皇尊崇は善・正義でありそれが日本人の倫理思想の源流である。公を私よりも重んじる、恬淡とし自己を空しくする、死を恐れず己の持ち場を守る勇気などは、後代の武士道の核心であり、やがて、江戸期の町人にも共有されて日本人の倫理道徳思想になった。それが現代に続いている。慈愛・社会的正義こそ日本的英雄の典型である（たとえばヤマトタケル）。こういった王権神話の中にすでに儒教の礼教的思想が反映されていると言われる。

しかし現実の政治は天皇の祭祀的権威だけでは機能しない。大宝律令の制定（701）で、日本は唐に見倣った本格的な律令制の統治に転換した。天皇は日本の政治的統治者にもなった。その統治思想は儒教由来である。祭政一致の日本が成立した。

統治思想は儒教由来だが、中国の皇帝と日本の天皇の権威と権限の淵源は全く異なる。中国では、天帝に権威と権限を与えられた皇帝が統治する。天帝は平民・一般人（漢の皇祖・劉邦など）にでも王権を委託し、委託した皇帝が統治に失敗すれば・皇帝が徳を失えば、皇帝をすげ替える王朝交替（易姓革命《えきせいかくめい》）が当然であるとされてきた。日本では皇祖神・アマテラスの生まれ変わりである現つ神・天皇が統治するのだから王朝の交替はおきないし、断絶もない。万世一系の皇統は神聖にして何人も犯すことはできない。

また仏教の伝来は、宣化天皇8年（538）に百済の聖王《せいおう》が仏像と経論《きょうろん》を献じたのを始まりとする。欽明天皇年13年（552）に伝来したとする説もある。日本人は仏教を受容した。統治は儒教（礼を持ち、君命を受けて、民を治める）、心は仏教（慈悲）の時代が到来した（亀井勝一郎、1974）。

律令制により天皇は、祭祀的権威と政治的権力の両方を持つ統治者と定まった。しかし現実の政治では、奈良時代の藤原氏（鎌足・不比等に続く四子など）の専制、そして平安時代に至っても藤原氏による摂関政治が続いた。鎌倉・室町・江戸時代を通して武家による統治が続き、天皇の親政は明治時代に至るまで、「建武の中興」の例があるのみである。しかし、天皇尊崇と天皇の祭祀的権威は、濃淡はあっても今日まで続いている。

2　日本人の宗教心も神・仏・儒のメタ統合思想である

梅原猛（1994）と吉本隆明ら（1995）によると、古代の日本人は、人間の魂《たま》は循環するという信仰を持っていた。人間の魂は死後肉体を離れて山へ帰り、天に昇り、また次の世代に戻ってくると信じられていた。祖先崇拝をし、その魂は子孫として再生すると信じていた。人間の命は先祖から子孫へと自分を仲介にして連綿とつながっている。これが日本人の基層信仰（古神道）で、仏教が伝来するずっと以前のことである。

一方中国から（当初は朝鮮半島を経由して）伝来した仏教は、死後霊魂は成仏するか、再生して永遠に輪廻転生を繰り返すと教えた、と加地伸行（1990）は論じている。死後成仏とは、阿弥陀如来が死後人を極楽浄土に迎え入れてくれること。輪廻《りんね》転生《てんせい》とは人間の霊魂は成仏することなく永遠に、地獄、餓鬼、畜生、修羅、人間、天の六道《ろくどう》の苦しみを輪廻転生する。

輪廻転生の輪から救われるには、阿弥陀如来に西方浄土《さいほうじょうど》へ迎え入れてもらうか（浄土教）、禅宗に帰依《きえ》して現世で解脱《げだつ》する道に進むことになる。禅宗の解脱思想と浄土思想が、歴史を下って形成された武士道と商人道それぞれの源流の一つである。

梅原猛（1981）によると、聖徳太子が定めたとされる「憲法十七条」（604）では、儒教の徳治《とくち》を中心に、さらに仏教・老荘思想の内面的訓戒(仏教崇拝)と法家《ほうか》の外面的・規律的訓戒(秩序の維持)を取り入れた。仏儒の習合思想の形式知化の始まりでもある。ただし仁義礼智信の五徳は、十七条憲法では、天皇の統治力がまだ不十分で豪族が割拠していた当時の日本の実情に適応して、「和」(仁)「礼」「信」「義」「智」の順になった。豪族間の争いが多かった時代に聖徳太子が定めた、争わない「和」が日本人の最高の徳目になった。

しかし、聖徳太子が理想とした徳治国家は実現されなかった。蘇我一族の専横がますます酷くなり、豪族たちの間で儒教の礼教思想の理解が遅々として進まなかったからである。

†神道と仏教の神仏習合が始まった

古代から長い年月を通して、神道と仏教が習合して、怨霊《おんりよう》信仰、穢《けが》れ忌避観念、本地垂迹《ほんちすいじやく》思想などが形成された。本地垂迹とは、如来や菩薩など諸仏(本地)が日本の神々の中に現れた(垂迹)とする思想である。日本人にとって、神と仏は一体になった。

神仏一体の信仰を深める中で、他を排除しない日本人の柔軟性と寛容性が生まれ、清潔(汚れ・穢れがないこと)・慈悲・勤勉・正直などを実践することが、人としての務め・作法になった。この人としての務め・作法が後世に経営哲学の基層にもなった。

神仏習合思想の成り立ちの理由はこうである。

義江彰夫（1996）によると、奈良時代に朝廷の統治がとくに地方で齟齬を来すようになった。王権神話の神々の権威だけでは地方豪族の心を捉えきれなくなったからである。朝廷は、神々を普遍宗教である仏教に帰依させる神宮寺《じんぐうじ》の建立を公認して、地方豪族の心を捉えなおそうとした。以来日本の神々と諸仏は別々でありつつ、一方では習合して今日に至っている。弘法大師・空海の真言密教は神仏習合を積極的に実行した。古代から続いている怨霊退散や穢れを祓う加持祈禱（神仏に願をかける）を密教に取り入れて、神仏習合の密教信仰を日本中の庶民レベルにまで浸透させた、と亀井（前掲書）は言う。弘法大師信仰は今日も日本人の心の中に生きていて、同行者2人の「四国88カ所巡礼」は盛んである。しかし、巡礼する人が全員、真言密教の信徒とは限らない。宗教心を持って自己省察をするための巡礼も多い。

†怨霊の祟りは恐ろしい

怨霊信仰は奈良時代に始まった。奈良時代の半ばごろまでには、「権力抗争の末に敗死した者の霊が怨みをもって現われるという観念が生まれつつあった」（義江、前掲書、92頁）。しかし、宮廷貴族の範囲内のことだった。「奈良末・平安初頭以降になると、理不尽な死を迎えた人の怨霊が、社会底辺者を含む広範な人々によって祀られるようになった」（同上書、92頁）。御霊会《ごりょうえ》の始まりである。

10世紀には、ある強大な怨霊が復讐して時の権力者を次々と死に至らしめ、ついには王権の中枢にまで襲いかかって皇太子の命を奪い、さらには、天皇までも死に追いやった。その怨霊の主は菅原道真(845〜903)である。道真は、摂関家・藤原家の陰謀で大宰府に配流され、怨みを抱いて没した。日本人が「怨霊の祟りの恐ろしさ」を信じるようになったのは、道真の怨霊以来だと言われる。道真霊は天台密教と神祇信仰が習合した反王権の神仏習合神・天満天神である。本地仏は十一面観音である。

現在では、道真は学問の神・王権の守り神として、京都・北野天満宮に祀られている。北野天満宮は、全国1万社の天神社・天満宮の総本社である。明治維新後は北野神社と改められたが、1945年以降に北野天満宮に戻った。

「理不尽さへの怨みをはらす、怨みは相手に祟る」観念もやがて庶民に至るまで共有された。「人間関係で人の怨みをかわないようにする」のは、現在でも日本人の態度や行動に通底している。企業経営では、恨みを買うような悪辣な取引は最高度のタブーであるとされる。

†穢れとその忌避が日本人の善悪観念の基本である

『古事記』のイザナギとイザナミの物語が穢《けが》れ忌避観念の出発点である。二神は先ず協力して国生みをするが、イザナミが死に黄泉《よみ》の国で穢れに取りつかれて腐爛しているのを見て、イザナギは逃げ出した。清らかな海で禊《みそぎ》を繰り返した。穢れ忌避の始まりである。禊の最後に、左目からアマテラス（皇祖神、高天原《たかまのはら》を統治）を生み、右目からツキヨミ（夜の世界を統治）を、そして、鼻からスサノヲ（出雲で八岐大蛇《やまたのおろち》を退治）を生んだ。

穢れ忌避の観念は、8世紀の律令国家の日本人に浸透した。穢れは悪であり清浄は善である。穢れ忌避観念は、仏教の「人間が罪から解放されて至善の悟りに至る教え」、そして儒教の「王権や指導者の持つべき人間関係の正と負の構図」とも結びついて、日本人の心の中に定着した。神・仏・儒が習合した「浄穢《じょうえ》」の価値観である。福田恆存（1969）は、日本人は不潔にしか悪を意識しない心理の持ち主で、日本人の道徳観の根底は美観（汚れていない）であると、断じている。

現代でも、葬儀の後に家に入る前に「清め塩」を体にふりかけて、死者に接触した穢れを祓っている。葬儀も神・仏・儒の習合である。仏教が中国で儒教の葬儀儀礼を取り込んだ後に日本に渡来し、日本人の祖先崇拝と穢れ忌避観念と習合したからである。穢れ忌避観念はさらに、人間関係や商取引での「汚い関係、汚い商売」などの言葉に含まれる忌避・蔑みの観念、などとして継承されている。

穢れ忌避の観念は、農業・稲作とも結びついている。旧暦6月の大祓《おおはらえ》（穢れである疫病を払い、厄災を避ける）は、感染症・食中毒などの疫病に罹りやすい時期、稲作を破壊する風水害などの災害が起きやすい時期なので、無事に夏を越える「夏越の大祓」をした。

夏越の大祓は京都では、怨霊のたたりである疫病を払う、厄災を避ける祭りである祇園祭などとして10世紀ごろに始まり、今日に繋がっている。家内安全・商売繁盛を祈願する京都の町衆・商人の祭でもある。

現在の八坂神社の御霊会《ごりょうえ》が祇園祭である。祭神はスサノヲである。明治元年の神仏判然（分離）令で、神仏習合の祇園社感神院（延暦寺の別院）を八坂神社と改めた。祇園社感神院では疫病・厄災を祓う薬師如来が本地で牛頭《ごず》天王が祭神だった。

†穢れ忌避観念と浄土信仰の習合

「穢れ忌避観念と浄土信仰の習合」については、義江（前掲書）を参考にした。

『古事記』の王権神話に出てくる「穢れ」の忌避観念と習合して、阿弥陀浄土信仰が日本に根を降ろした。

円仁《えんにん》（794～864）が9世紀後半に中国から持ち帰った阿弥陀浄土信仰は、**源信**《げんしん》（942～1017）によって全面開花した。源信が著した『往生要集』（985）は、第1章「厭離穢土《おんりえど》」で、「人間が住む六道（地獄・餓鬼・畜生・修羅・人間・天）は、苦の世界であり穢れに満ちている、だから、この六道・穢土を離れようではないか」と説いている。第2章「欣求浄土《ごんぐじょうど》」では、「信仰によって、苦しみのない、穢れのない世界、西方極楽浄土で再生するよう求めよ」と説く。

時代が大きく下って、戦国時代の終わり頃には浄土真宗が庶民に大いに広がり、それにつれて地獄図も分かりやすく、死後の恐れをあまり強調しないようになった。江戸時代に流行した四谷怪談、番町皿屋敷などの怪談は、怨みを抱いて死んだ女性の復讐で、お化け屋敷の妖怪たちは『往生要集』の地獄道や餓鬼道の絵画からイメージを膨らませたものだろう。

3 中世宗教改革の影響

†浄土宗・浄土真宗

鎌倉時代は日本の宗教改革の時代でもあった。つまり、奈良時代までの国家鎮護の仏教や平安時代の皇族や貴族たちの浄土信仰から、武士や庶民（町人・農民）の信仰への転換だ。ここで取りあげるのは浄土教の改革、法然の浄土宗、親鸞の浄土真宗である。とくに浄土真宗の阿弥陀の本願・絶対他力の信仰は、江戸時代に形成された商人道の中核思想を生み出した。
浄土宗の始祖である**法然**《ほうねん》（1133〜1212）は、「浄土信仰により、末法の世の人は自力で救済されることはなく、他力（阿弥陀の慈悲・本願）によって救われる」と説いた。そして、ひたすら「南無阿弥陀仏」と口で念仏を唱え浄土信仰に徹することを教えた。「疑いながらも念仏すれば往生す」である。ひたすら念仏である。そうすれば、死後阿弥陀如来によって西方浄土に迎え入れてもらえると説いた。死後救済である。阿弥陀如来の本願を信じることで死後救済される。救済を決定するのは阿弥陀如来で、その本願は絶対である。

親鸞《しんらん》（1173〜1263）は法然の他力信仰をさらに徹底した。その信仰が浄土真宗である。『往生要集』での阿弥陀如来は、死者の救済者として来迎《らいごう》したが、親鸞は阿弥陀如来を生者のための如来にした。阿弥陀如来を信じる人は、現世ですでに深い喜びに包まれていて、来世を待つまでもない。現世での喜びの境地がそのまま来世の浄土でも続く。「善人なおもて往生を遂ぐ、いわんや悪人をや」（善人は自力で救われるが悪人は仏の力・他力に依らなければ救われない）。「南無阿弥陀仏」とひたすら他力をたのめば、極悪非道な人も救われる。浄土信仰の革命だった。

江戸時代には全ての日本人が何らかの仏教宗派に属する檀家制度が設けられた。中でも浄土真宗の信徒は、一神教的な絶対他力の阿弥陀信仰を持っていたので、神仏習合の流れに抗し続けた。浄土真宗は、最大の信徒数を抱えていた。

阿弥陀如来の救いに感謝する他力の念仏を唱え、善人も悪人も、貴族も庶民も、阿弥陀如来がおわす「穢れの全くない」極楽浄土で成仏する。煩悩具足の凡夫《ぼんぷ》である私たちは、阿弥陀如来の本願に救済・成仏の決定権を委ねて念仏を唱えるのみである。

浄土真宗の信仰は商人に広く浸透し、正直・勤勉・倹約・禁欲・寛容・思いやりという日本人の思想を育んだ。信仰が篤い商人ほど、これらの徳目を一段と熱心に実践した。飢饉の折の難民救済、橋や道路の改修や拡張など、陰徳善事も数多く行った。そうすれば子孫の繁栄と極楽浄土での成仏がそれだけ確実になると信じられた。現世利益の信仰でもある。

†禅宗――「戒律をもって先となす」

栄西《えいさい》（1141～1215）が開祖とされる臨済宗は、鎌倉・室町の公家や武家に深く浸透した。禅に生きるとは戒律に生きることだが、室町禅林は将軍や武将など武家に対してどの程度に峻厳であったか疑わしいと、亀井（1975）は論じている。京の臨済禅僧は権力と接近し、貴族化したと言われる。

臨済禅は、室町幕府や公家の信仰を集める一方で、武家の乱暴狼藉（権力闘争による相互殺戮など）に目をつむり、「禅に生きるとは戒律に生きる」という前提を見失った。時の権力者に「殺戮」を止めよとか、信仰をだしにした遊びのような豪華絢爛とした金閣寺の建立を断念せよと説いた禅僧は、一人もいない。

「室町五山禅林が、法然の否定した「智慧高才」、「多門多見」の輩の巣窟と化し、かつて鎌倉仏教の祖師（法然、親鸞、道元など）たちが反逆した南都北嶺の高踏的な学風や好事家趣味へと逆転していった」（亀井、同上書、183頁）。五山は文化芸術上の「豊饒」示しながら、信仰においては「転落」していったと、亀井は断じている（同上書、198頁）。

以下も亀井勝一郎（同上書）を参考にしている。

道元《どうげん》（1200〜1253）は曹洞宗の開祖である。一時期は建仁寺で栄西の弟子・明全《みょうぜん》に師事したが、その後南宋に渡り曹洞禅を受け継いで帰国した。

只管打坐《しかんたざ》（ただひたすらに坐禅の行をし）、身心脱落（五欲を離れ、五畜を除く）、修証一等《しゅしょういっとう》（無限の修行を続けること）を追求した。「生きるとは戒律に生きること」を生涯実践した。日常坐臥、全生活の徹底的な清潔化を求め、煩悩具足《ぼんのうぐそく》の凡夫《ぼんぷ》の持つ無拘束性などは絶対に許されないと徹底した。そして、法然や親鸞と同様に伽藍建築を否定した。京都を離れ、越前（福井県）の山奥に小さな草庵をつくって修行に明け暮れた。

「仏道をならふといふは、自己をならふなり。自己をならふといふは、自己を忘るるなり。自己を忘るるといふは、万法に証せらるるなり。万法に証せらるるといふは、自己の身心、および佗己《たこ》（他己）の身心も脱落せしむるなり」

自己はすなわち佗己である。自他は一如。万法は、自分の感覚に触れるもの全て（眼耳鼻舌《げんたびぜつ》身意《しんい》の経験）である。本当の自分は、脳の内側にあるのではなく、むしろ自分の外側にあると思っていたもろもろの現象（経験）の中にこそ顕現している。

不立文字《ふりゅうもんじ》、直指《じきし》人心《にんしん》、以心伝心《いしんでんしん》。不立文字、信仰はあるところから言説が絶える。直指人心、山を見れば自分は山である、掃除をするとき自分は箒または掃除そのものになる。そして見性《けんしょう》成仏《じょうぶつ》する、つまり、自分の奥底に存在する仏心仏性になり切って真実の人間になる。

武士道の「君主へ絶対忠義を尽くす」作法は、禅宗の「身心脱落」と表裏一体だと考えられる。デカルトの「我思うゆえに我あり」の箴言は現代合理主義の根本だが、そのために人間は完全合理的に思考し・実践できると過信して尊大になり、他人をないがしろにし、自然破壊を繰り返して自己の利益の正当化をしてきた。しかし、人間は限界合理的でしかなく、自他は別ではなく一如であるという、ホリスティック（全体論的）に自分と世界をとらえる禅の思想が、いま改めて経営哲学に必要だと思っている。

4 儒教から生まれた倫理道徳思想と統治思想

京都五山（臨済禅）の中で戦国時代の終わり頃には、「三教一致」（仏教・道教・儒教）と「儒仏《じゅぶつ》不二《ふに》」（儒教と仏教の合一性）の研究が盛んになり、禅僧から儒者になる者が現れた。武家は禅よりも儒学を要求し始めた（長谷川宏、2015）。

その代表例が相国寺の禅僧・藤原惺窩《ふじわらせいか》で、日本朱子学の祖と言われる。豊臣秀吉や徳川家康に朱子学を講じた。その弟子が建仁寺で学んだ**林羅山**《はやしらざん》（1583〜1657）で、羅山は惺窩の推挙で徳川家康に仕官し、徳川幕藩体制の制度的基盤をつくった。そして幕府官学の開祖となった。林家《りんけ》は代々幕末まで、大学頭《だいがくのかみ》として幕府の教学を担当した。

羅山は家康以降も4代・徳川家綱まで将軍のブレインを務めた。羅山は大名を規制する「武家諸法度・寛永令」（1635）を起案した。後に幕府学問所昌平黌《しょうへいこう》となる家塾を創設した。羅山はまさに、「国家創業の時に際ひ、大いに寵任せられ、朝議を始し、律令を定む。大府の須ふる所の文書、その手を経ざる者なし」（『先哲叢談』）というほど重用された。

羅山は、惺窩の神儒合一の思想を学問的に裏付け、武士の支配、身分制に理論的根拠を与えた。「神道の『道』は朱子学の『理』である、神儒は同じ一理であり、同じ一心に帰納する」とした。そして忠君愛国を強く説いた。大極であるアマテラスの掟は絶対的な真理であり、上下君臣の義、尊卑の違い、長幼の次第は大極に基づいている。だから、「士農工商」の身分制は絶対的真理によって支持されていると論じた。仏教、老荘、キリスト教を排撃した。キリシタンの弾圧・処刑を主張した。

中江藤樹《なかえとうじゅ》（1608〜1648）。日本の陽明学の祖と言われる。当初は朱子学を信奉していたが陽明学に転じた。

君臣関係にある武士は「忠」を重んじるが庶民には関係がない。武士にも庶民にも通じるのが「孝」で、「孝」は大虚（永遠の道理、朱子学の大極に相当する理）を持って全体とする。それは、「身を立て道をおこなう」人倫の道理となる。「孝」は、家族関係から人類という最も広い人倫関係にまで同心円的に拡大することができる。大虚の皇上帝が生命の源泉でそれが「孝」の原理である。藤樹はこれを大虚儒道とした。天地人万物はみな「孝」より生じる。「孝」による文武の統一とは、「武なき文（天下国家を治めて五倫の道を正しうする）は真実の文にあらず、文なき武は真の武にあらず（強いだけでは咬みあいの犬とことならず）」と説いた。武士の道は人倫の道、農工商三民への人倫的模範であるべきだ。農工商の三民の人倫の道（商人道の原則）も、その中核は、士道と変わらない。心即理の陽明学そのものである。商人道の形成には、陽明学の「心即理」の思想が反映されている。

江戸時代には、かくして、儒教（朱子学と陽明学など）を日本化した儒学・神儒一致の思想が広がり、それが浄土真宗の教えと相まって、商人道（商家の経営哲学）の形成に強く影響した。「儒教とは何か。この問いに簡潔に答えることは、容易ではない。それは、儒家の思想内容はきわめて多様であるからである。宗教的側面、政治思想の側面、倫理道徳の側面、社会思想の側面、芸術思想の側面、経済思想の側面など、現在の大学という制度でいえば人文科学・社会科学のほぼすべての分野をカバーしている。（中略）特に朱子学においては自然科学の側面も非常に重要なのである」（小倉紀蔵、2012a、33頁）。

本書では、儒教の礼教的側面である政治思想、経済思想、倫理道徳思想に焦点をあてている。この礼教的側面が日本化されて、経営哲学の倫理道徳の「何が正しいことか＝正義」の中核になっている。

日本人は7世紀来中国・唐から、儒教の礼教思想（統治、倫理道徳）に基づく律令制を取り入れて国造りをした。唐を国造りの範とした。新儒教である朱子学は鎌倉時代に南宋から、陽明学は室町時代に明から、それぞれ取り入れた。

†四徳・四端・五倫

儒教の倫理・道徳は、人が徳をきわめて真の人間になるという教えで、その核心が、四徳《しとく》、四端《したん》、五倫《ごりん》である。究極の徳である四徳は**人間に内在している**「仁・義・礼・智」（道徳性＝理）である。朱子学によると、徳が**人間の外に現れる**（芽生える）四端が、惻隠《そくいん》の情（仁の端で、私心を克服して人を愛し憐れむ）、羞悪《しゅうお》の情（義の端で、利にとらわれずに悪をにくみ正義をおこなう）、辞譲《じじよう》の情（礼の端で、人間社会の上下関係を守り人と譲りあい礼をつくす）、是非《ぜひ》の情（智の端で、知を磨いて物事の善悪を見わける）である。

四徳は、五倫の道を実践して磨く。五倫の道は、**上下左右の序列と秩序を守る**人間関係での孝忠別悌信の道である。つまり、祖先・父母・子孫への「孝」（一族の「血脈・いのち」を過去から未来に継続する)、君主への「忠」、夫と妻の「別」、兄弟での長幼の「悌《てい》」(年長者に従う)、朋友との「信」(誠をつくす・約束をまもる)を実践する。

これらの教えが古代から今日の日本でも、その濃淡の違いはあっても、人の道の基本であり、社会の組織や人間関係の序列や秩序に通底している。

†儒教は序列と秩序の思想である

朱子学では、人の徳の高さを、理(仁義礼智)の到達レベルで測る。徳の高さによる序列である。親、君主、夫、兄は一段と序列が高い人たちだから、尊敬し従わなければならない。他方では、序列が高い人たちは低い人たちの面倒をみてくれる。**双方向の秩序**である。

儒教は、もともと、血族主義(祖父→父→子の男系による血の継続性=孝)を核にした宗教思想である。これが人間の基本である。血族の「孝・悌」を核にして格物→致知→誠意→正心→修身→斉家→治国→平天下(『大学』の八条目)と同心円的に、統治が血族の外にも拡大する。かくして、君臣間の上下の序列と秩序(忠=忠義)、身分制度(士農工商)の序列と秩序(礼=社会の規範)という政治・統治思想が発展した。全てを包摂する大徳が「仁=慈悲・惻隠の理」である。

朱子学の「士」は、「士大夫《したいふ》」(科挙官僚・知識人)である。中国や朝鮮で政治・統治に携わった人たちだが、「文」の序列が上で「武」は下である。日本では江戸時代の武士が士大夫に相当するが、武士は「文＝知識人」と「武＝戦士」の両方を担った。文武両道である。

†儒教は変革と競争の思想である

四徳に至るには、序列と秩序を守りながら、五倫を実践して道徳性を磨かなければならない。五倫を実践して道徳性を磨けば、四徳の高い人間に近づける。これが変革・進歩である。だから、儒教は固定した序列と秩序を守って国や社会を停滞させる側面がある一方で、内からの自己の変革・進歩を求めてもいる。

自己の変革・進歩をもたらすには、膨大な道徳エネルギーが必要である。道徳性を高めるエネルギーが変革・進歩につながる。「志しのある人や仁の人は、命惜しさに仁徳を害するようなことはしない。時には命をすてても仁徳を成しとげる」（『論語』衛霊公第十五）（金谷治訳）。殺《さつ》身成仁《しんせいいじん》である。そして「自ら反《かえり》みて縮《なお》ければ、千万人と雖《いえど》も吾往《ゆ》かん（自分はあくまでも正しいと思うときは、たとえ相手が千万人あろうとも、断じてあとへは一歩も退かぬ）」（『孟子』公孫丑）（小林勝人訳）。

儒教は競争の思想でもある。変革・進歩には凄まじい生存競争を勝ちぬくことが欠かせない。勝ちぬくためには四書五経《ししょごきょう》を切磋琢磨して身につけることが必須である。かつての中国や朝鮮で科挙試験に合格することは、競争を勝ち抜いて変革と進歩へのパスポートを獲得する道である一方で、既存の体制への服従も意味した。習慣・儀礼などの伝統を重んじながら、変革と進歩を実現する保守である。

†朱子学と陽明学の違い

儒教の解釈や実践を巡って、中国で、儒教の大きな二つの学派、朱子学派と陽明学派が形成された。朱子学は主に、南宋時代（1127〜1279）に朱熹《しゆき》（朱子）などによって再構築された新しい儒教体系で、陽明学は、明の時代（1368〜1644）に王陽明などが体系づけた。

朱子学と陽明学を分けたのは、人の徳の道、序列・秩序の倫理道徳の解釈とその実践方法論にあったと言われる。朱子学は「性即理」を、陽明学は「心即理」を唱えた。

①**朱子学は、人間の心を「性」と「情」にわける。**性（心が静かな状態）は天が賦与した絶対的な善性・「理」（仁義礼智）で、情は感情として現れる心の動き・「気」（四端）である。根本は一つだが理と気にわかれている・別のものだ（一つにして二）。しかし理と気はどこかでくっついている。それゆえ、心が性と情を統合する。

感情の動物である人間は、情を動かす。心は情の動きに秩序を与え性に戻す。情が激しく動くと欲・人欲となり、悪となる。情には七種類があり、喜・怒・哀・懼《く》（楽）・愛・悪・欲である。朱子学は人間の感情を肯定するが、この七情が過剰か過少に働くと欲になると考える。私欲・人欲（私利私欲＝悪）を朱子学は徹底して否定する。

朱子学は厳密な倫理・道徳体系であり、自立の精神、自己への厳しさ、自己管理を求めるが、実践は後まわしにするとして批判されもする。「知」が先行し「行」が後になるという批判である。しかし、「知」と「行」の時間差を限りなく小さくしなければならない。だから、「実践は後まわしにする」というのは、反朱子学陣営からの中傷だと言われる。

朱子学では、「肉体労働」「商業とその利益」「人に尽くすサービス」は卑しい行いであるとし、士大夫はそれらに決して手を染めてはいけないとする。

②陽明学は、私欲・人欲を認める。つまり、性と情をわけないで一体として人間の「心」を捉えた。それが「理」である。心理合一（心即理）である。理と気の二つに見えるが根本は一つ（二にして一つ）。心に内在する理を完成させるために、外にある事物の理をわざわざ取り入れる必要はない。しかし陽明学も、あくまでも、現実の道徳的秩序（理）を肯定する。

③朱子学と陽明学。朱子学は「性と情を・理と気をわける」（根本は一つだが二つにわかれている）が、陽明学は「理と気を・性と情をわけない」（二つにわかれているが・別のものだが根本は一つ）。陽明学では全てが一つの心になる。万物一体の仁である（天地万物は自己とひとつながりになっている）。

朱子学では、「人間が道徳的完成を目指していくとき、最も最初にすべきなのが」格物（『大学』八条目の最初）であり、これは心に内在する理によって外部の事物一つ一つの理にすみずみまで到りつくすことである。陽明学では「すべての理はすでに心にある」。人の心に内在する理と外部の理は最初から完全に一つなので、内在する理を信じて突き進めばよいとする。陽明学は、人は善悪を判断する能力を生まれながらに備えている。それを「心＝良知」と捉えた。朱子学の「致知＝客観的知識の追究」ではなく、「良知」を実践することを「致良知＝知識と直観的道徳力が統合したもの」とし、実践を通して実現する「知行合一」が大切だとした。つまり、考えることと実践との一致である。「知ハ行ノ始メ、行ハ知ノ（完）成」（島田虔次、1967、130頁）である。「（知行合一とは）認識と行為のあいだに、一瞬の隙間もない。（中略）人間の本性に完全にしたがえば知行合一が成り立つのであって、知行合一が成り立っていないのは、人間の本性がどこかで破綻しているからなのである」（小倉、同上書、171頁）。陽明学は実践の学である。幕末の志士や明治維新を担った人々に朱子学と共に影響を与えたのが陽明学である。反体制・革新の活動に理論的な根拠を与えた。

また、商人道は陽明学の影響が強く、人欲＝利益の追求を肯定する。商人が買手や世間に義を尽くした後に得る利益は正当であるとする商人道を説く「石門心学塾」を開いた石田梅岩の思想は、神・仏・儒のメタ統合だが、陽明学の影響が強い。

最後に朱子学は、知識の習得を「論理的に因果律的に順を追って極めていく」「格物致知（物の真理に至り知識を得る＝客観的な知識）」「窮理（理を究める）」という段階的・因果律的なアプローチを求めるとされる（加地、前掲書など）。武士や商人たちが江戸時代にその知的訓練をしていたので、日本人は明治になって西欧の自然科学や社会科学を比較的スムーズに習得できたとされる。

†神道と儒教が一致した日本の儒学

室町時代に、神道こそ儒教と仏教の本地であるとする「反」本地垂迹説を唱える吉田神道（卜部《うらべ》神道）が生まれた。皇祖神・アマテラスが宇宙の中心にいて、仏教・儒教・道教を取り入れている。伊勢神道も鎌倉時代末期には「反」本地垂迹説を唱えている。江戸時代以降は吉田神道が、神道の主流になった。

仏教（禅宗・臨済禅や浄土宗など）は室町時代の末期にその戒律性・純粋性が消滅したと認識された。一方では室町時代を通して、京都五山の僧侶たちは禅修行のかたわら朱子学の研究に熱心だった。応仁・文明の乱（1467〜77）のさ中に京に居られなくなった禅僧が全国に散らばり、彼らを通して禅と朱子学が全国の武士に浸透した。そして多くの禅僧がその朱子学の統治論を駆使して戦国大名の軍師にもなった。戦国時代を背後から動かしたのは禅僧たちだったとも言える。

江戸時代に入り儒学が盛んになった。徳川幕府が朱子学的統治を強力に推し進めたことの影響も大きいと考えられる。儒学研究は先ず京に始まった。京から伝わり幕府の官学化した朱子学に対して京では、陽明学の研究も盛んだった。儒学者は仏教を蕃神《ばんしん》（外国から日本にやってきた神）として退け、その多くが当時主流の神道思想になっていた反本地垂迹説を取り入れて、アマテラスが儒教の天帝の本地であるとする神儒合一・神儒一致の儒学を形成した。その実態は神道を儒学で体系化したものである。

江戸時代の日本人の思想は、それまでの仏教と、神儒一致の儒学の二本立てだったと言われる。武士・町人・農民を問わず日本人は全て仏教徒（浄土真宗・日蓮宗・密教など）であることを強制されていて、その倫理道徳の基本は仏教由来だった。武士階級は仏教徒（浄土宗・禅宗など）でありつつ、儒学・朱子学を学び朱子学的な倫理道徳（君臣の大義名分）の実践を理想とした。そのことが禅宗と朱子学のハイブリッドでもある武士道の形成につながった。町人学者・儒学者の多くは先ず朱子学を学び、やがて陽明学に転じた。

5　経営哲学の形成と武士道・商人道

†武士道と商人道

17～18世紀に成立した武士道は、これまでに論じてきた日本人の思想のサブシステムである。朱子学の「忠・義・仁・礼・信・勇・誠」の徳目のほかに、陽明学、仏教（祖先崇拝、身心脱落、見性成仏、禁欲・質素）、神道（潔さ、ますらおぶり、雄々しさ）がメタ統合された武士の作法（暗黙知）である。形式知として武士道書といった経典があるのではない。

武士道の核心は、主君への忠であり忠を貫くために命をささげることと、支配階級の士として五倫を実践し五常を磨くことである。戦国時代の武士の乱暴狼藉の振舞いや宗教への破戒・無戒ぶりから大転換した。やがてこの武士の作法が、町人（商人や職人）や百姓にも広がり、日本人全体の精神、民族精神になった。

以下は、藤直幹《ふじなおもと》（1954）と新渡戸稲造《にとべいなぞう》（奈良本辰也訳・解説、1993）によっている。

武士道の最高の支柱は、「義」（主君に忠義を尽くす徹底した自己犠牲）であり、義が「仁・礼・智」を統合する。義とは「死すべき場所にて死し、討つべき場にて討つ事也」（新渡戸、同上書、34頁）。時には、仁が不足している主君に諫言することも義だった。武士は人の上に立ち、「仁」（思いやり、憐憫の情）をもって治める。人に対する思いやりを可視化した「礼」をつくす。礼は真実と誠意を旨として、二言はない。

陽明学の「知行合一」をとり入れた観点からは、義・仁・礼・信を理解するだけでなく実践する「勇」が不可欠である。また、祖先・父母への孝心とその実践、年上・目上に敬意を払い従う「悌」の実践、朋友との信頼・誠実の関係性の維持も必須の行動原理だった。中でも家督相続は、家をつなぐ・武家の祖先と子々孫々に対する命をつなぐための最大の「孝」の実践であった。

武士道は、認識と実践が表裏一体で、しかも、それが日々の生活の隅々にまで張り巡らされた道徳作法・礼儀作法・実践作法である。

新渡戸が『BUSHIDO The Soul of Japan』（1900）を執筆したきっかけは、ベルギー人の法学者から、「宗教教育がない日本で道徳をどうやって授けるのか」と質問されたからだとされる。神・仏・儒のメタ統合で形成されている武士道の道徳や礼儀は、その淵源や実践の作法は日本の「特殊」ではあるが、キリスト教や騎士道の歴史を持つ西洋の特殊とも共通する「普遍性」を持つ、と新渡戸は強調した。

新渡戸は武士道の八つの規範を取りあげている。義（正義の道理）、勇（正しいことを実行する勇気）、仁（愛・寛容、憐憫の情）、礼（他人に対する思いやり）、誠（真実性と誠意）、名誉（個人の尊厳とあざやかな価値の意識）、忠義（主君に対する臣従の礼と忠誠の義務）、そして自制（足らざるを誇りにする、損得勘定をとらない）。日露戦争の停戦を仲介したアメリカの第26代大統領のセオドア・ルーズベルトは、新渡戸のこの著書を読み、武士道が持つ徳目の普遍性に感動していたと伝わる。

江戸時代の武士道の徳目は、一般大衆のそれへ広がった。大衆娯楽（芝居、寄席、浄瑠璃など）を通して、士（さむらい）は民族の美しい理想になった。江戸期の日本人の知性と道徳の多くは、武士道の所産だと言われる。

武士道は、「エリートの栄光」から国民全体の精神、民族精神（大和魂）になった。他方では、利を「悪・卑しい」とする武士道の徳目への対抗として、「社会に有用の行いの余澤（利）は善である」とする商人道が生まれた。

当時の商人は最下位の身分とされ、商品を右から左に流通させるだけで利を貪るのは「卑しい、強盗にも等しい」（荻生徂徠）と蔑まれていた。

商人は自らの存在理由を打ち立てた。それを後に商人道という。石田梅岩などがその存在理由を形式知化した。商人道は、「幕藩体制を支えて武士が俸禄を得ることと、経済活動を通して人々の暮らしを支えて商人が利益を得ることとは、徳川将軍や藩主に仕えるという忠義の価値において同等である」（石田梅岩）を核にした経営哲学である。武士が家督を継いで家を継続するように、商人は家業を承継する。家業を繁栄させる。そして、武士も商人も、祖先から受け継いだ命を子孫につなぐ、人間の最も大切な使命「孝」を果たす。これは次章で詳述する。

†経営哲学の形式知化

経営哲学が形成され、現代にも残るように形式知化（文書化）され始めたのは封建日本期（江戸時代）の16世紀初頭で、以来今日までの４００有余年にわたり、それは文明システムの大きな転換と共に経路依存し、不易流行し、時代の特徴を反映してきた。第2章以降で、大きく4期に分けて考える。

①封建日本期（江戸時代）の265年間（1603〜1868）、「三方《さんぽう》よし」のマントラで象徴される商人の経営哲学（商人道）は、現代語に翻訳すると、「顧客満足と地域社会に貢献した後で得られる利益は正当である」とする。現代の社会や国家への貢献という概念は成立していない。
②帝国日本期（明治維新から昭和20年の敗戦まで）の77年間（1868〜1945）の「士魂商才」の経営哲学は、「三方よし」だけでは不十分で、「日本を列強と並ぶ一等国にするために武士道の精神で産業発展につくす」とした。日本を強い国にするために貢献する「産業報国」という、国家観と国民意識が反映されている。
③民主日本期の45年間（1945〜1990）の経営哲学は、「経済の再建と家族のゆたかな幸せのために滅私奉公する」和魂と「アメリカに追いつき追い越す近代産業の発展を実現する」商才が結合している。世界2位の経済大国になり、日本人は民族の誇りを取り戻した。
④グローバル日本期の28年間（1990〜現在）は現在進行中で、その経営哲学は漂っている。日本人「らしい・ならでは」の思想が大きく揺らいでいるからだと考えている。思想の揺らぎ・経営哲学の漂流と、日本経済の長期低迷が相互に関連しているのではないか。本書を貫く問題意識である。
400年に及ぶ日本の経営哲学の系譜の中から、温故知新し、自今生涯にむけて、21世紀の経営哲学「新和魂グローバル最適経営」のコンセプトを取り出したい。

第2章

封建日本期の文明システムと経営哲学――江戸時代

1 中世の商業活動と商人倫理を振り返る

†中世の政治・経済システム

日本の商業の歴史は古く、古代から中世にかけて商人が活躍した記録がある。この節では中世の商業活動・商人のプロファイル・商人倫理について、政治・経済システムの時代性と商業の近世(江戸時代)への経路依存性に留意しながら概観する。

中世の政治システムは、律令制の下での摂関統治から院政期を経て武家による統治(鎌倉・室町幕府)に転換した。そして戦国時代・織豊時代を経て、徳川幕府による統一日本の近世の封建統治につながった。

経済システムは、院政期の11世紀後半から始まった荘園公領制の下で、農本主義の荘園経済・国衙《こくが》経済を中心にして形成された。国衙は現在の県庁に相当する地方（国《くに》）の統治機関で、国衙が支配する土地が公領（朝廷領）である。朝廷から任じられた国司である長官が受領《ずりよう》として公領を支配した（高橋典幸・五味文彦編『中世史講義』ちくま新書、2019）。公領と並行して、皇族・貴族・寺社が所有する土地が荘園である。全国の公領や荘園の農水産物（米、魚、塩など）や地域の特産物（絹・漆・鉄など）の荘園同士間、そして京や畿内で製造される技術レベルの高い手工業製品（武器・農具・衣類など）との交換経済が盛んだった。荘園と荘園、荘園と京を結ぶ流通配送網（ＳＣ《サプライチェーン》）が出来あがっていた。自給自足ではなかった。当初の交換貨幣は米と絹・布などである。京と奈良が最大の消費地であり手工業の中心である。

交換経済を担ったのは商人である。荘園・公領の所有者・不在地主（朝廷・皇室・貴族・寺社の権門《けんもん》）は京や奈良に住み、その消費経済を荘園・国衙が納める年貢（農水産物・特産物）に依存していた。農水産物の流通と販売を担った商人（正確には商工業者）は、中世の初期から中期までは荘園・公領の所有者である各権門の直属民で、各権門の財政・経済に仕えるために、自由に流通販売や金融に携わる特権を与えられていた（網野善彦、2005）。

武家が政権を握った13世紀前半から金属貨幣（宋銭など）による交易が普及し、とくに関東を中心にした東国では、荘園や公領の多くが武家（御家人）の直領《じきりよう》になった。武家の直領での商人は、権門の直属民の身分から離れ、また、新興商人も登場して、武家の許可と保護を受け、武家に利益を与えつつ自らの富を蓄える商業を展開した。室町・戦国時代の武家の経済力と軍事力は、その領有する土地の生産物と他領地の生産物との交易、そして宋・明や東南アジアとの貿易によって商人が稼ぐ収益に依存した。農本主義経済をベースに、商業に高い価値を置く重商主義経済が発展した。

商業は神仏の加護の下で始まった。佐々木銀弥（1972）によると、平安時代の11―12世紀には荘園公領制が確立しており、全国の国衙領や荘園からあがる農水産物・特産物を現地で相互に交換した。そして、それらの生産物を不在地主である京の皇室・朝廷・特権貴族や、同じく不在地主の京と奈良の大寺社に献納する物流配給網が成立していた。大寺社とは、比叡山・東寺・東大寺・高野山、北野天満宮・岩清水八幡宮・日吉大社・春日社などである。不在地主たちは、当初は荘園から届けられた米や絹を商品貨幣にして、都市生活に必要な物品や唐《から》物《もの》や国産の奢侈品《しゃしひん》を購入した。

売買と流通に携わった直属民・商人の身分は高く、租税の免除や種々の商業上（生産や流通・販売）の独占的な特権を与えられていた。朝廷・国衙に仕える公人《くにん》、天皇の直属民は供御人《くごにん》、神の直属民は神人《じにん》、そして仏の直属民は寄人《よりうど》である。神仏とのかかわりが深く、しかも全国どこにでも自由に行ける特権を保証されていた（網野善彦、同上書）。

農水産物や手工業品を交換・販売する市庭《いちば》は、当初は恒常的ではなく一カ月に何度か定期的に、国府や荘園の寺社の門前や境内で開設された。「市庭」と「市場」は同義で、「中世の古文書では「市場」という字は「市庭」と書くのが普通」（網野善彦、2017、82頁）だった。神仏が見守る聖なる場所（縁所）で、自由な売買を行っていた（網野、前掲書、2005）。市庭は無《む》縁《えん》の場（空間）で、「日常の世界とはちがい、聖なる世界・神仏の世界につながる場」（網野、同上書、59頁）である。その空間で、農水産物や手工業製品を交換した。つまり、日本の商業は、神仏の加護の下で寺社の周辺の市庭から始まったとされる。

綿貫友子（2017）は、寺社の門前の他に、湊津や街道の宿などでも市庭が開設されたと記述している。

恒常市が開設されるようになったのは鎌倉時代の後半だといわれる（網野善彦、前掲書、2017）。

†武家領の拡大と金属貨幣の流通

鎌倉・室町時代になると、多くの国衙領と荘園の領主は武家に変わり（守護職、守護大名）、領主は二大消費都市である京・鎌倉に住み、領地には荘主《しょうす》などの実質経営者を配置していた。その領地の経済を実際に経営した荘主の多くは禅僧だったという。彼らは計数に明るく、合理的・論理的思考の持ち主で領地経済の経営能力に優れていたと言われる。また国衙領では、国衙に在所した官人が在所領主になった（佐々木、前掲書）。

13世紀後半には金属貨幣が流通して、農水産品を地元の国衙市庭・荘園市庭・領国市庭で販売しその代金の金属貨幣（宋銭など）を、やがては為替手形（割符《さいふ》）にして、京や鎌倉の領主に納めた（代銭納）。銀が支払・交換手段として使われるようになったのは15世紀後半からである。地主である貴族や寺院、そして武家は、金属貨幣で生活や兵糧に必要な農水産物を買うようになった。京や鎌倉では米穀・魚介類・着物・手工業品などを売る商店が軒をならべていた。売買する場は、定期市から常設店舗になった。地方でも京・鎌倉でも直属民ではない商人が物流や販売に携わり、活躍した。

市場原理に基づいた日本の商業が初期的ながら成立したのは、以上から、金属貨幣が流通した13世紀後半からだと言える。本格的な商業の成立は江戸期に入ってからである。

†鎌倉仏教と商人

戦国時代には戦国大名が在地領主として直接領地経営に当たっている。経営の執行役の多くは鎌倉仏教（禅宗・浄土真宗・日蓮宗など）の僧である。

新しい商人が生まれた。天皇や南都北嶺の神仏の権威が失墜したために、その直属民であった供御人・神人・寄人などの特権も利益をもたらさなくなった。直属民の多くは守護大名・戦国大名と結びついて、これまでの特権（生産・流通販売・金融・廻船など）の保証を担保に新しい領主に利益をもたらす商人に転身した（網野、前掲書、２０１７）。かつての直属民でない新興商人の活躍も拡大した。

彼らは、戦国大名の許可と保護の下で各領地の農産物の流通と販売の他に、他の領地経済との交流・地域の特産物などの交易、大消費地で手工業の中心である京や畿内の都市へ農産物や手工業の原料の供給、都市で生産される手工業製品や贅沢品・絹布や綿布の領地での販売などを担った。商人は戦国大名に、富と全国各地のライバル大名の動静に関する情報をもたらしつつ、かつ、自分たちの富を蓄えた。商人の多くは浄土真宗や日蓮宗の信徒だった。

中国・明や東南アジアとの遠隔地交易を拡大する貿易商人も多く登場した。その代表例が、南海道（四国南部）を通り明や東南アジアと貿易する航路のターミナルである泉州・堺の貿易商人である。

そして、全国をカバーする物流網が成立した。陸路は当初は京に、鎌倉時代以降は京と鎌倉に求心した。陸路は人の移動が主で、物流は馬車や人力に頼らざるを得ないから輸送量に限界がある。海・河川・湖を利用した廻船物流が中心になった。海路の西回りは、北は日本海沿岸の十三湊《とさみなと》（現・青森県五所川原市）から瀬戸内海を経て兵庫湊（現・神戸市兵庫区）まで、東回りは東北・塩釜まで。木綿帆を用いる大きな準構造船による海上輸送が発達した。瀬戸内海では河川を下って運ばれた農産物や海産物を配送する小型船が行き交った。大物浦《だいもつのうら》（旧淀川の河口港で現在の兵庫県尼崎市）から京・淀港までの淀川を利用したルートは、人と物が行き来する大動脈だった。琵琶湖の湖上ルートは、日本海交易の中心である小浜《おばま》（福井県南西部）を始め北陸や美濃と京をつなげて、人と物を運ぶ湖上船でにぎわった。

室町・戦国時代に活躍した商人の実数は不明である。斎藤修・高島正憲（2017）によると、中世・15世紀末-16世紀の職人（工産物の製造・販売に携わる人たち）の内、（工産物の販売）に携わっていた職人（商人）が16%に達していたという報告がある。実数は不明だが彼らは、京、大坂、奈良など都市化が進んだ地域に集中して居住していた。各領地と京・奈良とを結ぶ流通・販売に携わった商人の実数も分からない。

†商人の倫理道徳観

これら中世の商人たちがどんな倫理道徳をもって商業に従事していたかについて、直接に言及した文献は見当たらなかったが、廻船人（船を利用する流通業に携わる商人）の慣習法による自己規律の成文化「廻船大法」または「廻船式目」とか、商人の慣習法による「商人道の古実」による「商人裁き」などがあった（網野、前掲書、2005）。商人は明らかに、守護大名・戦国大名の権力から自立して自己規律を志向していた。

各領地と政治経済の中心都市である京や畿内都市や鎌倉を上りと下りの両方でつなぐ物流・商品の量や質の確保、荷駄や水上・海上に及ぶ配送のルートの強盗・海賊などからの安全確保、配送スケジュールの遵守などの管理も丹念に実行しただろう。金属貨幣や為替手形による売買、代銭納や手形の決済も一般化していた。商人同士・商人と領主の相互に、正直と誠実の信頼関係があったことを裏づける。商人たちは、職種別の「座」を形成して、権益を守るほかに、何らかの競争取引の倫理実践に関する決まりごとや競争者間での友好を保つ方法も確立していたと考えられる。

形式知として書き残されてはいなくとも、上記のような商業慣習・商業倫理を自律的に形成するのに十分な宗教性・倫理道徳性を当時の日本人はすでに身につけていたはずである。商人の原型は皇室や寺社の直属民であったこと、商取引の市庭が寺社の境内や門前に設置されていたこと、そして領地経済を実際に経営した僧が多かったこと、さらに、室町・戦国時代の商人の多くが禅宗、浄土真宗や日蓮宗の信者であったことなど、商業・商人と仏教、とくに鎌倉仏教は深く関わってきた。もちろん現実には、多くの不正・不誠実な行いをした商人が多かったことも記録されている（綿貫、前掲論文）。

商人が蔑視されるのは封建日本期（江戸時代）に入ってからのことである。徳川幕府の朱子学的統治による身分制度によって、「利を得ることを卑しいとする」蔑商観が体制化され、商人に押し付けられたと言えるだろう。

中世の商品の流通経済はまだまだ地域限定的だった。市場原理にもとづいた商業資本主義が萌芽していたと言えるだろうが、本格的な全国的・広域的な豪商による商業資本主義経営は未発達だった。江戸期に入って徳川幕府は再び土地税制を柱とする農本主義を経済・財政の柱にしたが、現実の経済では本格的な商業資本主義が急速に発達し、それを支える流通経済は全国規模に拡大した。商業資本主義がもたらした富が、自らは一切生産に携わることなく、消費するばかりで破綻した幕府や藩の財政を救った。

2　文明システムとその変化

本節の歴史記述は、藤井讓治・高埜利彦・賀川隆行・田中彰による『日本の歴史』(12〜15巻、集英社、1992)を参考にした。

†政治の仕組みと社会の変化

時代の大転換は短期間に起きるようだ。

戦国時代の末期・安土桃山時代は足早に過ぎ去った。織田信長が京・本能寺で明智光秀に討たれた（1582）後、豊臣秀吉の死（1598）までわずか16年、豊臣方と徳川方との関ヶ原での東西決戦（1600）までなら18年である。豊臣が滅びる大坂夏の陣（1615）まで関ヶ原の合戦から15年だった。

戦国時代の趨勢は、武家を中心に新しい統治の思想形成とその実践に向かって進んでいた。仏教から儒教・朱子学思想への傾斜であり、武将たちは武力による全国統一支配を目指して延々と戦い続けていた。その先頭を走った織田信長の不足を豊臣秀吉が補い、そして徳川家康が秀吉の不足を補って、封建統治という新しい統一国家へ大転換した。

「征夷大将軍・幕府は天皇・朝廷から政務（大政）を委任されている」という両者間の「暗黙の了解」の下に徳川幕藩体制・封建体制が成立した（佐々木克、2014、94頁）。

士農工商の身分制の下で、徳川幕府（中央政権）が各藩主（江戸中期で合計280藩前後）を直接統治し、藩主は領民を直接統治した。江戸・大坂・京・堺・奈良・長崎などの政治や経済の要の都市は幕府が直接統治した。かくして、日本の隅々まで長期安定した封建統治がいきわたり、それが260数年間持続した。武力によって日本に秩序をもたらそうとした武家の戦いは、徳川幕府の成立をもって終わった。武力は無用になり、新たに文力による統治が必要になった。

それが朱子学的統治である。士農工商の身分制度は、厳格な上下関係の秩序を定めた。徳川幕府の封建統治は、征夷大将軍を頂点とする権力、朱子学的な仁義礼智の四徳と忠孝別悌信の五倫の価値観、そして経済は農本主義の3本柱で構成されていた。つまり、全ての日本人が士農工商の身分制の下で権力の体系と価値観の体系の下に置かれ、農本主義を内包した商業資本主義が発展した。幕藩制は慢性的な財政赤字と頻繁な災害・飢饉に苦しみながらも、ほぼ安定して260数年間続いた。

†経済の発展・消費の拡大

現実の日々の生活は、全国に張り巡らされた生産・流通・販売・消費というVC・SC（価値連鎖・供給網）を経営する商人の経済活動に依存した。17世紀後半には、商業資本主義が農本主義を内包して全国規模で定着・機能して、江戸期の成長発展を牽引した。以下では士農工商のほかに、武士・農民・町人（商人と職人）の用語も適宜使う。

島国という小さな閉ざされたコスモスの中で、日本的な文明システムが自成的な（autogenic）進化を遂げた。安定した統治の下、経済が発展し、大都市が生まれ、町人が主導して学問（儒学、国学など）や芸術（文学・絵画など）が盛んになった。江戸期に到達した経済力の強さや学術レベルの高さは、当時の西欧諸国と肩を並べるほどだった（川勝平太、1997）。

商人は複式簿記を利用して量的な資産・負債の管理と正確な損益計算をしていた。貨幣経済が発達した。商人は、扱い商品の量単位の値付けだけでなく、商品の価値（品質などの付加価値）に見合った値段も設定した。現代経営学でいうマーケティング・コンセプトが一部働いていた。そして商人の人間関係は、幕府直轄地とか藩の垣根を越えて、それぞれの商品分野や専門分野で、全国ネットワークを作って縦横に結びついていた。

美術や文学の他に科学技術も進化した。造船、建設・土木・治水、農業、数学、発酵、繊維、刀剣などの分野である。これらの進化を町人（商人・農民など）が主導し、その成果を製品の開発・生産・流通・販売に活用した。蒸気機関はなかった。それが西欧と日本の科学技術文明の進化（近代化）のスピードを分けた決定的な要因になった。日本の産業革命は明治維新後に始まった。

一方では、封建統治は厳格だった。武士階級や農民・町人に対する法令（法度《はっと》、禁止と命令など）を幕府が細かく定め、その遵守を徹底した。徳川幕府を権威・権力の頂点にして、全ての組織と人民を上下関係と秩序の中に安定的に囲い込むためだ。氏素姓による剛直的で同心円的な人間関係が基本である。

武士に対しては「武家諸法度」を定めた。寛永法度（１６３５）では、藩主の参勤交代の義務、新たな築城の禁止、城改修には幕府の許可が必要、自藩の統治に専念しそれ以外は幕府の命に従う、５００石積以上の大型船の建造禁止などを厳格に課した。倹約に努めること、武芸や学問にたしなむことも定めた（藤井譲治、1992）。

大型船の建造禁止は、商船に限り撤回された（1638）。そのため、千石船（千石積の弁才船）など大型商船による日本列島を西回りと東回りする海運が発達した。農水産物や手工業製品が、産地から「天下の台所」である大坂経由で、大消費地の江戸をはじめ全国に大量流通する仕組みができあがった。

また、キリスト教禁止の後、宗教統制のために寺請《てらうけ》制度を定めて、日本人は全て身分を問わず、いずれかの仏教宗派に属することとされた（檀家制度）。仏教が実質的な国教になった。僧侶は幕府体制側に立ち権力を持つことになった。檀家制度により、仏教は葬式仏教化した反面、日本人の祖先崇拝心とあいまって、家には仏壇を備え、盆には祖先の霊を迎えて送り出し、彼岸には祖先の霊を慰める宗教儀礼が定着した。そして、家を子々孫々に伝える思想（家の存続が第一）が全国的に共有された。商家の継続は家の継続と不可分一体になった。

商人には浄土真宗が最も信仰された。その理由は、誰でも成仏できるその懐の深さ、そして、死後の六道の輪廻転生という永遠の苦しみから浄土に救われる手続きの簡単さにあったと言われる。商人は、スムーズに極楽浄土に行くために、生きている間に善行を積み、勤勉・倹約・質素・禁欲の商売と暮らしをした。

†財政破綻と商人の危機

幕府や藩の財政は、農本主義（農業を本とする経済）を貫いたために、江戸時代初期に実質的に破綻した。年貢米の販売代金の歳入を遥かに超える歳出・消費を武士階級が続けたからである。

幕藩の財政破綻を救済したのは商人で、年貢米の売買差益の他に、米穀以外の農産物、海産物、手工業製品の流通・販売で生み出した利益を蓄積した富の少なからずが、運上金などの実質的な税金として、また貸付金として武士階級に還流した。つまり、商業資本主義が農本主義を内包して付加価値を生み出し、幕藩体制を財政面から支えていたと言える。商人なしには徳川体制は260年間存続できなかっただろう。

そして、商人の手によって、各藩の米穀を始め農水産物や手工業品の全国市場が成立していた。商人による全国流通なくして3000万人強の人口を養う経済は成り立たなかった。当時の商人の数は、大中小を含めて、総人口の6％前後の180万人くらいだった。武士は足軽も含めて200万人程度だ。

しかし商人は卑しまれた。江戸中期の儒学者・荻生徂徠は、「商人は非常に卑しい人種、盗賊、棍棒、乞食の如き」と表現したが、この時代の商人に対する社会認識を代弁したと言える。

幕府は、財政危機・経済危機が起きると、農民や町人の不平不満のガス抜きを兼ねて、多くの商人を「ぜいたく」を理由にして全財産没収、処払い、家は断絶・追放などの処分に付した。財政危機・経済危機は商人の危機でもあった。

†商人への儒学の深い浸透

幕藩体制の統治思想は序列と秩序の支配思想で、朱子学が基本である。朱子学でいう皇帝の統治権限（大政）を、天皇から委任された徳川家（征夷大将軍）が内政と外交を執行するとして、征夷大将軍を頂点とした序列と秩序の支配を正当化した。京で朱子学などを学んだ儒学者とその後継者が、幕府の統治や法令制定の諮問役や原案作りを務めていた。

ところで、源頼朝による鎌倉幕府（1192）から足利尊氏による室町幕府（1338）へ、そして徳川家康による江戸幕府（1603）まで、武家による統一政権の統治は、自身の権力・武力だけでは不十分だった。諸大名、寺社、農商工民たちを統制・統治するには、天皇の権威を借りる必要があった。

鎌倉と室町の権力は、権力以外に、国家の理想、その存立基盤となる思想を自らが打ち立てることはなかった。徳川政権は、天皇の権威を頭におきながら、自身の政権の正当性を支える国家の理想・統治の思想・人間関係の思想を、朱子学を中心にした儒教に求めた。

また京の儒学者たちは神道と儒教の融合を通して、神道を根本とする国の理想的なかたち、統治や人間関係とその秩序の思想を生み出した。江戸時代は、今日に続く日本人「らしい・ならでは」の思想形成と国の成り立ちを考える一大エポックメイキングの時期だったと言えるだろう。

自らは何一つ経済価値を生まなかった武士。彼らは、全国に設立されていた藩校で武道に精進し、主に幕府の官学である朱子学を学び、四書五経を読み学問をして武士としての精神的・知的訓練をした。藩校は文武両道の藩のエリートを養成した。水戸の弘道館、彦根の弘道館、萩の明倫館、熊本の時習館、福岡の修猷館などが代表的である。

藩校の他に、学問を教える市井の私塾があった。京、大坂、江戸で儒学者たちが私設した、商人や裕福な農民の子弟が学ぶ高等教育の場であった。京の古義堂、萩の松下村塾などは今に名を残している。私塾で朱子学や理（真理や正義）と人間の欲望を同時に肯定する陽明学を学んだ。

また石田梅岩が京都で開いた、神道・仏教・儒教をメタ統合した「心学塾」から直接・間接に学んだ商人たちが、梅岩の「武士の俸禄と商人の利益は同等である」という思想に触発されて、自分たちの存在意義や実践的な商業倫理・道徳、商人の行動規範を生み出した。商人道である。商人道も、武士道がそうであるように、体系的な経典があるのではなく、各商家の倫理・道徳規範、行動規範として、家訓・遺訓などの形で後継者に伝えられた。

大坂では官許学問所「懐徳堂」（1724〜1869）で、当初は商人たちが儒学を学んで商業倫理・道徳を身につけた。朱子学と陽明学の研究が同期していた。儒教が教える「徳」は、普遍的な価値であるから、支配階級（武士）の占有物ではなく、商人にとっても十分に理解できる。商人にとって先義後利《せんぎこうり》の徳が最も大切である。

18世紀末には、この思想がさらに大きく拡大した。「懐徳堂」を拠点にした商人の知識レベルは、支配階級の武士たちに較べ、政治経済（経世済民）の構造をはるかに科学的・客観的に認識・理解できるように進化していた（テツオ・ナジタ、1992）。

商人は、計数管理・時間管理などの科学的思考を会得し、天変地変などのリスク管理をして、全国をネットワークでつなぐ物流と商流をマネジする知識と経験を積んでいた。米とか絹糸など特定製品の、大坂や江戸を拠点にした全国各地の商人との放射線型の取引関係ばかりでなく、原料生産・加工製品化・物流・販売といったVC・SC（価値連鎖・供給網）を川上から川下まで構成する全国に立地していたそれぞれの業種との分業ネットワークも出来あがっていた。当然のことながら、人間関係も上下関係と秩序を重んじる武士階級の同心円的な（家族・身内同士の人間関係が外延に拡大する）それればかりでなく、自由に経済的な機能・利益志向でつながるネットワーク型の人間関係が拡大した。しかし、商家の経営や人事管理は、武士と同様に、上下関係の秩序を守っていた。

商人は厳格な封建統治の身分制度のもとで、経済活動を自由・活発に交流させて経済価値を生み出していた。そして、人間としての倫理道徳を重視した。彼らはすでに近代に向かって助走していたのだ。

大多数の商家の奉公人は、実践を通じて商業倫理・道徳である商人道を身につけ、一人前の商人に成長していった。四書五経は主人や番頭が教えた。

町人用の寺子屋（手習い所）では、礼儀作法はもちろんのこと、読み書き算盤と論語・修身を教えていた。寺子屋で学んだ少年たちの多くが、商家に奉公するとか職人の道に進んだ。

１８７２（明治5）年に発布された学制により、全ての学校は文部省が統括するようになった。文部省が刊行した『日本教育史資料』によると、明治5年の時点で、日本には約２８０の藩校、約１５００の私塾、そして約1万１２００の寺子屋があった（沖田行司、２０１７）。

江戸末期の日本人のリテラシー（識字率）の推定値がある（歴史の謎研究会編、１９９８）。武士はほぼ１００％、都市部の町人は男子49～54％、女子19～21％である。江戸では70～80％だったという。当時の世界で最も高いレベルだったと考えられる。この町人の識字率の高さ、そして、儒学の教養の深さが、明治時代の義務教育をスムーズに行きわたらせる精神的な公共資本になった。

†商業資本主義経済の発展――江戸・大坂・京の三大消費市場の発達

徳川幕府の封建統治が全国に行きわたり、その安定した統治の下で、江戸、大坂、京の三大消費地が生まれ、各藩の城下町も消費市場として発達し、歴史上かつてなかった高度経済成長が続いた。商人が活躍する場がますます多様化し拡大した。１７５０年の推定人口で、江戸は１２０万人、大坂は40万人、京は37万人だった。都市人口のほぼ全員が、生産手段を持たない消費人口だった。彼らの衣食住に必要な物資を供給したのが商人である。

江戸は武士と町人が半々ずつで構成された政治と消費経済の中心都市だった。参勤交代で江戸に勤める諸大名とその家来たち、なかでも外様の雄藩の、体面を重んじる消費が江戸の経済を潤した。大名の出費は巨大だった。国元の年貢収入の半分前後が江戸藩邸によって消費されたと言われるほどである。その巨大な出費が江戸市中に流れ込み、消費経済が膨れあがった。17世紀後半・元禄時代の江戸の繁栄はこうして現実になった。

大坂は江戸に次ぐ大きな消費市場でありつつ、米をはじめとする農水産物とその加工品、農作器具など手工業製品を生産して全国に流通する最大の拠点として発展した。天下の台所である。京は呉服ファッション、そして、技術レベルと芸術度の高い手工芸品の中心都市として栄えた。大坂と京は付加価値を生み出す都市で、江戸はもっぱら付加価値を消費する都市だと言えるだろう。

封建統治は藩の自治権（年貢を徴収する課税自主権）を認める連邦制で、各藩は米の生産を増やす新田開発とか特産物の開発を奨励した。それら全国の農水産物が、繰り返すが、大坂に集まり一部は加工されて大坂から全国に放射状に流通し、江戸・大坂・京の三大都市だけでなく各藩の城下町など全国津々浦々で消費された。

北海道から日本海沿岸に沿って大坂への西回りの航路（北前船《きたまえぶね》）と、大坂から江戸への東回りの航路（菱垣《ひがき》廻船・樽廻船）が物流の二大動脈だった。物流と農工産品に付加価値をつける商流がアップ・スパイラルに拡大した。全国物流・全国商流を担った商人の活躍を抜きにしては経済の好循環は実現しなかったし、幕府や各藩の経済は成り立たなかった。幕府の統治政策は反商業主義だったが、現実の暮らしはそれを包み込んだ商業主義で賄われた。

幕府や大名、そしてそれに仕える武士や足軽を合わせた200万人が江戸や各藩の城下町である都市に住み、幕府の直轄地や各藩からの年貢収入を超える奢侈な消費を続けたために、幕府や多くの藩は財政難に陥り、武士は窮乏した。そしてそのことを幕府や大名は商人の利益追求のせいにした。農本主義に依存し、自ら生産に一切携わらず、その生産物を年貢として徴収し貨幣に換えて暮らすのが「士」だった。士にとっては当然の「理」だったが、経済原理に反するその理が士を追い詰めたとは気づかなかった。

江戸期を通して、商業を縮小し武士を農村に定住させるべきとする幕府や大名（そう進言した荻生徂徠など儒学者を含めて）の反商業主義が続く一方で、商業活動を「善」とする商人や豊かな農民たちが持続する経済成長を担っていた。彼らは、「義」を重んじつつ自律的に商業活動を営み「利」を蓄積し、それを地域の特産物の開発や農作物の増産、そして、事業拡大に再投資して更なる経済成長（富の増加＝拡大再生産）を実現した。

農作物の増産が実現したのは、①商人が資金を提供した治山・治水が進み開墾・新田開発が加速した、②商人が主導して灌漑・肥料・品種改良など農業技術の開発が進んだ、③商人の販売力に依存して米以外の地域の特産物が多くの藩で生産されるようになった、④農民が勤勉に働いた、の4要素がシナジーを発揮した。土地の単位当たりの農業生産性は当時世界最高レベルを達成していた。「勤勉革命」である（川勝、前掲書）。

†農業が育んだ勤勉で創意工夫する国民性

弥生時代から江戸期の終わりまで日本の産業は、記紀神話にもあるように（水が豊かで稲穂が実る国）稲作中心の農業だった。経済の基盤が米穀を主にした農業生産とその加工品の製造にあった。平安末期に登場した武士階級も農民出身で、平時は農業に従事していた。戦争が不要になった徳川幕藩体制下で、武士と農民が完全に分離した。

日本人が農業を通して歴史的に培った勤勉性・一所懸命性・創意工夫性・柔軟性・相互補完性といった特徴は、江戸期に武士にも農民にも引き継がれた。こういった日本人の特徴は、とくに、人口の圧倒的大多数を占めた（80％）農民による日々の農業作業の生産性が高まるプロセスで、そしてとくに江戸時代に、飛躍的に高度化・進化して、日本人に共有される国民性になった。

四季の気候変動・風水害、そして年貢の苛斂誅求といった自然環境の変動や政治の恣意的な施策が続く中、それらに柔軟に対応して一所懸命に働き、可能な限り大きな収穫をあげる。家族の生存を継続する。そのために、農民は昼間は田畑で働き、夜は家で農産物の加工や農機具の改良や修理をする。形式知の部分は一家で緩やかに役割分担（機能分担）する一方で、一家全員で相互に助けあって知恵を出しあい（暗黙知を共有して）、創意工夫し、農業技術の改善・改良・新しい発明を継続して、収穫を大きくした。新田開発もした。

これらの農業革命の実現には、農民一人一人が全体に目配りする自由や自主性が大切である。自分の家族ばかりでなく、村全体の共同作業・共同責任で収穫量を増やす。家族の継続大事が拡大し、村の継続、地域共同体の継続も大事になった。農村という運命共同体社会での望ましい家族の人間関係が同心円的に藩全体にまで拡大した。

この国民性は、明治以降の近代化の中で、官庁や企業の組織メンバーの労働・勤務の作法として継承された。かくして産業革命は短期間の内に達成され、日本は世界有数の工業国家にもなった。一方では商人が江戸時代に培ったネットワークでの人間関係づくりのスキルが、海外貿易を通じて、文化が違う外国の商人とも付き合える普遍性を発揮した。その原型はすでに、豊臣秀吉が始めた朱印船貿易にあらわれていた。次節で詳しくカバーする。300年近い時を超えて明治期に日本は再び、貿易立国の道を突き進み始めた。

米穀の生産高は2・5倍増した。米穀の実収石高（中村哲による）でみると（1石＝180リットル、150キロ）、1600〜1870年の270年間で、耕地面積当たりで1・5倍超、石数ベースで約1900万石から約4700万石に2・5倍増大した（浜野ら、2009、5〜6頁）。

別の推計値（深尾ら、2017b、284頁）では、1600〜1846年の246年間で、総石高が約3000万石強から7600万石強まで約2・5倍に増加したとある。石高の概念は、「ある土地のあらゆる物的生産力を米の収穫量に換算してあらわすという考え方」（深尾ら、同上書、4頁）である。米1石で大人一人分の食料が1年間賄えた。

†世界有数の経済強国へ

商品貨幣経済が確立した。江戸時代中期には、本格的な商業経営・商人活動の時代になり、農本主義をベースにして貨幣経済が確立した。１８０万人の商人が中央市場（大坂と江戸）と地方市場（各藩）に分かれて放射線状にかつネットワーク的に結びつき農産物、海産物、手工業製品の全国での流通・販売を担って、江戸時代初期の１７００万人から増加した全国３０００〜３１００万の人口（１７００年代）の生活物資・農工業産品の供給を支えていた。

一橋大経済研究所の推計（深尾ら、同上書、２８５頁）によると、１７２１年と１８０４年（江戸時代の中期と後期）のＧＤＰに占める商業・サービス産業の割合は26％強に達していた。江戸・大坂・京の三大都市が流通と消費の中心であり、多くの豪商・大商人を輩出した。武士の人口は、江戸で50〜60万人、大坂で1〜2万人、京で５０００人前後だったとされる。江戸の経済は武士の消費が中心だったが、大坂と京では町人が消費を牽引した。

その結果、**世界有数の経済強国**となった。江戸時代の日本は世界で有数の経済強国だったという推計がある。マディソン（２０００）によると、日本の１８２０年のＧＤＰ（１９９０年ゲアリ＝ケイミス・ドル Geary-Khamis dollar、購買力平価）は２１８億３１００万ドルで、世界6位の規模だった。ダントツ1位は中国で日本の9倍強の規模。2位はインドだった。中国とインドはけた外れの巨大な人口を擁していた。そして、３００億ドル台で、フランス、イギリス、ロシア、そして２００億ドル台の日本が続いていた。日本は、オーストリア、スペイン、アメリカ、プロシアより上位だった。上位10カ国で世界総計の70％を占めていた。一人当たりの

GDPでは日本のそれは704ドルで、中国（523ドル）、インド（531ドル）よりも高く、イギリス（1703ドル）、アメリカ（1287ドル）、フランス（1218ドル）、ロシア（751ドル）よりも低かった。一人当たりの生産性で、当時の日本はすでにアジアで抜きん出ていたと言える。

3　経営哲学の形成と深化

経営哲学（商人道）の形式知化は、儒学者が百花繚乱していた京に始まり、大坂、江戸、そして全国の城下町に広まった。商業は卑しいとされた身分制度の圧力を受けながらも商人たちは、市井の儒学者などから商人の先義後利の正当性を学びとり、作家が書き込んだこうあるべき商人像に触発されて、家業と家族の繁栄を願いつつ倫理道徳的な商業を実践し、その経験から得られた知見を家訓として書き残した。それは「幕府の基本政策である反商業主義」に対抗する商人の存在証明でもある。また商人は仏教の篤い信者で、勤勉、倹約、禁欲、正直、善事、寛大などの精神とその実践が宗教行為そのものであるという生活習慣を身につけていたので、それらが経営哲学に強く反映されている。

†角倉素庵の「船中規約」に込められた国際ビジネスの倫理

経営哲学の形成を語る前に、江戸時代の初期に、藤原惺窩《ふじわらせいか》（禅僧から転じた儒者）が、今日の国際ビジネスにも十分に通じる高度な行動指針・倫理規定の思想に到達していたことを特記しておきたい。惺窩は日本の朱子学の祖と言われている。海外経験はない。文献の裏付けはないが、惺窩は中国・明で活躍していた「儒商」の経営哲学を知識として身につけていたのかもしれない。あるいは安土桃山時代に盛んだった日本人商人による海外交易の実態を知っていたとも考えられる。

儒商とは、「朱子学」「陽明学」と「商業」を融合した経営哲学である「義と利の合一」を実践した中国の商人である。宋の時代（960〜1279）に活躍し、明時代後期から清時代初期（17世紀から18世紀）までが活躍の全盛期であった。江戸期に形成された日本の商人道との共通性が高い。

安土桃山時代は、豊臣秀吉が1592年頃に始めた長崎を拠点にした朱印船貿易が盛んで、京の豪商であった**角倉了以**《すみのくらりょうい》（1554〜1614）とその子・素庵《そあん》は朱印船貿易で財をなした。渡航先は南シナ、ルソン（フィリピン）、トンキン（ベトナム）、シャム（タイ）、マレー半島など南方各地に及んでいる。当時の京の豪商では他に、茶屋四郎次郎（徳川家の呉服御用）も朱印船貿易に従事していた。

重藤威夫（1968）によれば、角倉親子は朱印船を合計16艘（18艘説もある）派遣していて、朱印船主105名の内もっとも派遣数が多い。また角倉船《すみのくらぶね》のサイズが最も大きく800トン（8000石船に相当、1200トンの荷物が運べる）で、長さ30間（54m、20間とする文献もある）、幅9間（16・2m）だった。水主（船頭と水夫）80人を含め397人が乗船した。

317人の乗船客は「海外貿易で一旗あげようとする商人たちであろう」（同上論文、101頁）。長い旅の船中で博打や男色が横行していたとある。商人たちの中には、東南アジアの行先々であこぎな商売をした者たちも絶えなかったようである。

了以の朱印船貿易を引き継いだ長男素庵の求めに応じて惺窩は、国際ビジネスの基本倫理（行動指針）とも言える「船中規約」を起草した。その内容は、今日でも国際ビジネスの教科書として使えるほどの国際性・普遍性を持っている。

以下、「船中規約」の文面の多くを吉田實男（2010）によっている。

第一条は「貿易の本義」で、自分にも他人にも利を与える平等互恵を説いている。利は道義と一体のものである。原文は（一部表記を改めた——引用者）こうである。「凡そ回易のことは、有無を通じて人と己を利するなり。人を損じて己を益するに非ず。利を共にするは小なりといえどもかえって大なり。利を共にせざるは大なりといえどもかえって小なり。謂うところの利は義の嘉会《かかい》（道義と一体）なり。（以下略）」

第二条は「異邦の人も皆同胞」で、相互の尊敬と信頼が不可欠である。ローマ人の教訓「郷に入れば郷に従え」の実践である。「異域は、我が国と風俗・言語が異なるといえども、その天賦の理はいまだかつて同じからざるなし。その同じきを忘れ、その異なるを怪しみ、すこしも欺詐慢罵《ぎさまんば》（あざむきあなどる）することなかれ。彼かつ（たとえ相手が）これを知らずといえども、我あにこれを知らざらんや。（中略）心のない振舞いをしてわが国俗を辱かしむるべからず。もし他に仁人君子に見《まみ》ゆれば（他国で仁徳に優れた人に出会ったら）、すなわち父師のごとくこれを敬い、もってその国の禁諱《きんい》（しきたり）を問い、而してその国の風教（習慣）に従え」

第三条は「苦労を共にする」。「上堪下輿《じょうかんかよ》の間（天と地の間）、民は胞物と一視同仁（人間は全て平等である）、いわんや同国人をや。（同じ日本人が）患難、疾病、凍餒《とうたい》（さむさやうえ）あれば、すなわち同じく救う。いやしくも独り脱るるを欲することなかれ」

第四条「欲望に勝つ」。果てしない欲望は荒れ狂う大波よりも恐ろしい。酒や色情が人をおぼれさせ破滅にみちびく。同じ船に乗り合わせた者同士、戒めあって正して行かねばならない。「狂乱怒濤は険也《なり》といえども、かえって人欲の人を溺れしむるに如かず。人欲多しといえども、酒色のもっとも人を溺れしむるに如かず。到処同道は相ともに匡正《きょうせい》しこれを誡《いまし》むるべし」

第五条は「座右の鑑とせよ」。「ささいのことは別録に記す。日夜座右におき、もってまさに鑑とすべし」
「船中規約」が高く掲げた国際性は、１６３５（寛永12）年に日本船の海外渡航及び帰国の全面禁止（奉書船《ほうしょせん》廃止）が決定されると、実践される場をなくしてしまい、日本人の思想から抜け落ちてしまった。日本人が再び国際性を意識するまで、それから２３０年余の時間を待たねばならなかった。

†『長者教』が説く成功者・金持ちへの道

経営哲学（商人道）の現存する最も初期の文書は、江戸時代初期（１６２７）に発行された『長者教』と呼ばれる小冊子である。作者は不詳であるが、京の人らしいとされている。『長者教』には、１６２７年の初版から１３０年後の１７５７年刊のものまで諸本が現存している。長く広く読み継がれていたのだ。

以下は土屋喬雄『日本経営理念史』（２００２）による。

『長者教』は長者（成功者・金持ち）になるための指南書のようなものである。①徹頭徹尾辛抱強く働き、地道に始末（節約）を続ける。その上で、②才覚を働かせる（知恵を働かせて工夫する）、③生業に精を出し、楽をしようとせず、苦労に堪え、勤勉に働き、地道に儲ける。①から③は長者になるための手ほどきである。商業倫理として、④分別と正直、つまり、善悪と賢愚をわきまえよと説いている。

『長者教』は当時の商人がすでに、「人の道」に沿った商人の生き方を自覚していたことを伝えてくれる。商人は、家業を栄えさせて長者になり、その豊かさと家業を子孫に引き継いでいく、それが商人の「孝」の実践であり、極楽浄土で救済されるための現世での善事であったろう。反面では「人の道」に外れた商人も多かったに違いない。いつの世にも、人の不徳と穢れはなくならない。だから「人の道」に沿った生き方、商人のあり方が強調される必要がある。

『長者教』は、神仏観念と儒教が統合した経営哲学の書である。

†鈴木正三「いかなる職業にも仏性あり」

鈴木正三《すずきしょうさん》（1579〜1655）は、三河国（愛知県）生まれ。三河武士で二代将軍・徳川秀忠に仕えた旗本だったが、1620年、42歳で禅宗の僧侶になった。

士農工商それぞれを職業と見做して、「いかなる職業も仏道修行」であるとの視点から職業倫理を説いた。仏教が、各職業の者は全て社会の構成員であると思想的に保証する。著書の一つが『万民徳用』（1661）で、「商人は利益を出す商売をしなければならないが、それには、正直をモットーとした商売に徹することである。そうすれば、取引相手もお客さんもその商人との取引を喜び、商売は繁盛する」（吉田、前掲書、23頁）と説いている。職分論の根幹に「正直」がある。

「国土のため、万民のため」という先義があり、それを満たした後の利益を奨励している。すべての職業に「仏性」があるとすると同時に、「先義後利」（荀子）の「義を先にして利を後にする者は栄える」の考えも述べている。仏教と儒教の思想が融合している。『長者教』の作者よりも一段と進んで、経営の社会性にも言及している。

✝井原西鶴『日本永代蔵』が描く三井高利

井原西鶴（1642〜1693）は、商品流通や貨幣流通が著しく発達して天下の台所と言われた大坂の人で、『日本永代蔵』（1688）、『世間胸算用』（1692）、『西鶴織留』（1694）の町人もの三部作の著者である。17世紀当時は大坂と京が、江戸に先駆けて、商品市場や資本市場を支配する多くの富商を輩出した。『日本永代蔵』は当時の商人のあり方を、自分の人生観に照らして描写した小説である。その中に西鶴の人生観、「神仏の信仰に儒教の倫理を加味した道義的信念をバックボーンとしたもの」（土屋、前掲書、77頁）が流れている。仏道への深い理解を持ちつつ、当時の京を中心にした儒学も深く学んだに違いない。

「筋道の正しい商売により金持となった商人」が「出世・名誉」であると高く評価されている（土屋、同上書、85頁、88〜89頁）。筋道の正しさとは、正直・誠実・勤勉という道義上の正しさ

（倫理・道徳）と才覚・算用という経営能力（商才）の両輪を働かせて商売を繁盛させ利潤の増大をもたらすことである。この時期にはすでに、現代の経営にも通じる「道義と経営能力の統合」の思想が商人にシェアされていたことが分かる。

西鶴は、『西鶴織留』（巻一「本朝町人鑑」）で、大意「一人の商人が多くの人たちに仕事を与えるのは慈悲である」とし、同書（巻六「世の人心」）では「人を雇って仕事を与えるのは善根である」と表現した。いずれも仏教由来の慈悲と善事の考え方である。

西鶴は儒教的道義心を持った商人の代表者として、呉服商・越後屋（後の三井財閥）の創業者である**三井八郎兵衛高利**《みついはちろべえたかとし》**（1622〜1694）**を描いている。高利の画期的な商法は、「現銀安《げんぎんやす》賣《うり》かけねなし（他より安い定価で現金売り、薄利多売）」「物の自由に賣渡し（呉服の切り売り）」「一人一色の役目（手代の間での商品別分業）」「（衣類を）即座に仕立ててこれを渡し」の4つの特徴があるとされる（同上書、108〜9頁）。

高利の経営哲学は、「正路」（言動に筋道を立てること、道義を重んずる）の商業であり、「堅実な商業」を続けて、利益を出し家業の存続と一族の繁栄を期すことである。それが最大の「孝」であり、「因果応報」の意に適う。神仏への信仰と儒教道徳の尊重がその核にある。

土屋（同上書、125頁）によると高利は、「『商始末《あきないしまつ》』すなわち商売上の勤勉・工夫と節倹とは、鳥の両翼のようなものであるが、何ほど商売に励んで利潤を多く得ても、始末をしない商人は碁の最後の勝（資本を蓄積すること）が得られないようなものだ」と言っている。その考えはアダム・スミスの『国富論』（1776）での「見解に（中略）一致している」。アダム・スミスより約100年前に、資本蓄積の原因についてスミスとほぼ同一のことを説いている。

京に移り住んでいた高利、優れた教養人だった彼が、当時すでに多くの弟子を抱えていた儒学塾である「京学（藤原惺窩）」「闇斎塾（山崎闇斎）」「古義堂（伊藤仁斎）」、そして京に住んでいた同世代の熊澤蕃山（陽明学徒）などのいずれとも直接的な関係がなかったとは考えにくい。しかし高利の心の中に、たとえ直接関係はなかったとしても、彼らから間接的な影響を受けて、儒学と仏教が融合した倫理道徳思想が大きく育っていたと推察する。

†三井高房『町人考見録』にみる商人没落の原因

下って高利の孫・三井家三代目当主の**三井《みつい》八郎《はちろう》右衛《え》門《もん》高房《たかふさ》**（1684〜1748）は、父親である三井八郎右衛門高平《たかひら》（二代目当主）が見聞した京の町人の盛衰を『町人考見録』（1728）として著した。「自分の才を過信して（心高ぶり）家業を忘れて身を奢るのは町人心を失うこと」だと書き留めている。「大名に出入りしてその扶持を受けて喜ぶのは、町人の心を忘れて（中略）侍の真似して金はたまらず」「職を忘れ家業に勤めざる故」没落するほかはない。

当時大名貸しに由来する商売上の不手際で没落した50余の京都の商家の事例をあげている。

大名による借り倒しが多かった。「家業を大切にしないで、大名貸で楽をして利益を得ようとする」のを厳しく戒めている。

高房は石田梅岩と同時代で、しかも同じ京都に住んでいた。高房が直接・間接に梅岩の「石門心学」の影響を受けていたと想像してもおかしくはないだろう。井原西鶴の『日本永代蔵』に登場する自分の祖父・高利像を読み込んでもいいだろう。

†西川如見の経済思想、競争と社会進化

西川如見《にしかわじょけん》（1648〜1724）は長崎の商家の出身で、朱子学と天文学を修めた。井原西鶴より40年後の人。彼の経営哲学は『町人嚢《ちょうにんぶくろ》』（1719）に記述されている。自身の見分による儒教的道義に基づいた商人訓であり、上からの目線のない記述になっている。

土屋（前掲書）によると、如見の論点は大きく2つある。①商人の営みには道義性・品位が必要である。商人は四民の下にあるのだから、「下に居て上をしのがず」「簡略質素を守り、分際に安んじ」るべきである。身分制は否定していない。②しかし、「商人の営みは社会に有用・有益であるから、それに誇りを持ち、幸福と感じ、生を楽しむべし」と説いている。

如見の執筆当時には、儒教的な倫理道徳観が高く、かつ、仏教的な勤勉・禁欲・倹約を実践していた商人が少なからず育っていたはずである。こうして摑んだ商売繁盛の結果得られた富

を蓄えた商人は、「出世」し「名誉」を得たことだろう。
苅部直（2017）はそれに加えて、如見は商人同士の競争を積極的に評価している、と述べている。「富の拡大を求める商人の競争こそが、金銀を天下に循環させ、財を流通させ、人々の生活を支える」（同上書、122〜5頁）。競争が人々の生活を潤し、社会を豊かに進化させるという経済思想が生まれていた。

†石田梅岩の石門心学

江戸期の経営哲学は、**石田《いしだ》梅岩《ばいがん》（1685〜1744）**抜きには語れない。現在の京都府亀岡市の農民の子として生まれ、京の呉服屋で奉公した梅岩は、経営哲学の理論化・形式知化をした思想家で、日本の商業資本主義の源流を創ったと言われている。享保から元文（1716〜1741）にかけての農本主義の幕府が商人を抑圧した時代に、京で活躍し、商本主義を展開した。

梅岩の石門心学《せきもんしんがく》は全国に普及し、直接・間接に学んだ大名・旗本・武士・町人（商人）は数万人に及ぶという。梅岩の死後はその門弟たちによって伝えられ、今日に至っている。

石門心学には、儒学や陽明学（人欲、利益の追求を認める）、浄土教（現世で善行を積み来世で極楽往生する）、神道（祖先に現世での子孫繁栄を祈る）とそれら三教のメタ統合思想が色濃く反映している。

梅岩は23〜45歳まで上京の黒柳家（呉服商）で、京で二度目になる奉公をしているが、仕事の傍ら吉田神道（唯一神道、卜部神道）を研究し、反本地垂迹の思想を身につけた。記録はないが、中江藤樹・熊澤蕃山の陽明学、当時全盛だった山崎闇斎の垂加神道や伊藤仁斎の古義学なども学んだ蓋然性は高い。黄檗宗の禅僧・小栗了雲とも邂逅して「尭舜の道は孝弟（悌）のみ（親に孝を尽くし、年長者を尊敬する）」を学んだ。

やがて開悟に至り、神・仏・儒の「どれをも捨てず、どれにも執着せず」を会得。「一モ舎《すて》ズ、一ニ泥《なじま》ズ」（『都鄙問答《とひもんどう》』）である。神儒一致の儒者である梅岩の拝礼の順番は、アマテラスが最初で、次いで儒教、三番目が仏教だった。仏教徒なら釈迦・阿弥陀への拝礼が一番目か二番目であると言っているはずだ。

石田梅岩は『都鄙問答』（足立栗園校訂、2007）で、「世のため・人のために役だつ商売をして得られる利益は武士が主君に仕えて得る家禄とおなじだ」「実の商人は、先も立ち、我も立つことを思うなり」と説いた。商人は、世のため・人のために役立つように、商業の倫理道徳を実践して、その存在意義を主張した。商人の社会的責任論でもある。

武士道も商人道も、「公」を「私」に先んじる道徳と実践の一体型の知行合一を善であるとした。武士は「義、主君への忠義」の中に生きる意味（理、自己犠牲）を見出し、商人は「義、世のため・人のため・自分のため」の中に生きる意味（理、利益）を見出した。

梅岩は『倹約斉家論《けんやくせいかろん》』では、商人の営利追求と倫理・道徳の実践が表裏一体となり、アップ・スパイラルに進歩・発展することで社会にも商人自身にも利益が生まれると説いた。同書は、職業倫理の柱も説いている。「分限」（身の丈・身のほど）に応じて、無駄なく物を使う「倹約」と、所有と貸借の厳格な区分「正直」、の大切さを強調している。正直が信用に繋がり、信用こそが家業継続の必須条件である。

✝近江商人の商人道は、神・仏・儒のあらわれ

近江商人が17～19世紀に書き残した膨大な家訓・遺訓などに、現代にも通じる経営哲学が反映されている。西川甚五郎家（現・西川産業）の「家訓」（1667）、二代目・中村治兵衛の四代目への「書置」（1754）、初代・中井源左衛門の「金持商人一枚起請文」（1805）、初代・小林吟右衛門（現・チョーギン）の「述懐」（1854）、五代目・外村《とのむら》与左衛門（現・外与《とのよ》）の「心得書」（1856）などが現存する。

末永國紀（2011）から、近江商人の「三方《さんぽう》よしの商人魂」を伝える多くの家訓・遺訓に共通する主要なフレーズを以下に取りだしてみる。

「先義後利」「三方よし」「陰徳善事、家業の長久を図るために、正当な利益を社会奉仕のため

に散財する」「恒産なければ恒心なし」「自力・自主」「他力本願（阿弥陀如来が衆生を救済するという利他力）」「始末してきばる」「倹約、ものを活かして使い尽くす生活」「勤勉に働く。朝は星を戴いて出かけ、夕べは星影を踏んで帰る」「勤勉・倹約質素・禁欲することが社会秩序の基礎」「神道・仏教（とくに浄土真宗への信仰が篤い）・儒教がメタ統合した先祖崇拝、宗教倫理と経済倫理の合致」など、枚挙にいとまがない。中でも浄土真宗の信徒にとっては、商人道を誠実に実践する、正直・勤勉・倹約・禁欲を実践することが宗教行為（仏恩報謝の行）であり、それ自体を自己目的にしたと言われる（内藤莞爾、1978）。

これらのフレーズに、日本人「らしい・ならでは」の思想の宗教性と倫理道徳性が強く反映している。神・仏・儒のメタ統合、その経路依存性と時代性も明らかである。

なかでも、近江商人のアイコンともなった「三方よし」の実践倫理は、①自らを律しつつ環境と共生する、そして、社員を守り・生かす堅実経営などの理念を順守する（売り手よし）、②切れ目のないイノベーションを実現して顧客第一主義を貫く（買い手よし）、③地域社会や国に貢献する（世間よし）など、現代のCSRに通じるほど、直接・間接のステークホルダーに対する経営の社会的責任の多くを普遍的でかつ的確に突いている。

江戸時代は、競争優位性を獲得し利益を高める経済合理的判断力と、経営の倫理道徳である善悪・正邪の判断力の両方を身につけた近代的な商人を多数生みだした。現代の企業経営にも十分に適用されうる経営能力である。こういう商人がいたからこそ、まっとうな経済発展が持続したのである。

武士道と商人道が明治期の経営哲学のベースになった。時代を越えて思想・哲学の不易性・連続性があった。

4　封建日本期の経営哲学の普遍性

†プロテスタンティズムなき「神・儒・仏」の倫理

マックス・ウェーバー（1864〜1920）は『プロテスタンティズムの倫理と資本主義の精神』（1905）で、東北アジア人（日本人を含む）の資本主義は拝金主義で、キリスト教（禁欲的プロテスタンティズム）社会における倫理観はないと言い切っている。

キリスト教社会では、「近代西欧の事業家は、職業に使命感を見出し、自分の快楽を犠牲にする理性的禁欲主義的倫理観の下、孜孜《しし》として働いており、こうした倫理的ありかたに依ってこそ資本主義社会の発展がある」（加地、前掲書、41頁）とした。

資本主義の下で、勤勉・倹約・禁欲、そして正直・誠実・公平の倫理思想の実践そのものがプロテスタントの宗教行為である。

神（一神教の神）の監視がない儒教社会では資本主義社会は発達しない、キリスト教社会（欧米）でのみ資本主義の発展が可能である、と決めつけている。

封建日本期（江戸時代）は、もちろんキリスト教社会ではなかったが、神・仏・儒をメタ統合した日本「らしい・ならでは」の思想を多くの日本人が共有していた時代である。

日本人は神道を生活の一部にし、篤い仏教徒であり、儒教の倫理道徳を体現していた。「天道を敬う」「他を思いやる」「公に尽くす」「正直・勤勉・倹約・禁欲」などの宗教心・倫理道徳心を経営哲学（商人道）の核にして、商業を営み、商業資本主義の商家経営を確立していた。「先義後利」「三方よし」という現代で言えばCSRを実践した後の利益を正当とした。その経営哲学は、17世紀の半ばにはすでに、資本の論理と倫理道徳との統合を説いていて、禁欲的プロテスタンティズムの倫理思想に勝るとも劣ることなく、普遍的である。

ウェーバーの著作の約280年も前に、『長者教』では商売は勤勉・禁欲・倹約・誠実を旨とすべきという初期的な経営哲学が文章化されていた。西鶴は220年前に、神仏の信仰に儒教を加味した道義的信念で商人のあり方を小説にした『日本永代蔵』を著し、その中で模範とすべき商人として三井財閥の創業者・三井八郎兵衛高利を取りあげている。その高利はアダム・スミスに100年先んじて、資本の蓄積の理由を家訓として残している。

石田梅岩の『都鄙問答』はウェーバーよりも約170年早く出版され、経営哲学を理論化・形式知化した思想書として現在も読み継がれている。そして江戸期を通して活躍し、財をなした多くの商人・商家の家訓の中にも、現在にも通じる「道義と利益を統合する」経営哲学の心髄がちりばめられている。

また浄土真宗の信徒であった多くの近江商人の勤勉・倹約・禁欲・陰徳善事などの実践は、一神教的な阿弥陀如来の絶対他力に帰依していた彼らにとっては、阿弥陀如来への報恩そのものだった。近江商人の商人道は、西欧の「プロテスタンティズムの倫理と資本主義の精神」に最も近似していると言えるのではないか。

産業革命を経て産業資本主義社会にいち早く転換していた欧米に近代化では後れを取ったが、封建日本期の商業資本主義の発展とそれを支えた経営哲学はすでに西欧近代の経営哲学を先取りしていたと言ってよいのではないか。だから明治維新後に、欧米から科学技術や産業資本主義の経済制度（生産・販売・経営方式）などの物質文明をスムーズに取り入れて、速やかに産業資本主義社会に転換できた。

†儒教による変革と競争

ちなみに、20世紀の後半になって急速に経済発展したアジアの4小龍（韓国・台湾・香港・シンガポール）、そして、日本の2・5倍近くもの経済力を持つに至った巨龍・中国、これら東アジア諸国・地域の人々の思想の核に儒教や仏教があるのは偶然ではないだろう。儒教は固定した序列と秩序を守りすぎて国や社会を停滞させる側面がある一方で、内からの変革・進歩を強く求めてもいる。儒教は変革と競争の思想でもあるのだ。変革・進歩には凄まじい生存競争を勝ちぬくことが欠かせない。

渡辺利夫（1993、171～2頁）は、韓国の経済の近代化について次のように論じている。韓国では、「かつては経済近代化の桎梏として機能した儒教的伝統が、こんどはその経済近代化を効率的かつ安定的に運営するための優れたエートスとしてたちあらわれた」「追求すべき価値をいわば（権威主義から経済近代化に――引用者）『入れかえる』ことによって、儒教社会に固有な秩序それ自体は強固に守られてきたのである」

日本の江戸期の商人は、儒教の中から競争を通した変革と進歩の哲学を帰納した。また朱子学の「分析から統合に至る格物致知《かくぶつちち》」の客観的合理性や、仏教（禅）の「科学性と精神性をホリスティックに統合する」判断力も身につけていた。日本人と共有する4小龍や中国の人たちが、日本人と類似した思想を身につけていたと考えても不思議ではないだろう。もちろん、儒教や仏教だけが経済発展の要因だと言っているわけではない。それはプロテスタンティズムだけが、西欧の資本主義発展の原動力だったとは言えないのと同じである。

第3章

帝国日本期の文明システムと経営哲学——明治・大正・昭和戦前・戦中期

1　文明システムとその変化

ここでは帝国日本期の文明システム（政治・経済・社会文化・技術の仕組み）との関連で、同時期の士魂商才の経営哲学の形成と、その時代性と必然性を検証する。本節の歴史記述は、田中彰・中村哲・佐々木克・海野福寿による『日本の歴史』（15〜18巻）（1992）、松本健一（1998）と坂本多加雄（1999）を参考にした。

†天皇主権の近代国家を建設する

明治維新を招来した変革の思想。明治維新は1853年のペリー来航からわずか15年後に実現した大転換である。封建期の260余年間、日本では近世の文明システムが進化して、政治も経済も近代への助走を続けていた。それと同期して、日本人の頭と心の中に近代に向かう変革のマグマが蓄えられていた。そのマグマは、ペリーという夷狄の鉄の艦隊が国家存亡の危機として視覚化されたとたんに地表に吹き出し、封建日本を呑み込んでしまった。マグマが日本を近世から近代に押し出してくれた。それが明治維新に結実した。

欧米諸国を打ち払うという国を挙げた攘夷の対外戦争をすることなく（長州藩と薩摩藩は欧米の艦隊の大打撃を受けたが）、攘夷と開国、佐幕と倒幕にわかれた日本人同士の争い・戦いは、国家を二分し疲弊化させるほどの内乱になることもなかった。比較的スムーズに、封建日本は帝国日本へ移行した。どちらの側も尊王（皇）・天皇尊崇の念を持ち、天皇の精神的で祭祀的な権威の下での統治体制の選択を争っていた。だから日本に革命はなかった。

明治維新を招来した思想。それは、後期水戸学の「外国を追い払う」保守でかつ変革の尊王（皇）攘夷思想（倒幕ではない）を、薩摩・長州の勤皇派たちが陽明学的な「変革・倒幕」の尊王（皇）攘夷思想に変換した。その思想が、朱子学に内在する序列・秩序を守ろうとする幕府の開国佐幕思想を凌駕した。いずれの側も尊王（皇）でありながら、異なった統治を志向していた。そして王政復古・尊王（皇）開国の明治維新を実現した。

あるいは、先ずは水戸で朱子学的な変革をもとめて揺籃期を過ごしたが、その後は長州や薩摩で陽明学を吸い込んで大きく強くなった革新の思想が京を拠点にして、幕藩体制を守ろうとする江戸の朱子学的保守の思想を乗り越えたとも言えるだろう。

いずれにしろ、日本の統治の仕組みは、封建制から祭政一致の立憲君主制に転換した。「開国して欧米列強と対等に付き合える日本をつくる」ことで、意思統一ができたのである。

後れた文明国、日本の悲願。 明治維新後の日本の最大の国家目標は、富国強兵・殖産興業を推進して、欧米の列強諸国に肩を並べる一等国・近代国家に一刻も早くなることだった。幕末期（1865）に勅許された安政の五ヵ国条約で日本は、「半開の（近代化が遅れた）国」扱いをされて不平等条約（欧米列強の領事裁判権を認める、日本には関税の自主権がない、など）を押しつけられた。その屈辱を晴らし対等な条約を結ぶためにも近代国家に脱皮する必要があった（佐々木克、2014）。

1871（明治4）年から1年9ヵ月にわたり岩倉遣外使節団が欧米12ヵ国を訪問し、文明化・近代化への道筋を学び取った。そして帰国後、驚くほどのスピードで、欧米流の文明化・近代化（政党政治・資本主義・植民地）に突き進んだ（三谷太一郎、2017）。当時の世界は弱肉強食で、欧米列強の帝国主義が支配的だった。欧米に肩を並べるための日本の近代化は、欧米に倣った帝国主義的近代化の道に突き進むことだった。

日本がアメリカと対等の日米通商航海条約の改正を実現したのは、不平等条約が勅許された年から46年後の1911（明治44）年である。当時の日本は、日清戦争と日露戦争に勝利し、台湾と朝鮮を日本に組み入れていた。アジアで最初の近代国家への途上にあり、アジア最強の軍事力を擁していた。日本の近代化・国力の強化の実績を欧米列強に認められたうえでの条約改正だった。

†日本の国柄を定めた「国家神道」

近代国家への思想的・精神的な最大の柱が、アジア太平洋戦争後に連合国軍最高司令官総司令部（GHQ）が「国家神道（State Shinto）」と呼んだ「皇室神道・神社神道」の準国教化である。以下「国家神道」の用語を便宜的に使う。神道に関する記述は、村上重良（1970）、坂本是丸（1994）、島薗進（2010）を参考にした。

明治政府は先ず、日本の国体を確立した。祭政一致の立憲君主制で、天皇が不可侵の権威と至高の権限を統合する国体で、その中身は天皇による祭祀と統治の合体である。その思想的正統性の根拠を、天皇は皇祖神・アマテラスに発する権威と権限を万世一系で継承する現人神《あらひとがみ》であるとした。本居宣長などの国学と後期水戸学の神儒一致の儒学が理論的な支柱になったと考えられる。

日本の統治制度は、幕藩体制から日本型の祭政一致の立憲君主制に転換した。「大日本帝国は万世一系の天皇之を統治す」（「大日本帝国憲法」第1条、1889）。ただし、全ての法律・勅令など国務に関する詔勅は国務大臣の副署が必要であると、第55条で規定した。天皇の統治権限はオールマイティではなかった。事実として明治天皇は、自らの政治関与を抑制し、政府部内で対立が激しくなった場合に調停者として介入した。そして国家を安定させたとされる。

明治政府は、それまでの神仏習合を廃止して（神仏判然〔分離〕令、1868）、神社を分離自立させ、皇室神道を仏教よりも上位に置いた。そして、皇室神道の下に全国の神社神道を序列化し、皇室神道を最上位においた。祭政一致体制の復活である。

「国家神道」は、伊勢神宮（皇祖神・アマテラスを祀る）を中心施設（本宗《ほんそう》。仏教の総本山に相当する）とし、全国の神社で共通の・統一した皇室祭祀を行うことを規定した（祭祀の統一）。皇祖神・アマテラスを頂点に皇祖《こうそ》皇宗《こうそう》に連なる万世一系の天皇への崇敬を日本人の精神的な柱とする思想である。日本人はその歴史を通して天皇への尊崇を絶やしたことはないが、明治国家はその尊崇を制度化し、義務化した。西欧のキリスト教の精神文明に対抗する日本独自の精神文明の形成を意図したと言われる。

その上で日本の物質文明の後れを取り戻すために、西欧の科学技術・産業資本経済・政治制度などの物質文明を貪欲に吸収した。

「国家神道」は宗教ではないが、宗教の色彩が濃い準国教である。その祭祀儀式に全国民の、仏教徒もキリスト教徒も、参加を義務づけた。憲法で信教の自由は認められたが、仏教、キリスト教は「国家神道」に従属した。

「国家神道」は、徳川幕藩体制とは不連続の、天皇主権の新しい国家である日本を近代国家にするための、精神的支柱になった。「国家神道」の思想は、皇室神道、江戸時代に復活した国学（皇祖皇宗崇拝と祖先崇拝）と朱子学のメタ統合である。しかし、「国家神道」の経典はない。そのため統治思想は儒教のそれを採用した。帝国憲法や教育勅語などには、神道以上に儒教の礼教的側面が大きく反映されている。

†帝国憲法、教育勅語、ナショナリズムの思想的背景

以下は長井利浩（2012）と小倉紀蔵（2012b）を参考にした。

軍人勅諭、大日本帝国憲法、教育勅語の起草者の一人は、**井上毅**《いのうえこわし》（1844〜1895）である。井上は熊本藩の藩校・時習館で儒学と国学を学び、後にフランスとプロイセンで法制度を研究した。教育勅語のもう一人の起草者は、厳格な朱子学者の**元田**《もとだ》**永孚**《ながさね》（1818〜1891）で、同じく熊本・時習館の出身である。元田は明治天皇の侍講を務め、明治天皇を儒教的な「有徳の君子」に育てるのが忠臣の道であると考え、尽力した。「元田は臣でありながら師であり、天皇は君でありながら弟子」（小倉、同上書、256頁）の関係だった。

井上と元田の思想、なかでも儒学思想と国学思想、が当時の国家体制作りの草案に強く反映

された。それを指揮・支持して制度化したのが岩倉具視、伊藤博文などの政治家たちである。「君が代」（1880）は、国学のエッセンスで、天皇の御代が永遠に続くことを言祝《ことほ》いでいる。国民皆兵制の「軍人勅諭」（1882）には、国学の天皇尊崇と儒教的な序列と秩序の思想が色濃く反映されていて、兵士には武士道の忠節・礼儀・武勇・信義・質素・誠心の遵守実行を求めた。

「教育勅語」（1890）は、儒教の徳目を中心に置きつつも、その徳目は皇祖皇宗に由来し、かつ、全世界に通用する普遍の倫理・道徳であるとした。そのことを根拠に、国民全てに徳目の実践を強く奨励し、国家への忠誠を求めた。「斯の道は、実に我が皇祖皇宗の遺訓にして、子孫臣民の倶《とも》に遵守すべきところ、これを古今に通《つう》して謬《あやま》らず、これを中外に施して悖《もと》らず」（「教育勅語」）である。教育勅語はさながら、国教の教典の観があると言われる。

学校教育を通して、政府が意図した通りの日本人の遵守実行すべき序列と秩序を、初等教育のときから刷り込んだ。つまり、天皇崇敬・祖先崇拝・忠君愛国・両親への孝行・夫婦の和合・兄弟長幼の悌・朋友への信義などの実践を日常化する教育が行われた。地域や家庭での躾は、教育の延長と補完を担った。

明治時代の日本人は、「国家神道」思想（現人神である天皇）を刷り込まれた。徹底して朱子学的な尊王と大義名分の統治を受け、厳格な序列と秩序を保つ四徳・五倫の道を国家が主導した。

そして、地域社会と家庭を総動員して四徳・五倫の道を日常的に実践した。半ば強制的でもあったが、日本人は当然のこととして実践した。

江戸時代の後半には、神儒一致の儒学思想を日本人（武士、豪商、裕福な農民）はすでに共有していた。その思想基盤を踏まえた明治政府は、これらの諸制度をベースにした富国強兵・殖産興業の諸政策が、欧米諸国に侮られない日本をつくるための近代化を実現するのに不可欠だとした。明治の日本人は日本の近代化の実現を信じて政府に従った。

そして、世界の一等国になる。諸制度と諸施策を受け入れ実践することが天皇の臣民である日本人の大義名分だった。明治時代こそ日本人がもっとも、「国家神道」を受け入れ、朱子学的に儒学化し、宗教性・倫理道徳性・世界観を備えた文武両面での「士」として、背筋をぴーんと伸ばしていた時代だったと言えるだろう。

かくして日本人の精神の中に、「国家神道」を至高の価値とする近代日本のナショナリズムが形成された。やがてそれが、軍国主義と結びついて、天皇主権国家の「絶対」優位性をアジアで、そして世界で打ち立てることを目標にしたウルトラ・ナショナリズムに転化した。「国家神道」は日本の「特殊」思想だが、それを「普遍」思想としてアジアに移転しようとした。

†産業革命と殖産興業

農業社会から工業社会への転換。日本は江戸時代の商業資本主義から明治時代の産業資本主義へ大転換した。それまでの農業社会から工業社会への大転換である。江戸時代に隆盛したおびただしい数の商業資本家・商家が消滅し、新しい近代産業が続々と生まれ、おびただしい数の新時代の産業資本家・企業家が登場した。

封建日本から帝国日本へと大転換した1868〜1902年は、日本の産業革命の途上期でもあった。幕末期から産業革命途上までの53年間（1849〜1902）に、封建日本の長者商家が衰退して、西欧の科学技術を内部化した新興企業が急成長した。旧来の商人が没落し、新しい企業家が台頭して経済発展の担い手になっていた。

宮本又郎（1999）によると、ペリー来航の4年前、幕末の開国に向けた動乱期の寸前である1849年の長者商家231家のうち、53年後の1902年にも長者として生き残っていたのは僅か20家だけだった。両替商、呉服商、酒蔵などで、生き残り率は9％弱である。同年は、日清戦争に勝利して8年がたち日露戦争を目前にした帝国日本の近代工業勃興の最中で、その年の長者として353家がリストアップされていた。

産業別の盛衰をみる。封建日本の長者は、両替商、呉服商、米穀商、木綿問屋、廻船業が多かった。1902年時点での長者は、財閥への道を歩み始めた新興の三菱、銀行や商社に転換して存続した三井や住友を始めとして、鉄道、電力、肥料、造船、海運、紡績、製鉄、時計、郵船、貿易、食品、金融などの近代産業分野の新しい企業家が多かった。重化学工業の発展はまだ先のことである。

封建日本の長者商人が消滅・衰退した理由は、以下の3点のうちのいずれかに当てはまる。どの理由も、これまでの成功体験が大きかったために、構造的慣性に陥って経営イノベーションが欠如していたことを物語っている。①それまでの成功体験やビジネスモデルに安住していた。②先進的な生産技術や新産業の経営ノウハウを習得しなかった。③新規参入から特権・規制で守られ安心しきっていた。

このことからも、企業の持続には、本業の文明システムの変化への適応力だけでなく、産業の盛衰に対しても多角化や業種転換などの不断の革新力が必要であると検証される。

明治期の経済を担ったのは、江戸期から連続した商人は少数で、大多数は新しく商業や工業に参入した野心溢れた新興実業家だった。宮本はそれを、「資産家の連続性・非連続性」としている。

†明治期日本の経済力

明治維新直後・産業革命以前と産業革命を経て産業社会に転換した日本の経済規模の推移を

みる。以下は、マディソン（前掲書）によっている。

1870（明治3）年、日本の産業革命はまだスタートしていないが、いち早く産業革命を経た欧米諸国とのGDP比較では、日本は1820年の6位から9位に後退している。経済規模は255億5000万ドルだった（1820〜70年までの50年間の成長はプラス17％に留まった）。中国とインドの1位と2位は変わらないが、アメリカが3位（984億1800万ドル）に躍進し、イギリス4位、ロシア5位、フランス6位、ドイツ7位、イタリア8位の順だった。

一人当たりGDPでは、日本は741ドルで1820年対比わずかプラス5・3％伸長したに過ぎない。産業革命を経た欧米諸国は、イギリス（3263ドル）プラス86％、アメリカ（2457ドル）プラス91％、フランス（1858ドル）プラス53％と、それぞれ大躍進した。

産業革命途上で日清戦争（1894〜05）と日露戦争（1904〜05）を戦った日本のGDPは、1870年対比でそれぞれ、約1・7倍と2・1倍に拡大していた。日本は遅ればせながら着実に経済成長をして、国力を強めてきた。

とは言え、1890年の中国のGDPは日本の6倍、1900年のロシアのGDPは日本の3倍の規模だった。巨大な経済力を持った二つの大国と10年を挟んで戦って、薄氷を踏みながらでも、よくぞ勝てたものだと思うばかりである。僥倖にも、局地戦で、短期間での国力の集中投下戦略が成功した結果だと言えるだろう。

一人当たりのGDPを比較すると、日清戦争直前（1893）の日本は970ドルで中国のそれは615ドル（1890）だった。日露戦争直前（1903）には日本が1147ドルに対しロシアは1218ドル（1900）だった。国民一人当たりの経済生産性で言えば、日本・中国・ロシアはイギリス・アメリカ・フランスなどの欧米列強の3分の1から4分の1の生産性しかない経済発展の途上国だった。

2　帝国日本の戦争の反実仮想を考える

†日清・日露戦争の反実仮想

日本が清国か露国のどちらかに負けていたら、その後の日本はどうなっていただろうか。歴史は不可逆的で、「もし○○なら」はありえないのは承知でシミュレーション（反実仮想）をしておきたい。きっと今日の独立国・世界の最先進国の日本はなかった、と言えるのではないか。日本の明治の歴史は僥倖の連続だったと思える。

日本が負けていたら、清国か露国が中心になり、それにアジアでの権益拡大を狙っていた米英などの列強が加わって、領土は分割され、それぞれの属国か植民地になっていただろうとイメージしてしまう。日本が両戦争に勝ったために、台湾と朝鮮を植民地にし、南樺太を割譲させたように、負けた国は勝った側の食い物にされるのが当たり前の時代だったからだ。天皇制・皇室は廃止されるか、廃止されないまでも、これらの列強の共同監視の下で、王朝の末裔として命脈を保つだけになっていたかもしれない。そして、日本国と日本民族は物理的にも精神的にも解体されただろう。何十年後かに独立を与えられたかも知れないが、独立しても今頃はきっと新興国の一つとして、天皇という民族の精神的な求心力を失ったまま、民族の統一もままならず、経済発展途上にあったろうと想像してしまう。

その間に日本人「らしい・ならでは」の思想は、それらの国によって他成的にそれぞれの国に相応しくつくり替えられていただろう。江戸時代までに形成されていた民族の中枢神経である日本人の思想の不易性は、消滅はしないにしても極めて薄くなっていただろう。そして日本人は、疑似中国人性・疑似ロシア人性・疑似アメリカ人性などをまとって生きていただろう。日清戦争と日露戦争で日本が勝ち、独立国日本を保てて良かったのだと素直に思っている。

†アジア太平洋戦争の反実仮想

日清・日露の両戦争に勝ったために日本は、身の程知らずにも寓話の牛蛙のように空威張りで身体を膨らませ、第一次世界大戦後は世界の五大強国の一員（国際連盟の四常任理事国の一つ）

として尊大になった。そしてアジアの盟主と自惚れて、昭和に入るとアジアでの権益拡大をごり押しして、世界の厄介者・嫌われ者になりながらも中国に軍事侵略し、あまつさえ、アメリカを中心とした連合国との衝突コースに突き進んだ。

第一次大戦のあと1920年代には、平和と国際協調を求める世界の潮流を無視するように、中国での権益拡大と軍事力の強化を進める日本をアメリカが警戒し、日本とアメリカとの関係は険悪になっていた。それ以前にはアメリカは、日本が日露戦争後に獲得した南満州鉄道(満鉄)を日本と共同経営するように申し入れ、それを日本が拒否した(1905)。中国での権益獲得を目指すアメリカと日本は対立し、アメリカの対日観は悪化した。

また1924年には日本からの移民を全面禁止にするなど、アメリカで黄禍論が盛んになり、日本人排斥が明確になった。日本では反米感情が高まっていた。1937年からの日中戦争で、アメリカは中国側にたって、日本に対峙するようになった。

しかし、「日本が悪・邪でアメリカが善・正だ」という二項対立、一方が悪で他方が善である勧善懲悪物語は、アメリカの西部劇の定番図式だが、現実の国の存亡をかけた戦いはそれほど単純ではないはずだ。そのことに深入りするのは本書の目的から外れる。ここではアジア太平洋戦争で日本が犯した失敗と敗戦の構図を、今後も企業経営で繰り返される可能性が高い失敗と敗退の構図として、日本人の限界合理性への警鐘としたい。

日本の失敗と敗戦を、「勝ち目のない戦争と認められなかった構造的慣性」「避けられなかった戦争だとした限界合理性」「もし戦争をさけていたらの想像力の欠如」の順に考える。

勝ち目のない戦争だった。アジア太平洋戦争を開戦した1941年の日本のGDPは、2045億2300万ドルで世界8位、過去最大の経済規模だった。一方主敵であるアメリカのGDPは同年、1兆1002億1100万ドルで圧倒的な世界1位。日本は5・4倍もの巨大な工業国家だったアメリカばかりではなく、イギリス、ソ連など世界の強国も敵にまわした。日本は夜郎自大な大帝国意識で舞いあがっていて、アジアでパックス・ジャポニカ（日本主導の大東亜共栄圏）を作りあげるとしながら、当のアジアで反日に囲まれ、蟷螂《とうろう》の斧《おの》で連合国に立ち向かった。なぜ無謀な戦争に突入したのか。どう考えても勝ち目のない戦争だったのに。

牧野邦昭（2018）によると、1940年、秋丸機関（陸軍・秋丸次朗中佐）がまとめた「報告書」で、日本の「確実な敗北」が経済学者たちによって正確に予測されていた。一方で同報告書は「万一の僥倖」も併記していた。万一の僥倖とは、「独ソ戦が短期間でドイツの勝利に終わる」「イギリスは早期にドイツに降伏する」「日本は南方の資源を獲得して持久戦を戦う」「アメリカが戦争の継続を断念する」である。陸軍は万一の僥倖に「賭けて」開戦を選択したという。どの僥倖も実現はしなかった。陸軍は、国家と国民を勝ち目のない賭けの「かた」にしたのだ。

猪瀬直樹（2010）によると、内閣総力戦研究所の研究生たち（35名のエリート官僚など）は、1941（昭和16）年8月には「日米戦争は日本必敗の結論」に至っていた。その結論は、近衛内閣に報告された。当時の東条英機陸相も研究生の日本必敗の研究発表を聞いていた。

日本は、アメリカの挑発に乗せられて「やむにやまれず」自存自衛の戦争に突入したと考える日本人は今でも多い。当時の国務長官コーデル・ハルの「ハル・ノート」（1946年11月26日）は、「日本が日露戦争後にアジアで築いた権益をすべて放棄しろ」と要求しており、日本は「最後通牒」だと解釈した。どれ一つとして受け入れる余地はなかった。アメリカも日本が受け入れるとは期待してはいなかった。「日本は満州を含む中国と仏印から日本軍および警察を全面撤退せよ。中国に傀儡政権をつくらず（蔣介石政権を認め）、現在有している中国での特殊権益も放棄する。他のアジア地域にも軍事行動を起こさない。日独伊三国同盟を死文化せよ」と要求した。アメリカは日本を追い詰めて、日本が対米英戦争の口火を切るように仕向けたとも言われる。

しかし、「かくすればかくなるものと知りながら」（吉田松陰）の冷静な分析をして戦いの結末を見抜いていた冷静な人たちがいながら（上記した秋丸機関や内閣総力戦研究所のように）、12月1日の御前会議（最高決定の場）で日本は対米英蘭との開戦を決定した。最後の最後まで戦争回避を主張した少数意見は退けられた。国家の命運が、統帥部（大本営）を制御できない優柔不断な政府と、構造的慣性の罠に陥り、アメリカと日本の戦力比を冷静に・正確に分析しないまま日本の軍事力を過信して、強硬に開戦を主張する統帥部との「開戦やむなしの空気」によって決められた。東郷首相のイニシャティブで戦争回避を期待した天皇陛下も、その決定を追認したとされる（猪瀬、同上書）。

12月8日、日本の宣戦布告の伝達がアメリカ側に届く前に真珠湾攻撃に踏み切った日本は、アメリカ陰謀説に従えば、アメリカにとって飛んで火に入る夏の虫だった。

1945年・敗戦の年の日本のGDPは、開戦時の半分に満たない規模に落ち込んでいた。ほとんど全ての主要都市が廃墟と化していた。アメリカでは、戦争中に降伏後の日本を米英中露で分割占領する計画が策定されていた。しかし原爆開発に成功して自信を持ったトルーマン大統領が、土壇場で、アメリカ主体（実質上アメリカ単独）の占領を決定したという。

避けられなかった戦争。「戦争を避ける」という選択肢は、ハル・ノートによって考慮の余地が無くなったとされるが、「ハル・ノートの要求のいくつか」を受け入れて戦争を避け、「留めおかまし大和魂」（吉田松陰）で「臥薪嘗胆」の道を歩む選択もあったのではないか、と反実仮想をする。そうすれば、310万人の日本人（軍人・軍属・民間人）や1900万人以上もの交戦国・戦場となったアジア太平洋地域の人々（内、中国人は1000万人以上）の命が無残にも犠牲になることはなかったのだ（吉田裕、２０１７）。日本がアジアの地域大国であることに変わりはなかったろう。アメリカと協力しながらアジアでの地政学を優位に動かす道があった可能性も捨てられない。

しかし、「勝ち目のない戦争を避ける」という日本の命運に関する全体合理的な選択肢は、個別合理的に「戦争をする」ことに固執していた日本軍にとっては、ありえない選択肢だったという議論がある（菊澤研宗、２０１７）。日本は日本軍の個別合理的な選択に牽引されて戦争に突入した。

「ハル・ノートを受け入れて戦争を避ける」選択肢は、日本が明治維新以来70数年間に、日清・日露戦争という多大の犠牲とコストをかけて獲得した朝鮮・台湾・南樺太の植民地、満州国、中国での権益をすべて放棄するほかに、大日本帝国という世界の五大国の地位も泥にまみれることになる。つまり、それまでに日本が費やした物理的・金銭的・精神的コストの全てが無駄になる（埋没コスト）。

さらにその上に、「戦争を避けてアメリカに屈服する」屈辱を受け入れる精神的コスト、国民を説得するコスト、敗戦後に国家を建て直すコストがどれだけ必要なのかも合理的に判断できなかっただろう。わずかでも勝利や引き分けの可能性に賭ける方が日本軍には個別合理的だったのではないか。日本軍の個別合理性の判断が、日本全体の悲劇・敗北という不条理を招来したとされる。

戦争を避けていたら。戦争の結果は見るも無残な敗北だった。ハル・ノートが要求したこと全てが日本の無条件降伏で現実になった。

日本は、アジア太平洋全域を戦争に巻き込んで破壊と犠牲をもたらした。1941～44年までの4年間で、GNP累計の6割近い（56・7％）約1346億円の総軍事費（波多野・戸部ら、2018、183頁）と310万人の戦没者という、天文学的な国力と人力を使い果たして敗北した。ちなみに、太平洋戦争開戦前の日中戦争を含む1936～40年までの5年間の総軍事費は248億円で、GNP累計の18・2％に留まっていた（波多野・戸部ら、同上書、同頁）。

これらは全て戦争のコストだが、ハル・ノートの要求を少しずつ受け入れて落としどころを探る外交交渉の方が、はるかに、コストは低く失うものも少なかったはずではないだろうか。開戦前の日本の世界での高い国家力評価を客観視すれば、こちらの選択肢の方が全体合理的だったろう。戦争に突き進む蛮勇よりも、いったん退いて臥薪嘗胆する勇こそが必要だった。

日本に全体合理的に戦争を避ける決断ができたなら、1945年の敗戦後に連合国軍最高司令官総司令部（GHQ）の指令で一夜にして民主主義国家に大転換するのではなく、日本は臥薪嘗胆・捲土重来して、自らの力で自成的に民主主義国家に変貌していた蓋然性が高いのではないか。当時の世界の平和と国際協調を求める大勢に沿って、民主主義的で内外に開かれた立憲君主国になっていたのではないか。欧米とも中露とも平和の等距離外交をして貿易を拡大し、それなりに豊かな大衆社会をつくっていた可能性が高かったのではないか。

そして日本人「らしい・ならでは」の思想性の背筋を持ち続けていただろう。今日のように、世界最高の物質的豊かさの中で、政治・経済・社会文化の文明システムのあらゆる面が、欧米的標準化にあらずんば文明にあらずと言われるような日本ではなかったのではないかとも仮想する。

アメリカの立場になって考えると、以下の反実仮想も成り立つかもしれない。日本が戦争を避ける決断をしていたら、アメリカは9~10万人の戦没者と日本の2倍の戦費というコストをかけることなく、ハル・ノートの要求の落としどころをアメリカ有利の外交交渉で求めることができただろう。

3　封建期日本との経路依存性・連続性

20世紀の初頭に、非西欧国の中で日本だけが近代産業国家に自成的に転換した。日本の文明化・近代化は江戸時代の文明システムに経路依存していた。

日本人は江戸時代の265年間、文明の近代化への準備を積みあげていた。一つには、日本人は古代以来中国文明を取り入れて、神・仏・儒をメタ統合し他を排除しない・他と対決しない思想をほぼ全員で共有していた。そして、守・破・離の進化という日本化プロセスを歴史的に繰り返し経験していたために、明治維新後には、欧米の科学技術と合理主義を新しい文明として抵抗なく受け入れた。産業社会での新たな守・破・離の進化を実現することができた。

二つめの理由として、封建日本期に武士や商人が身につけていた朱子学の格物致知のアプローチ、つまり「客観的な分析→理解→判断→総合」のステップで真理に至る思考方法が、西欧の科学技術や合理主義の理解・習得をスムーズにした（加地、前掲書）。禅を日常に取りいれていた武士や商人・富農は、平静な心で自分と世界に向きあい両方を調和させる修練、そして以心伝心で直観的に真理に至る精神の修練も積んでいた。そのため、武士や商人・富農出身者が多かった明治期の企業家たちは、科学性・合理性と精神性・思想性をホリスティックに統合する経営判断が可能だった。

三つめは、浜野ら（前掲書）によると、封建日本期の商人はすでに、高いレベルの経営手法や科学技術を使いこなしていた。複式簿記を使って計数管理をし、時の経済（時間管理・正確性・未来志向性）も管理した。スチームによる動力は知らなかったが水と風を動力源にした。造船、建設、土木・治水、製鉄、農業、発酵、数学、天文などの科学技術の知識で社会インフラの整備をし、農業の生産性を高めていた。また、さまざまな新事業・新製品開発を実践して、製品の生産量を増やし品質を高めていた。

4　士魂商才の経営哲学——福澤諭吉・渋澤栄一

天皇主権の治国平天下には経済がしっかりと強くないといけない。「徳は本《もと》なり、財は末なり」（『大学』伝十章）だが、「財を生ずるに大道あり」（同上）で、仁をもって義を尽くして商を行い、その結果生じる財が国を富ませ軍事力を強くする。この思想に突き動かされ、実業家・企業家は国家の富国強兵・殖産興業政策に参加する道をひたすら歩んだ。商人出身者はもちろんのこと、多くの農業や士族出身者も実業家・企業家に転身して殖産興業に参加した。

殖産興業には、修身斉家の徳（倫理道徳）と治国平天下の実践能力を持った企業経営者や経済官僚が必要である。そして、富国強兵・殖産興業は、世界の一等国・日本になるための必要不可欠なハード・パワーの柱である。現在のように、ハードとソフトのパワーのバランスで国家力を評価する思想は、当時の世界になかった。

帝国日本期の日本人は、既述したように、学校教育・地域社会・日常生活、そして軍隊の中で、天皇崇拝と朱子学的な序列と秩序の思想を、幼年時代から成人に達するまで徹底して刷り込まれた。軍人には「忠節・武勇・信義・質素・誠心」といった武士道精神の遵守実行を義務づけた。学校では初等教育から「五倫（父子の孝、君臣の忠義、夫婦の別、長幼の序、朋友の信）」（孟子）を「皇祖皇宗に由来する普遍の倫理・道徳である」と教えた。地域や家庭での躾は、教育の延長と補完を担った。

この教育・訓練の上に、欧米から導入した科学技術や近代合理主義を高等教育で学んだ人たちが企業に入り、殖産興業の産業社会の中核を担った。経営哲学は、商人道の「三方よし」から、「商人道」と「武士道」が結合して、工業製品をマーケティングする「士魂商才」に進化した。「士魂商才」の経営哲学は、封建日本期の「道義と利潤」の統合、「世のため人のため」という社会性に加えて、国民意識が芽生えた日本人の「国家の独立と繁栄」「列強に並ぶ強国化」を経済的に支える強い使命感に、良くも悪しくも貫かれていた。

産業界の忠君愛国の使命は、富国殖産を通した産業報国に邁進することである。その精神的なドライバーになった経営哲学が、武士道と商人道をメタ統合した士魂商才だった。江戸期の領主への忠義を天皇へのそれに置き換え、藩の富国を国家の富国に拡大し、商人の「三方よし」の精神を持った新時代の経営哲学と言えるだろう。

†福澤諭吉と渋澤栄一の説く「士魂商才」

近代日本の国家目標（欧米列強と並ぶ一等国になる）に向けて、政治と経済は唇歯輔車の関係にあった。経済での理論的支柱を提供したのは啓蒙思想家で教育者の福澤諭吉であり、殖産興業の礎を築いたのは日本の近代資本主義の父と言われた渋澤栄一である。福澤と渋澤が「士魂商才」の提唱者だと言われる（坂田吉雄、１９６４）。

福澤諭吉《ふくざわゆきち》（1835〜1901）は利を軽んじる朱子学を批判し、道義を踏まえた利を支持した。彼の道義は西欧の社会科学・自然科学で、科学を身につけた合理主義者・功利主義者だった。日本は「半開」の国であるから、文明が最も進んだ西欧諸国に学んで文明国を目指さなければならない（『文明論之概略』）。福澤は「富国強兵による国の独立を維持し、愛国心と尊皇心を持って」最大多数の最大幸福を実現するための殖産興業を支持した。彼の治国平天下は、国益・産業報国で「日本が工業国家として自立し、国産品による自給自足を実現すること」にあった。福澤の主張は、陽明学徒の主張と実質同じであると言えるだろう。

福澤はもともと朱子学と陽明学を身につけて成人した。19歳で長崎に行き蘭学を学び、その後大坂の適塾でも学んだ。22歳で適塾の塾頭になった。

福澤は面識はなかったが、西南戦争に敗れて自決した西郷隆盛を擁護した。「政府は啻《ただ》に彼れを死地に陥れたるのみに非ず、又従て之を殺したる者と云うべし。西郷は天下の人物なり。日本狭しと雖《いえど》も、国法厳なりと雖も、豈《あに》一人を容るゝに余地なからんや。日本は一日《いちじつ》の日本に非ず、国法は万代《ばんだい》の国法に非ず、他日この人物を用るの時あるべきなり」（『明治十年丁丑公論《ていちゅうこうろん》』）。

西欧的な理知・功利主義の人である福澤と東洋的な道義・精神主義の人である西郷とは正反対の人格同士と思えるのだが、福澤はどこかで西郷に共感するケミストリー、または、「変革への意思・熱情」「列強に侵されない強い独立国日本の建設」といった西郷の思想・価値観を共有していたのかもしれない。福澤は「脱亜入欧」を説いたが、西郷は日本人が「らしい・ならでは」のアイデンティティを忘れて、西欧に見倣った文明化・近代化に進むことを肯んじなかった。あくまで農本主義国家日本を守りたかった。その一方で西郷は、福澤の『文明論之概略』を高く評価して、周囲の弟子たちに読むように勧めたと言われる。

渋澤栄一《しぶさわえいいち》**（1840〜1931）**は、「論語と算盤」を統合する、つまり儒教の倫理道徳を支えに営利活動をする企業経営を生涯実践した。儒教的合理主義者・道徳経済合一主義者であり、陽明学徒である。「公利公益、国家の進歩発展に貢献する」を「私利私益」より優先した。実際には両者が表裏一体となる実業を実践した。多くの産業を興し、約500社とも言われる企業の設立を自ら行うか支援した。この時期のもっとも革新的な実業家・企業家の一人である。渋澤は現在の埼玉県の豪農家に生まれた。青年時代に水戸学に心酔し、後には一橋慶喜（15代将軍・徳川慶喜）に仕えている。

福澤と渋澤にみるように、二人とも儒学の素養を土台にしており、儒学・陽明学と西欧の物質文明（資本主義や合理主義）との親和性は大変高い。これまでしばしば言われてきたような、日本の近代化は木に竹を継いだようなものだとの批判は的外れであることがわかる。

両者とも欧米への留学・遊学経験者だが、現在のグローバリゼーションの視点、つまり外へと内への双方向のグローバル最適で日本の国益を実現する、という発想はなかった。日本を自給自足できる豊かな国家にし、その余力で海外に出かけるという発想である。二人の平天下はあくまでナショナリスティックだった。当時日本最高の知性を備え、海外経験が豊富な二人にして、自国中心思考（エスノセントリズム）の枠から外には出られなかった。明治という時代の限界だろう。

†新渡戸稲造と内村鑑三の思想――武士道精神の普遍性

新渡戸稲造《にとべいなぞう》（1862〜1933）は、その著『武士道』（1993）の中で、要約以下のように記述している。「維新回天の嵐と渦の中で、日本という船のかじ取りをした偉大な指導者たちは、武士道以外の道徳的教訓をまったく知ることのない人びとであった」（172頁）。（指導者ばかりでなく――引用者）「私たち日本人を（中略）（近代日本の建設に――引用者）駆りたてたものはまぎれもなく純粋にして単純な武士道そのものであった」（172頁）。（指導者たちが――引用者）「考え、築きあげたことは、一に武士道が原動力になっている」（173頁）。（西欧列強から――引用者）「劣等国とみなされることに耐えられない、という名誉心。これが動機の中で最大のものであった。殖産興業という考えは変革の過程で、後から目覚めたのである」（174頁）。

新渡戸は、朱子学的教養を身につけて育ったが、成人してからは、孔子の正統的後継者は陽明学の創始者である王陽明だと考えた。それが、富国強兵・殖産興業を支持する言説につながったと考えられる。

札幌農学校で新渡戸と同期の**内村鑑三**《うちむらかんぞう》（**1861〜1930**）は、朱子学的・武士道的な教育を受けて成人した（小島、2006）。内村は自著『代表的日本人』（2014）の中で、陽明学を取り入れて「富は必ず徳の結果である」と分析した。二宮尊徳を評して、至誠をつくして蓄積した富を自助努力をしている人たちに惜しげもなく提供した高徳の農民聖者であるとした。その徳が儒教精神であり武士道である。内村は、武士道の典型的な体現者は、私利私欲のかけらもなく徳の固まりのような西郷隆盛だったという。そして、雑誌『聖書之研究』186号（1971）では、「武士道と基督教」について、「武士道の台木にキリスト教を接いだもの、それは世界で最善の産物だ。それには日本国だけでなく、全世界を救う力がある」と説いた。武士道の倫理観とキリスト教のそれとに強い親和性（共通した普遍性）がある、と内村は考えていた。

新渡戸と内村は二人とも儒学教育で育った後、欧米に留学した。敬虔なキリスト教徒でありつつ、武士道の義を実践した後の利益の正当性、そして富国強兵・殖産興業を支持したと考えられる。

福澤と渋澤、新渡戸と内村という明治の先駆者たちは分かっていたと思う。西欧の物質文明とそれを支えているキリスト教の価値観を「普遍」とし、日本の物質文明とそれを支えている神・仏・儒の価値観を「特殊で普遍性がない」とする考え方は「誤っている」と。西欧のキリスト教も特殊である。それぞれの「特殊の中から普遍が帰納される」のだ。あるいは、特殊の「らしさ・ならでは」のアイデンティティがあればこそ、普遍が共有・共感できるのだ。普遍な文明がアプリオリにあるのではない。その上で日本は、西欧の進んだ物質文明を学んで近代化すべきだと、彼らは日本人に伝えようとしたのだと考える。

†士魂商才の人材育成

福澤も渋澤も、士魂商才による実業（企業経営）を唱えた。福澤は慶應義塾で、渋澤は一橋大の前身・商法講習所で、それぞれ多くの士族・商人・農民の子弟に商業学などを教育して、将来の実業家・企業家を世に送り出した。産業報国・殖産興業の拡大発展を牽引する人材が必要だった。事実として、明治期の三井・三菱・住友などの財閥経営者の学歴は高かった。帝大・慶應義塾・高等商業などの卒業者が63％を占めていたという研究がある（宮本、前掲書）。

人材育成は、やがて全国に拡がり、官僚や各界の指導者を供給する帝国大学、幹部軍人を養成する士官学校、産業界の幹部候補生を鍛える高等商業学校などが陸続と設立された。経済・経営の分野の幹部候補生は、生まれ落ちるなり「国家神道」のシャワーを浴び、中等教育では教育勅語で忠君愛国と朱子学的な倫理・道徳をディオニソス的に刷り込まれた。大学や高等商業学校で欧米のアポロン的な合理主義と資本主義・科学技術の知識を身につけ、士魂商才による産業報国の志を抱いて、陸続と産業界に巣立っていった。官僚や軍人への道を選んだ日本人も、志す道は忠君愛国・富国強兵だった。近代化途上の日本人は、忠君愛国の熱い「日本的ナショナリズム」を抱いていたと言えるだろう。昭和の時代に入ってからは、その日本的ナショナリズムを絶対視し、それを軍事力でアジアに強引に押しつけてしまった。痛恨の歴史である。

†時代が求めた経営能力

渋澤や彼に続く実業家・企業家も、新しい近代産業を次々に興した。電力・製鉄・鉄道・海運・紡績・造船・製紙・製粉・セメント・保険・銀行などである。江戸期との産業の連続性がほとんどない経済の仕組みの大転換だった。

しかし江戸期の大多数の商人は、これらの産業を興し経営することができなかった。だから、江戸期を生き延びた商人の多くが、明治維新後の経済のパラダイム転換・産業の近代化への転換に後れを取り、あるいは乗り切れず没落した。

近代産業の経営には、西洋の科学技術と合理主義を理解し駆使する能力の獲得が必須だった。これらの近代文明の利器を内部化して使い、新たな顧客価値を創造できる実業家・企業家の時代が到来した。彼らの出身身分は武士・商人が均等で、しかも、半士半農や農商兼営の限界的階層者が中心だった。大庄屋・大地主の家系の出身者も多かった。彼らは高学歴で、国家目標に合わせてビジネスの目標を産業報国・殖産興業に合致させ、かつ人々の暮らしに役立つ事業を発展させた。経世済民の能力に長けていたのである。

かくして実業家・企業家は、江戸時代に幕府から押し付けられた「最下位の賤しい身分」の商人といった意識（賤商観）から解放され、近代化に不可欠な資本主義経済を先導する有為の人たちだと認められる存在になった。江戸期の武士に取って代わり、社会をリードする存在、武士と商人が合体したエリートとしての実業家・企業家になった。

†「忠君愛国」「産業報国」を実現する「士魂商才」

国家の自由・自立が個人のそれに優先した。明治期から1945年の敗戦までの日本は、国を開いて欧米を見倣った近代化をし、自主・独立で、欧米列強と肩を並べる一等国でアジアの盟主になることが、個人の自由・自立に優先していた。国家の自由・自立が個人のそれに優先するという強烈な国家建設である。現在の開発途上国に見られる国家と個人の関係性と相似している。

「忠君愛国」「産業報国」を実現するために「富国殖産」を担った実業家・企業家の経営哲学の柱が「士魂商才」だった。士魂商才とは、武士道と商人道を融合した新しい経営哲学（渋澤の実業道）だが、両者の根底には神・仏・儒の教えをベースにした道義としての倫理道徳が共通してあった。

武士の主君への忠義や商人の商業倫理・道徳が、忠君愛国・富国殖産のための経営哲学に拡張し進化したと言える。「主君への忠誠が天皇への忠誠におきかわり、世のためが一等国へ向かう殖産興業の発展をめざす国のために拡大止揚され」「国のために正しいことをする、国と人々を愛する、誠実をむねとし、困難をのりこえて目標を達成する」という、新生日本の経営哲学であり実践規範である。

明治時代の実業家・企業家たちは、武士道や商人道を精神のインフラとして引き継いでいたので、全体として、大和魂と言われた強い倫理観・道徳観を持っていた。背筋がしっかりと伸びた明治の日本人のプロファイルはこのことから生まれている。その明治人たちが主導して、商人道から大義を担う士魂商才へ、そして国家力を支え国民を豊かにする経世済民の経営哲学への大転換を起こした。

このように日本の近代資本主義の根っこには、日本人「らしい・ならでは」の思想を土台に持つ骨太の経営哲学があり、それが実業家・企業家の不易の強い精神性だった。アジアでの帝国主義的領土拡大・軍国主義は覇道であるが、実業家・企業家の精神性は王道であり、本来、両者は無縁である。しかし、とくに昭和初期から敗戦までの企業経営は、国家の強い指導と統制を受け（1938年の国家総動員法など）、富国強兵策とアジアでの領土や権益の拡大に沿って、極めて軍国主義的・ナショナリスティックに展開した。

国の方針・覇道に沿った産業報国。実業家・企業家は、国の方針・覇道に沿った産業報国を積極的に実践した。つまり、国民として時代の義務を忠実に果たした。産業報国が正義であり、その正義の事業を遂行して正当な利益を得ることは、まさに義と利の一致だった。いつの時代にも政治から独立した企業経営はない、という歴史の教訓である。

アジア・太平洋戦争の期間中には当然のことながら、ほとんどの産業が軍需に指定され、戦争遂行に必要な物資の生産を求められた。

以下は、橋本・武田（編）（1992）による。日中戦争の勃発（1937）後の戦時経済統制（国家総動員法）が、第二次大戦勃発（1939）後には一段と強化され、総理大臣の権限で企業経営全般にわたって統一的・全面的に実行された。産業構造は、三井・三菱・住友の三大総合財閥でみると、重化学工業分野（金属・機械器具・化学）分野に集中し、売り上げも利益も急成長した。軍需がその成長を牽引した。電気製品の東芝、航空機・船舶の三菱重工業、航空機材料・部品の住友金属工業がその代表である。工業生産額でみると、重化学工業の割合は、1942年の70％超から1944年には79％に達した。

戦後、GHQの財閥解体命令で三大総合財閥は解体された。各財閥の当主の解体命令への対処を比較する。三菱財閥の第四代総帥・岩崎小弥太は「国民としてなすべき当然の義務に尽力したのであって、顧みて恥ずべき何ものもない」と抵抗した。三井財閥の十一代当主・三井八郎右衛門高公は全ての支配権を返上して、残りの人生を父親である高棟が創設した若葉幼稚園の経営に従事した。住友家十六代当主・住友吉左衛門友成は恬淡として解体を受け入れ、その後は一切の役職に就くことなく生涯を歌道に勤しんだ。

5　時代の鑑としての経営哲学の実践

明治・大正時代に活躍した実業家・企業家たちの経営哲学に、「士魂商才」の思想が深く反映しているのを見いだすことができる。彼らは「忠君愛国」「殖産興業」「産業報国」は正義であり、それを実践するのは日本国民の当然の責務であると受け止めつつ、「先義後利」の倫理道徳観を企業経営の中で実践した。

この節で取りあげる企業家たちは、例外なく、幼少の頃に儒学（朱子学・陽明学など）の素養を身につけている。中には直接・間接に、渋澤栄一の儒教精神が込められた「道徳経済合一主義」に学び、また福澤諭吉に私淑して合理主義・功利主義も学んだ企業家もいる。

一方では、成人後キリスト教を信仰し、その倫理道徳観に根差したヒューマニズム・人道主義と民主主義を経営に取り入れた企業家も生まれている。直接のつながりはないが、新渡戸稲造や内村鑑三の思想を受け継いでいると言えるだろう。

以下は土屋喬雄（前掲書）によっている。

†「儒教倫理を基本とする経営理念」を持った企業家

土屋は「儒教倫理を基本とする経営理念」を持った企業家として、渋澤栄一・金原明善・佐久間貞一・矢野恒太・小菅丹治（二代目）の5人を取りあげている。ここでは、渋澤を除いた4人の経営理念をレビューする。

金原明善《きんばらめいぜん》（1832〜1923）は大地主の家系で、現在の浜松市生まれ。治水・植林・疎水・運輸・製材・銀行などを経営した。

金原の「勤倹・力行・謙譲」の性格は、少年時代の学問の師であった、近くの寺院の住職の感化による。また成人してからは、仕事の合間に『論語』『孟子』を読み込み、その教義を身につけて道義心を涵養した。

国家の利益を優先するのが国民の本分であり、「正直・公正・誠実・勤倹・力行」の義を先に営利を後にした。経国済民には物質的安定が必要で、理財も重要だとした。

佐久間貞一《さくまていいち》（１８４８〜１８９８）は江戸・日本橋生まれ。名主の家系から父の代に幕臣になった。印刷・出版業のパイオニアの一人で活版印刷所秀英舎（のちの大日本印刷）、日本図書（教科書の出版）を設立。内地移民（北海道へ）と過剰人口の解決のための外地移民にも従事した。東京市の議員などを歴任。

青少年時代に儒教を学び、公正で厳格な道義的信念を形成した。維新後「殖産興業」のために尽くすのが最善の道だと考えた。そして、全ての事業で道義理念を経済合理主義に優先させた。またキリスト教の影響も受け、人道主義や民主主義の理念も身につけた。彼の道義的信念は、宗教倫理と儒教道徳の融合である。

労働者保護にも尽力した。自社の社員に対して、8時間労働・養老積立金・職工貯蓄補給・年金給与などを設けた。そして一週間の夏季休暇を与えた。

矢野恒太《やのつねた》（１８６５〜１９５１）は現在の岡山市生まれ。15代続いた医師の家系で、自身も医師になった。日本生命の社医をした後の1902（明治35）年、第一相互生命の創立者となった。少年時代以来『論語』と一心同体になるほど儒教に学び、儒教的倫理道徳を信念とした。

と同時に医師として科学主義・合理主義も身につけた。それが相互主義による第一生命の設立につながった。儒教主義を標榜して経営に励んだ。渋澤栄一の精神的な後継者の一人である。矢野は維新後は、日本人の精神教育が等閑視されていると憂えた。そのため、儒教主義の普及にも努めた。

二代目・小菅丹治《こすげたんじ》**（1882～1961）**は現在の神奈川県の農家・高橋家の3男として生まれた。縁あって初代・小菅丹治に見込まれその長女と結婚し、二代目となった。伊勢丹百貨店を創立した。

青年時代には漢詩が作れるほど漢学を深く学び、成人してからは渋澤栄一の道徳経済合一主義と福澤諭吉の民主主義・文明開化主義に深く共鳴した。渋澤と福澤の思想に沿って人生観・社会観・事業観を形成した。「渋澤栄一のような大実業家になる」大望を持ち続けたと言われる。

企業経営では、国家への貢献を優先し、先義後利の精神が国家の利益につながるとした。一方では、店員を慈しみ、高能率・高賃金の待遇を実現し、充実した厚生施設を整えた。

†「キリスト教倫理を基本とする経営理念」を持った企業家

土屋（同上書）は、森村市左衛門・波多野鶴吉・武藤山治・相馬愛蔵・大原孫三郎の5人を、

「キリスト教倫理を基本とする経営理念」を持った企業家として取りあげている。ここでは、森村・波多野・武藤の3名の経営理念をレビューする。

森村市左衛門《もりむらいちざえもん》（1839～1919）は、江戸商人で六代目である。大名家の御用商人になり、大分・中津藩の屋敷に出入りしていた折に福澤諭吉の知遇を得た。大いに触発され、海外貿易に進出した。森村21歳の時だった。

維新後は、慶應義塾を卒業した弟と二人でニューヨークに森村商会を設立、キリスト教に基づく道義を重んじる商売をして信用を高めた。幼少の頃から仏への信心が強く、仏教に基づく社会道徳的資本が身についていたが、キリスト教信徒になってからは、キリスト教的倫理思想と仏教のそれとが、彼の中で矛盾なく融合した。「両者の教義の根本に別はない」。利益を優先すべきでないが、道義を尽くした後の利益は神から与えられる褒美であるとした。

貿易で成功して以来、森村は多くの企業の創立や経営に参加している。それも親友・渋澤栄一と多くの場合事を共にした。川崎造船所・富士紡績・明治製菓・第一相互生命など。学問・学校にも援助した。北里研究所・日本女子大学・森村学園などである。

波多野鶴吉《はたのつるきち》（1858～1918）は、現在の京都府綾部市生まれ、元禄年間以来の大庄屋・大地主の家系である。1896（明治29）年、郡是製絲（株）を設立。波多野はその中心メンバーで社長を務めた。日清戦争後の商工立国策にのって、かねてからの宿願だった養蚕業と製糸業の共存共栄を図った。株主は全て養蚕家から集め、職工も養蚕家の子女を雇った。

キリストの「愛」の精神で社会・公共の利益を優先した。従業員の精神教育にも熱心で、牧師による修身講話・読書・算術の夜学を社内で開校した。1914年には会社経営も社員教育も安定した軌道に乗っていた。

「誠を貫く完全の天道の実践」を目指す社訓を制定した。「誠」を一貫して、「完全の天道」を尊崇し常に謙《へりくだ》って、「完全の信仰を養い」「完全の人格を修め」「完全の勤労を尽し」「完全の貢献を為すことを切願し実行」。貢献する先は、天父・家族・隣人・社会・国家・世界である。

武藤山治《むとうさんじ》（1867〜1934）は岐阜県生まれ。家は代々の豪農であり大地主である。紡績企業家の代表的人物で、鐘淵紡績を業界を代表する企業に成長させた。

彼の父は、頼山陽の『日本外史』を愛読し、勤王の念篤く、福澤諭吉に私淑した。武藤を慶應義塾に入学させた。武藤は福澤諭吉の感化を受けた。アメリカ留学後、三井銀行などを経て、鐘紡に入社。1921年に社長に就任した。34年には衆議院議員になった。

武藤の祖父は篤い仏教徒。本来正義感が強かった武藤自身は儒教を学び、クリスチャンとなってからは、ヒューマニスト・民主主義者・合理主義者である。その人生哲学は精神主義を物質主義（営利）に優先した。「社会全体の為に奉仕したという自覚の中に真の満足と愉快を見い出す」経営哲学の持ち主で、渋澤栄一の道徳経済合一主義の経営を貫いた。

第4章

民主日本期の文明システムと経営哲学——1945〜1990

1 文明システムとその変化

昭和の初頭から20年間は戦争の時代だった。関東軍が独走した満州事変（1931）の勃発から大本営が開戦を強引に押し切ったアジア太平洋戦争の敗北（1945）まで、時間軸ではわずか14年間のことだった。その戦争の痕跡は、物理的にも精神的にも、90年近い年月を経た今日に至っても、国内とアジア太平洋全域に色濃く残っていて、それを頻繁に目にし耳にする。

明治以来「世界の一等国になる」を目指して富国強兵・殖産興業に邁進した日本は、その途上で、日清・日露両戦争に勝利した後に、当時の欧米列強が容認した台湾や朝鮮の植民地化に留まらず、昭和に入ると更なる権益拡大を目指して満州を傀儡国家化し、さらに中国を属国化する日中戦争に突き進んだ。しかしその野望は、当の中国自身による反日・抵抗と、日本の度を越した東アジアでの侵略行為を容認しない欧米諸国の対日包囲網に直面して、限界点に達していた。しかし日本に軍の無限膨張を止める力を持った政治指導者はいなかった。日本はアジア太平洋全域で、日本の5・4倍もの経済力を持つアメリカを主敵とする連合国と総力戦争に突入し、国家の消滅寸前に至るまで叩きのめされて無条件降伏した。そして、実質アメリカ単独の占領下におかれた。

敗戦を境にして再び日本の文明システムは大転換した。帝国日本はGHQ（連合国軍最高司令官総司令部）によって解体され、そのたて続けの指令で新生日本がスタートした。日本国憲法や教育基本法もGHQのイニシャティブで制定された。戦争に負けてよかった、という議論が盛んだった。アメリカ単独の占領は「最悪の中の最善」（白洲次郎）だとの意見もあった。平和と民主主義の時代が到来した。それはアメリカの力で、他成的に到来したという議論もある。

一方では歴史の経路依存性は健在だった。戦後の日本は、日本人の良き歴史を引きついだ。その第一が、軍国主義思想が黒く塗りつぶされた後から鮮明に再生した、日本人「らしい・ならでは」の思想だった。当時の日本人が共有していた社会関係資本である。その第二は、1930年代までにはすでに高度レベルで蓄積していた人的資本（知力・企業経営の経験・技術力）である。朝鮮戦争による経済資本の蓄積を契機にして、人的資本（×）経済資本（×）社会関係資本（人としての使命感、国の再建・経済の回復・生活の立て直し）が有機的に結合して、日本経済の復興が始まった。

†民主主義による日本と日本人のつくり変え

大日本帝国憲法下での国家と個人の関係性が180度転換した。富国強兵・殖産興業に沿った産業報国は、軍国主義に貢献したとして排斥され、それまでの日本経済を支えていた財閥は解体された。日本人の神道・仏教・儒教に根ざした倫理・道徳は、軍国主義の温床であり封建的であるとして、教育から取り除かれた。地縁共同体や血縁共同体の倫理・道徳も、同じ理由で社会生活の規範や家庭の躾としての影響力を急速に弱めた。

敗戦後矢継ぎ早に、国体と政治の大転換が行われた。日本軍（陸軍と海軍）は敗戦とほぼ同時に解散し（1945）、軍人勅諭は失効した（1948）。「国家神道」はGHQの神道指令で廃止され（1947）、皇室神道に戻った。GHQの強い要請下で日本国憲法が施行された（1947）。日本国憲法は、民主主義国家を宣言し、国民主権、平和主義（戦争放棄）、基本的人権、議院内閣制を柱とした。天皇は、現人神ではなく人間であり、「日本国民統合の象徴であって、この地位は、主権の存する日本国民の総意に基く」（「日本国憲法」第1条）とされた。天皇制は維持された。

教育基本法が施行された（1947）。教育基本法の内容についても、GHQの助言・協力・

要請があったと言われる。教育勅語は失効した（1948）。

日本人「らしい・ならでは」の価値観や倫理・道徳観の根底であり、大きな柱であった儒教の仁義礼智・忠孝悌信の教えは、明治以降軍人勅諭や教育勅語に大きく反映されていた。その教えは、確かに家父長的で強権的に運用されたが、国家への忠誠心・愛国心や使命感、そして社会の安定や家庭の融和、人と人との信頼関係を支えてきた。しかし、軍国主義ナショナリズムの否定と一蓮托生で、軍人勅諭や教育勅語の廃止とともに、日本人「らしい・ならでは」の思想とその伝統も戦後の教育から捨象された。

かくして、戦前・戦中派と戦後教育で育った戦後派との間に、日本人「らしい・ならでは」の思想の継承をめぐる断絶が生じたと言えるだろう。

†民主主義教育が求めた日本人像

旧・教育基本法と約60年後の2006年に全面改定された新・教育基本法を比較してみる（文部科学省「改正前後の教育基本法の比較」）。両方がそれぞれ目標にしている日本人像に根本的な違いがある。

先ず、旧法の前文である。

「われらは、さきに、日本国憲法を確定し、民主的で文化的な国家を建設して、世界の平和と人類の福祉に貢献しようとする決意を示した。この理想の実現は、根本において教育の力にまつべきものである。

われらは、個人の尊厳を重んじ、真理と平和を希求する人間の育成を期するとともに、普遍的にしてしかも個性ゆたかな文化の創造をめざす教育を普及徹底しなければならない。

ここに、日本国憲法の精神に則り、教育の目的を明示して、新しい日本の教育の基本を確立するため、この法律を制定する」（傍線は引用者）。

旧法は、どの国・どの民族にも当てはまる理想的な教育を目指していたと言えるだろう。つまり、人類の普遍的な正義がアプリオリにあり、それを日本人全員が演繹的に保有することになった。日本の伝統を継承するとか、日本人らしさを育てるとかの教育は捨象されている。GHQの強い意向が反映されたと言われる所以である。

次に新法の前文である。

「我々日本国民は、たゆまぬ努力によって築いてきた民主的で文化的な国家を更に発展させるとともに、世界の平和と人類の福祉の向上に貢献することを願うものである。

我々は、この理想を実現するため、個人の尊厳を重んじ、真理と正義を希求し、公共の精神を尊び、豊かな人間性と創造性を備えた人間の育成を期するとともに、伝統を継承し、新しい文化の創造を目指す教育を推進する。

ここに、我々は、日本国憲法の精神にのっとり、我が国の未来を切り拓く教育の基本を確立し、その振興を図るため、この法律を制定する」（傍線は引用者）。

新法は、ほかならぬ日本人による日本人の教育の基本を定める、と特定している。どの国・どの民族にも普遍の真理や正義を希求しつつ、特殊の日本人「らしさ・ならでは」も身につけ継承することを目指している。それが日本の未来を切り開くと期待している。

2000年代以降は、グローバルに通用する人間像として、「その国や民族の歴史や文化に特殊的なアイデンティティを持ち、かつ、普遍的な真理や正義、高い専門性と豊かな教養を身につけている」ことが世界中の常識になっている。新法は、このような日本人を育てようと意図した教育改革だったと思われる。反面、新法が制定されるまでの60年間、日本人は、普遍と特殊のバランスが取れた教育を受けてこなかったと言えるだろう。

教育の目標では、旧法は第2条で、教育の方針として、「学問の自由を尊重し、（中略）自発的精神を養い、自他の敬愛と協力によって、文化の創造と発展に貢献するように努めなければならない」とうたっている。異存はないが、通り一遍で具体的なイメージが湧かない。

新法では、教育の目標として大きく5項をあげていて具体的である。幅広い知識と教養・豊かな情操と道徳心・健やかな身体を養う第1項。個人の価値を尊重して、その能力・創造性・自主自律の精神を伸ばし養い、それが将来職業人としての素養であると教える第2項。正義と責任・男女の平等・公共心・主体的な社会参画の第3項。生命の尊重・環境保全の第4項。上記第4項までは、国や民族をこえて、グローバル社会で当然視され・納得される普遍的な人間像を描いている。

そして最後の第5項で、「あるべき・らしい」日本人像を描いている。「伝統と文化を尊重し、それらをはぐくんできた我が国と郷土を愛するとともに、他国を尊重し、国際社会の平和と発展に寄与する態度を養うこと」である。幼少年の時代から、自国を愛し他国を尊重する心をしっかりと教え込むことの大切さは論をまたない。自国を愛せない日本人に、他国を尊重することはできない。

新法で教育を受けた人たち・平成世代が、企業に入社してくるのは、早くとも2028年以降である。

2　世界2位の経済大国化、その後四半世紀に及ぶ経済低迷

「国破れて山河あり城春にして草木深し」(杜甫)。敗戦国日本は、経済的には中世に逆戻りし、今後数十年立ち直れないだろうと言われた。しかし事実は全く逆だった。焦土から立ちあがり、通商国家に専念して、20数年間の内に規模で世界第2位の経済大国に成長した。

経済大国化を実現したのは、戦後からわずか10数年の内に産業基盤の整備や資本の蓄積がなされたために、1960年代中盤からの高度経済成長が可能になったからだと説明される。私はその経済合理的な説明に賛成しつつ、しかしそれ以上に、戦後の経済再建を牽引した戦前・戦中世代の日本人「らしい・ならでは」の国家への忠誠心、経済再建への責任感、家族を豊かにする決意などが、日々の苦しい労働や仕事をやり遂げる精神的な原動力になっていたと考える。その人たちの心の中で、天皇への忠誠は否定されたが尊崇心は変わらず、愛国心は燃え続け、士魂商才に衰えはなく、産業報国こそが国家再建の具体的な道だと映っていただろう。国家再建という大義名分の達成手段は自由な経済競争だった。競争に勝つという意欲を駆動したのが「和魂商才」の経営哲学だった。

1945~80年代までの経済成長のプロセスを整理しておきたい。日本人の戦後の思想、そしてそのサブシステムである経営哲学に、時代の文明システムが強く反映されているからである。参考にしたのは『経済白書』各年版と『国民生活白書』各年版である。

†日本企業の進化とイノベーション・プロセス

各時代の最先進国から「先端の文明（政治・経済・社会文化・科学技術）を取り入れて日本化して追いつく」のが、有史以来繰り返されてきた日本の進化の特徴である。異質な文明を排除しないで柔軟・寛容に取り入れて適応し共生しつつ、日本化する「内へのグローバリゼーション」である。それを「守・破・離」の進化と筆者は呼んでいる。その進化をビジネスで体現するプロセスが「AI移転またはAI進化」である。以下で説明する。

日本は、遠く古墳時代（5〜6世紀）から近世の封建日本期（1603〜1868）までは主として中国から、明治以降の帝国日本期（1868〜1945）には欧米諸国（ドイツ、フランス、イギリス、アメリカなど）から、戦後の民主日本期（1945〜90）は圧倒的にアメリカから、最先端の文明を取り入れて自成的進化を繰り返してきた。他国や他民族に強制されてそれまでの日本を根底から覆させられたことはない（戦後の日本人はアメリカによって半ば他成的につくり変えられたという議論もある）。だから日本の文明は、古代から今日までの歴史が途切れることなく重層的に積みあがって形成されている。

経営のAI進化。日本の文明進化は歴史的に、守・破・離の三段階のアップ・スパイラルな進化の繰り返しで実現した。民主日本期の経済成長を牽引した企業経営も例外ではない。私はこの歴史的な進化モデルを応用して、「経営のAI進化」の概念を提唱している（林廣茂、1999）。民主日本期の産業発展を例にして「経営のAI進化＝内へのグローバリゼーション進化」を概念化した。

最初のAdopt《アドプト》-and《アンド》-Imitate《イミテイト》（採用と模倣＝守）の段階では、アメリカに学んで国内に新産業を興す。自動車や家電などがこれに相当する。この段階の日本製の自動車や家電は、「悪かろう・安かろう（Second《セカンド》-and《アンド》-Cheaper《チーパー》）」製品だと世界でたたかれたが、日本経済の復興の起爆剤になった。1950〜60年代のことである。

やがてAdapt《アダプト》-and《アンド》-Improve《インプルーブ》（応用し改良・改善＝破）を実現して、「二番手改良製品（Second《セカンド》-but《バット》-Better《ベター》）」を開発し、低価格でありながら壊れない・性能が良い機能価値で欧米の競合品に競り勝つようになった。1970年代の自動車、家電、カメラ、時計など。鉄鋼、造船、繊維などの重・厚・長・大の工業製品から、先端技術を生かした軽・薄・短・小の高性能製品に転換した。トヨタ、ソニー、ニコン、セイコーなどが世界で注目されるブランドになった。1970年代である。

3段階めで、Adept《アデプト》-and《アンド》-Innovate《イノベート》（習熟と革新＝離）を達成する。「日本発のイノベーション製品（First《ファースト》-and《アンド》-Best《ベスト》）」が世界へ。小型自動車、ヘッドフォン・ステレオなどで世界標準を生み出し、モノ造りで世界一と言われるようになった。1980年代の成果である。

†「竹の子」生活から「昭和元禄の消費」生活へ

1945年以降の数年間の日本経済は困窮を極めていた。敗戦の年の工業生産力は戦前の

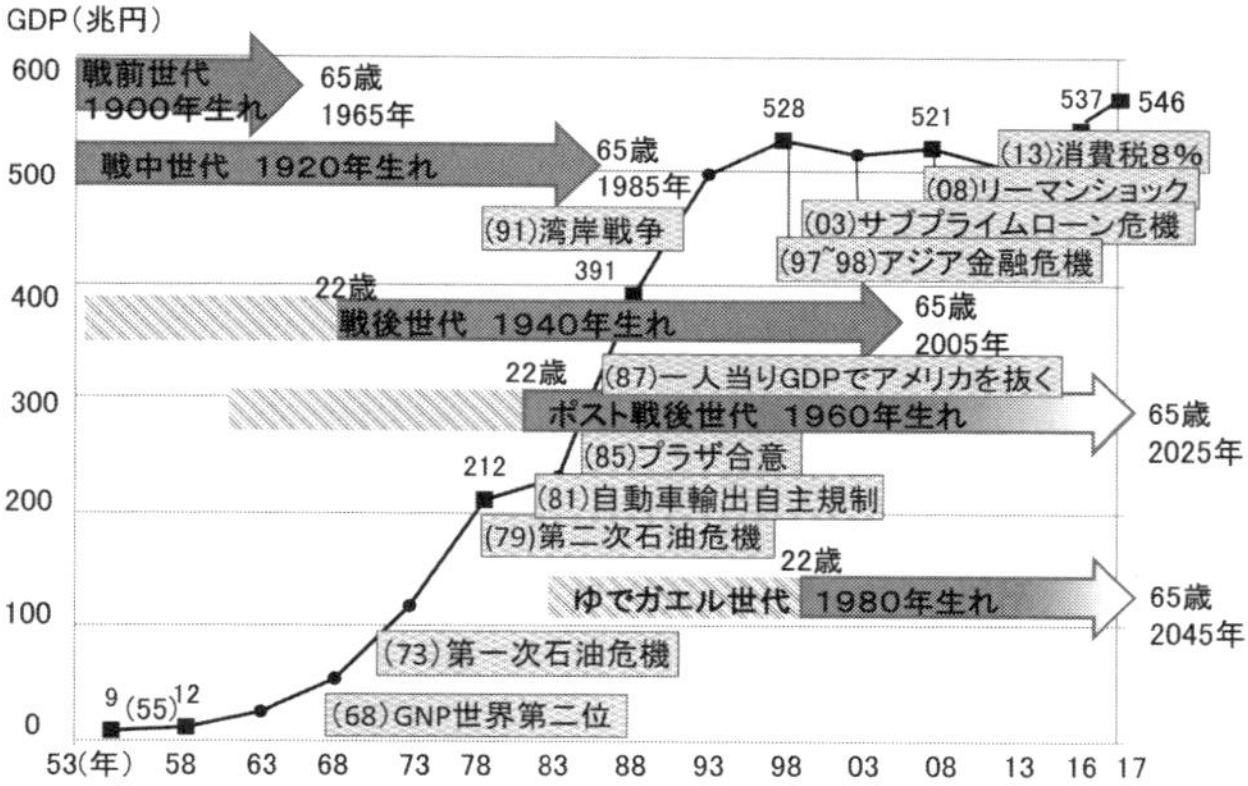

図表 4-1　日本の GDP（1955-2017）
戦前戦中世代・戦後世代・ポスト戦後世代・ゆでガエル世代の現役時代（22-65歳）
出典：内閣府（2018）「国民経済計算（GDP 統計）」を基に作成。

最高レベル（1934〜36の平均）の30％だった。国家・企業・家計の全てが赤字で、国民は身の回りの物を売って食いつなぐ「竹の子」生活をしていた。朝鮮戦争特需（1950〜55）で産業は息を吹き返し、資本を蓄積した。経済復興が加速し、1955年には実質国民総生産で、戦前の最高レベルの1・5倍に達し、国民一人当たりの消費水準は戦前の最高レベルを超えた。1956年の『経済白書』は「もはや戦後ではない」と書いた（図表4-1）。

1960年代は石炭から石油へのエネルギー転換後の所得倍増・高度経済成長期である。重化学工業が勢いをまし、耐久消費財では機械工業（家電・乗用車・カメラ・時計）が本格スタートした。日本人の消費生活は東京オリンピック（1964）を挟んで一変した。三種の神器といわれた白黒テレビ、洗濯機、冷蔵庫の1964年の世帯所有率はそれぞれ88％、61％、38％になった。1955〜65年の10年間のGDP成長率は平均で年率17％だった。

1965年に日本と韓国は国交を正常化した。朝鮮戦争のさ中に行われた第一回会談（1952）から13年間にわたる紆余曲折（とくに日韓併合・植民地統治の総括を巡って）の後だった。1968年にはGNP（国民総生産）で日本がドイツを抜いて世界2位になった。一人当たりではイタリアに続いて6位だったが、堂々たる経済先進国でしかも世界の主要国の一つに返り咲き、日本人の自信は大いに高まった。

いざなぎ景気が長く続いた（1966〜69）。輸送機械（自動車、オートバイ）、電気機械（テレビ、ラジオ）、精密機械（カメラ、時計）などが経済成長を主導し、消費では3C（カラーテレビ、クーラー、カー）時代と言われた。「昭和元禄」「消費は美徳」の時代である。乗用車の所有率が人口1000人当たり100台を越え、モータリゼーション時代に突入した（1971）。経済成長が続き、所得は倍増をやすやすと越えた。日本人は国も個人もいい方向に向いていると信じて疑わなかった。経済成長はこれからも長く続くと信じ込んでもいた。

†石油危機が日本企業のイノベーションを起爆した

1971年のニクソン・ショックとそれに続く円高、第一次石油危機（1973）で、高度経済成長は終焉したと言われた。国民の関心は、「使い捨て」から「省エネ」「省資源」「低公害」という社会性の拡大、そして「のんびり」「ゆっくり」といった生活の質やゆとりの重視へ変化した。1974年は、狂乱物価と戦後初のマイナス経済成長に見舞われた。しかし、1965〜75年の10年間のGDPは32・87兆円から148・33兆円へ、年率平均で18％も成長した。

1972年には懸案だった日中国交回復が実現した。1975年に先進7カ国会議（サミット）がスタートして、日本は名実ともに最先進国の仲間入りをした。

第二次石油危機（1978）を乗り切った日本経済は、1975〜85年の10年間に平均9％の高成長を続けた。1985年のGDPは320兆円で、1987年に一人当たりの名目GDP（ドル）でアメリカの水準を抜いた。そして、「世界一のモノ造り大国」になった。

日本の産業構造は、これまでのエネルギー大量消費型重化学工業から、省エネルギー・省資源型で高付加価値の機械工業中心の、世界一効率が高い経済へと根本的な変革を実現した。重厚長大産業から軽薄短小産業への転換と言われた。「メイド・イン・ジャパン（Made-in-Japan）」が世界で高品質の代名詞になり、自動車や家電そして半導体では、国際標準を生み出し競争力を一段と高めた。技術立国日本の誇りだった。先に取りあげた産業の「守・破・離」進化の、

「破」から「離」への進化を達成したのである。

1980年代には日本製品の洪水のような大量輸出に悲鳴をあげた欧米との貿易摩擦・経済摩擦が激化し、次々と日本側が輸出の自主規制をして摩擦の鎮静化を図った。それほど日本の機械産業の国際競争力は圧倒的に強かった。自主規制は、カラーテレビ（1977）、自動車（1981）、VTR（1982）、半導体（1985）などに及んだ。

†バブル経済の崩壊

1985年にアメリカが主導した（仕掛《しか》けた）プラザ合意による急激な円高で、日本の自動車と家電に代表される機械産業の海外生産が一気に拡大した。日本国内は円高不況になり、景気が後退した。公定歩合が引き下げられ内需拡大を期待した。それがマネー・サプライを増やし、企業も個人も株買いや土地買いに走ることになった。狂乱のバブル景気である。1986〜89年にかけて、株価も不動産価格も1983〜84年の2倍以上に膨れあがった。

日本がバブル景気に酔いしれている中、世界は大転換した。北京・天安門事件（1989年6月）、ベルリンの壁崩壊（1989年11月）、湾岸戦争（1990年8月）、ソ連邦崩壊（1991年12月）がたて続けに起きた。東西の冷戦が終結してアメリカが唯一の超大国となり、「アメリカ文明（キリスト教文明）」が世界をリードする一方で、イスラム、儒教、ヒンズーなどの諸文明の国々も強い自己主張を始めた。

日本では昭和天皇が崩御（1989年1月）して平成の世が始まり、バブルが崩壊した（1991～92）。株価は暴落し地価は下落し、企業ではリストラが吹き荒れた。1991年第一次平成不況、1997年第二次平成不況、2000年第三次平成不況と、途切れることのない不況が襲った。「日本の衰退が進行中」と言われ、経済成長のない日本が今日まで続いている。

3 和魂商才の経営哲学

†戦前・戦中世代の士魂商才

戦後の日本経済の高度成長を担った大人たちの大多数は、明治後半～大正の生まれで、教育勅語で教育を受け、地域社会の大人から、そして家庭では祖父母や両親から絶えず教育勅語の実践（忠孝悌信の徳の実践）を求められて育った。男子は、成人後は軍隊で軍人勅諭も強引に刷り込まれた。彼らを戦前・戦中世代の人たちと定義する。

1945年の人口は7200万人。その後外地からの帰還兵や引揚帰国者で「約660万人」（吉田裕、2017、200頁）増加し、ベビーブームがあり、1955年には人口は9000万人超に急増した（総務省統計局「日本の統計」）。その内の大人たちが戦前・戦中世代だった。彼らは戦後、「天皇への忠誠」「軍国主義」に替わって「国家の再建」「経済立国」を大義として、経済の復興に邁進した。昭和の終わり、バブル経済の崩壊までは、彼らが企業経営者・経営幹部の大多数を占めた。

戦後、大義は再び180度転換したが、彼らは戦前・戦中に受けた日本人「らしい・ならでは」の思想をしっかりと身につけていた。西洋近代の合理主義と日本の伝統文化を統合した高度な社会・精神文化を持っていた。それを「和魂」と呼ぶ。また戦争で破壊されたが、1930年代にはすでに、科学技術を駆使した高度な産業を育てあげていた。資本主義経済・産業化社会での企業経営の知識と経験を蓄積していた。それを「商才」と呼ぶ。

「和魂商才」を実践して日本経済を再建し高度成長を担った戦前・戦中世代の大多数は、敗戦を20歳～30歳台で体験した人たちで、当然のことながら、戦前・戦中に「教育勅語」で育ち、「軍人勅諭」で鍛えられた。彼らは「天皇への忠誠」「軍国主義の戦士」を切り替えて、「国家の再建と家族のために」を大義とした。「会社と上司に忠義を尽くし年上を敬い、一致団結して」自分の務めを最後まで果たしぬいた。企業は、後に「日本式経営の強み」と言われた「年功序列、終身雇用、企業内労働組合」を制度化して組織の序列と秩序を守り、雇用の安定と生活保障で従業員の忠誠心を高め、社員中心主義で企業という運命共同体の和を確保した（アベグレン、2004）。

経済大国化をリードした戦前・戦中世代の人たちが共有していた和魂の精神の中核には、「国民の義務として軍国主義に加担せざるを得なかった悔いやうしろめたさ」もさることながら、それを超えて、「英霊が自分たちを見守っている自覚」「清濁併せのむ寛容と周囲への思いやり」「天道に恥じない倫理・道徳性」という当時の日本人「らしい・ならでは」の思想・精神への共感・共鳴があった。この愚直な覚悟が、「国破れて山河あり」の逆境に立ち向かい、経済の再建を目標に掲げた日本人の心を奮い立たせた根源だった。その和魂が、戦後の守・破・離の進化モデル（商才）の駆動力になった。

「和魂商才」の経営哲学は、江戸時代の武士道や商人道を引き継ぎ、明治・大正・昭和期の教育勅語と軍人勅諭で、繰り返し繰り返し刷り込まれて強靭化され、日本人ビジネスマンの基本的な倫理・道徳規範、行動原理になっていた。軍国主義というイデオロギーを取り除いた後でも、経済再建に立ち向かった戦前・戦中世代の人たちの心を奮い立たせた精神の強さの根源だったと考えられる。

企業は利益社会である。機能面では、経済合理性を核にした開発・生産・販売マーケティング・財務経理・人事などあらゆる分野で、アメリカ式経営を貪欲に吸収して応用・改善をして利用した。企業の急成長に大変効果的だった。一方では企業は共同社会でもある。和魂商才の経営哲学が、意思決定の仕組み、上下関係や社内の秩序、人間関係などの経営管理に強く反映されて、企業文化（価値観や使命感などの社会情緒的資産 Socio-Emotional Wealth）を形成した。社員は、企業文化を共有することで、共同社会のメンバーとしてのアイデンティティを得た。一種の運命共同体である。

†戦後教育を受けた人たちが経済大国を引き継いだが……

旧・教育基本法による教育を一から受けた人たちが企業に就職するようになったのは、1960年代からである。彼らを、団塊の世代も含めて戦後世代とする。筆者は1947年4月に小学生になった。戦後教育の2期生である。戦後世代は、高度成長期・安定成長期には戦前・戦中世代の管理・指導をうけてビジネス実践を学んだ。和魂商才の経営哲学を戦前・戦中世代から伝承された戦後世代も多かった。

しかしその経営哲学は、戦前・戦中世代のそれのような、幼児期から両親・地域社会・学校によって刷り込まれた日本人「らしい・ならでは」の思想の土壌から発芽し成長したのではなく、あくまで、戦後教育の土台の上で成人後に学習した知識の一部だった。しかも、世代から世代に思想が伝承されるには、とくに、承る側の強い意志と熱意、そして予備学習がなければいけない。「心ここに在《あ》らざれば視れども見えず、聴けども聞こえず」（『大学』第三段）で、戦後教育の中で「日本人らしい・ならでは」の思想の伝承が否定されたのだから、世代を経るごとに、和魂商才を伝承する側と伝承される側双方の意志と熱意が希薄になっていったようだ。

　バブル経済の崩壊を挟んで戦前・戦中世代の多くが企業経営の中枢からリタイアして、戦後世代と入れ替わったのは、１９９０年代の中葉・後半からである。

　戦後世代は、経済の長い低迷が続く中、業界や企業による違いはあったが、全体として、経済不況からの脱却や業績不振の立て直しなどに有効な手を打つことがうまくできなかった、と言えるだろう。なぜか。

　１９９０年代に世界の顧客価値創造競争は、それまでの産業社会のモノ造り（眼に見える機械の性能機能などモノの価値造りの優劣競争）から、ＩＣＴ（情報通信技術）社会の、コト創り（意味や情緒の価値創造の優劣競争）へ急速に転換した。日本企業はモノ造りは依然として世界一ながら、モノ造りの技術が世界標準化して優位性が弱まり、その結果利益低迷に苦しんでいる。コト創りではＧＡＦＡ（グーグル、アップル、フェイスブック、アマゾン）やマイクロソフトに代表されるアメリカ勢に突き放された。「モノ造り」も「コト創り」も、ＧＩＤ（グローバリゼーション、イノベーション、ダイバーシティ）の３軸での競争が急速に進行している。しかし日本企業の顧客価値創造力は、コト創りとそのGID競争力への対応で、遅々として進んでいない。そしてモノ造りでも、付加価値競争力のない産業は、中国や東南アジアに移転するか、現地の産業にコスト競争力で追い越されている。

戦後世代は、コト創りとそのGID競争を勝ち抜く戦略形成と戦略実践にうまく対処できなかったと言えるだろう。戦後世代は、戦前・戦中世代の先輩たちが達成したモノ造り中心の経済成長の果実の配分は楽しんだが、1960年代以降に生まれた後輩（ポスト戦後世代）たちには、経済の低成長と所得が伸びない苦い20数年を味わわせた。そして、2010年代終盤の今、戦後世代はすでにリタイアし、団塊の世代のリタイアもピークを越えている。ポスト戦後世代が企業経営の中枢を占めつつある。

1990年代から現在に至る日本経済の低迷は、ICT社会のコト創りでのGID競争力で日本企業が後れをとった結果である。第7章で詳細に検証する。

『日経ビジネス』（2018）に、日本の社長の年齢分布のデータが掲載されている。2017年1月以降の決算で売上高100億円以上の9699社を対象にした調査結果である。70歳台以上の社長が全体の14%。60歳台の社長が48%、50歳台が27%をそれぞれ占めている。60歳台以上が62%である。日本の社長の高齢化は先進国の中で突出している。2016年時点の年齢で、60歳台の社長は1947〜56年の間に生まれた団塊の戦後世代、50歳台の社長は

1957〜66年の間に生まれたポスト戦後世代。いずれも戦後教育を受けて成人した人たちである。60歳台以上の社長がいる企業の黒字化比率は一段と高いが、ROEはがくんと下がる。GID（グローバリゼーション・イノベーション・ダイバーシティ）競争への投資に消極的で守りの経営をしている、または投資しても、製品やサービスの高付加価値化に成功していないからだと推察する。

グローバル日本期（1990〜現在）へ、和魂商才は継承されなかった

ここまで書いてきて、実は筆者は、戦前・戦中世代の先輩の人たちへの後ろめたさを感じている。私は1940年生まれの戦後世代で、神・仏・儒のメタ統合思想を刷り込まれて育ってはこなかった。30歳台の初めにアメリカでMBA（経営修士）を取得し、外資の製薬会社でマネジャー（課長職）とディレクター（部長職）を務めた後に、同じく外資のコンサルティング会社のアジア地区CEOを20数年間務めた。コンサルティング会社が提供する顧客価値は、典型的なコトの情報価値だった。その間日本人「らしい・ならでは」の思想を独学していたが、和魂商才の経営哲学との関連を自覚してはいなかったし、多国籍の同僚や顧客企業に自らの思想を詳細に語ることはなかった。

戦前・戦中世代の人たちは戦後から1990年まで、企業の中枢幹部として日本経済の再

建・成長、そして、経済大国化に忙殺されていた。一方で、1990年以降に企業の経営を担った1940〜50年代生まれの筆者を含む戦後世代の人たちは、日本人が歴史を通して培い、連綿と世代から世代に継承した日本人「らしい・ならでは」の思想、その宗教性、倫理道徳性、世界観を、「古臭い封建時代の思想」「軍国主義の思想」だとして排除した戦後教育を受けて育った。教育の場だけでなく、家庭や企業でも、世代から世代へ日本人のアイデンティティを引き継ぐことはあまり・ほとんどなかった。

戦後教育は、日本人の歴史的伝統的なアイデンティティの根幹を切り捨ててスタートした。その理由は、過去の封建的・軍国主義的な思想を破棄して新しい日本人像をつくるためだと教えられた。戦後教育は当時の児童・生徒の頭や心の中にある白いキャンバスに、日本人の思想や文化の歴史の経路依存性や不易流行性がないのっぺらぼうの日本人像を描く教育だったとは言えないだろうか。

戦前・戦中世代の人たちは、教育の現場で、あるいは日々の生活の中で、「あつものに懲りてなますを吹いている」ように口をつぐんで、彼らの時代の日本人「らしい・ならでは」の思想を、戦後世代の人たちに継承することはなかった。なぜだろう。戦前・戦中世代に「先の戦争に対する罪悪感や贖罪意識」があったからだろうか。

戦後世代は、学校教育で、「孔孟の教え」や「記紀神話」などを体系的に教わったことはない。それらは「軍人勅諭」「教育勅語」を通して日本人を「軍国主義」に駆り立てた悪の教えであり、荒唐無稽の話だとされた。日本人を皇国臣民だとした「国家神道」に触れるのはほとんどタブーだった。

戦後世代の人たちには、社会人になってから、それでもどこからか断片的に、口から口に伝わるとか小耳にはさむ程度に一昔前の日本人「らしい・ならでは」の思想に触れる機会があった。社会通念の中で経路依存的・不易流行的に、何が戦前・戦中世代の日本人「らしい・ならでは」なのかに少しは触れたように思う。戦前・戦中世代の人たちが和魂商才の経営をしていて、戦後世代はその日本的経営の影響下で会社勤めをし仕事を覚えたからである。

それは1960年代の後半から80年代半ばにかけてのことだった。しかし、それは和魂商才の経営哲学をしっかりと継承したことにはならない。一方では、1960年代以降に生まれたポスト戦後世代にとっては、和魂商才の経営哲学は、耳にすることはあっても、古い博物館でほこりをかぶっている程度の話だったに違いない。

「ほとんど引き継ぎしなかった」戦前・戦中世代と「全然引き継ぎしてもらえなかった」戦後世代の人たちが、企業経営の中枢の役割を交代したのが1990年代～2000年代である。そして2018年の現在は、ポスト戦後世代が企業経営の中枢を担っている。

日本人「らしい・ならでは」の思想とはなにかの問いを問うことはなく、和魂商才の経営哲学を継承していない戦後世代やポスト戦後世代の人たちが1990年代以降現在まで企業経営の中枢を占めてきた事実と、その間の「日本経済の停滞」と「顧客価値創造のコト創りへの転換と、そのGID（グローバリゼーション・イノベーション・ダイバーシティ）の3軸での競争力の遅れ」との直接関係を、数量的に立証はできないが、両者は強く関連しているのではないかとの議論は盛んである。最近では両者の関係の規則性や法則性が明らかになりつつある。第6章と第7章でそのことを検証したい。

戦後世代は戦前・戦中世代が達成した経済成長の果実を享受して成人したが、将来の成長の苗木を育てることもなく、ポスト戦後世代以降の人たちに、停滞した経済と日本企業のパラダイム転換に対応した変革の後れを、そのまま手渡してしまったようだ。

4　日本の、日本人の五つの課題

本章ではこれまで、「民主日本期（1945〜1990）の経済大国化」と、その後今日に至る「グローバル日本期の経済停滞」を対比してきた。そして、停滞の最大の理由として、日本・日本企業が文明システムの転換とその内部化に後れを取っているからだと論じた。

文明システムは、繰り返すが、1990年前後までの産業社会（眼に見える機械の機能・性能などモノ造り価値の優劣競争）から、90年代中葉・後半にかけてICT社会（眼に見えない意味や情緒などコトの価値創りの優劣競争）に転換した。コトの顧客価値をGID（グローバリゼーション・イノベーション・ダイバーシティ）の3軸で、持続的に・切れ目なくAI進化（守・破・離の進化）させることが企業の競争力になったが、その進化が遅々として進んでいない。日本経済は停滞を続け、企業のGID競争力は弱まる一方である。

日本人が今後克服すべきGID3軸の課題として、筆者は以下の5点を取り出した。

①日本人の強みは、異なった文明・文化を排除しないで国内へ柔軟・寛容に取り入れ、それと共生しつつ習合し、やがて日本化（守・破・離の進化）する能力である。しかし、国外に出たら、異文明・異文化を日本化はできない。異なった文明・文化と共生しつつ、摩擦・衝突をさけないで、両者の統合・最適化をするという国内とは別の柔軟性・寛容性が必要である。日本人でありつつ、現地でも守・破・離のプロセスで文化適応していかなければならない。つまり、日本人を第三文化体化する（日本人でありながら現地文化とのハイブリット人間になる）ことだ。異文化の土俵でビジネスをさせていただく側のたしなみ・謙虚さのマナーである。

日本人はモノやコトの内へのグローバリゼーションが得意だが、生身の外国人を受け入れるという自分自身の第三文化体化の歴史的経験を持たず、現在も消極的である。国内で外国人が増えることを望んでもいない。国内でしかも自国文化の真っただ中で、外国人との共生と衝突を経て最適化する経験をしていない日本人が、国外でしかも現地文化の真っただ中で、現地人との共生と衝突の中から文化的な最適化を実現（第三文化体化）するのは大変に難しいだろう。しかし、その困難さに挑戦しなければ、ＧＩＤの競争力を高めることはできない。

②日本人は歴史的に、「内へのグローバリゼーション」（外国から学んで日本化する）はすこぶる得意だが、「内と外、双方向へのアップ・スパイラルなグローバリゼーション」の経験をほとんどしてこなかった。

外へのグローバリゼーションには、世界中どこにいても、日本人「らしさ・ならでは」のアイデンティティを持ち、同時に現地への適応、つまり現地での第三文化体化（特殊性と普遍性の統合と最適化）が必要である、と繰り返し述べてきた。文化多元主義の実践である。それには、「日本人のアイデンティティという基軸」が定まっていなければならない。でなければ現地適応ではなく、１００％現地化になってしまうか、１００％現地を拒絶するしかない。いずれにしろ、現地を日本化することは決してできないのだ。

経済大国化途上の外へのグローバリゼーション（海外進出）では、日本人は日本という安心安全な蛸壺の中にいて、日本からの輸出マーケティングか低コストを求めて途上国に立地した工場からの迂回輸出が海外進出の主流だった。販売マーケティング、つまり現地の顧客への直接対応は現地の販売代理店任せだったため、日本にいて現地目線の発想をする必要はあまりなかった。もっとも現地工場での現地従業員のHRM（人的資源管理）では日本を押し付けて相当の反発を買ったのも事実である。

③日本は、モノの価値創造（機能・性能）の守・破・離の進化で経済大国になった。しかし、コトの価値創造（意味・情緒）では、守・破・離の進化が進まず、欧米諸国の企業だけでなく中国や韓国の企業にも後れを取っている。

日本企業は製造業で世界のトップに立った。しかし、万全ではない。多くの製造業の分野（造船・鉄鋼・電気など）で韓国勢や中国勢に追い抜かれ・追いつかれているのが現状である。コトの価値創造には創造力と想像力は言うまでもなく、日本人「らしい・ならでは」の思想を核に持つと同時に、現地の思想・文化への深い尊敬と理解が欠かせない。

④そして最も懸念しているのは、日本人自身が、日本人「らしい・ならでは」の思想（アイデンティティ）を見失いつつあるのではないかという点である。かつて経済大国化を牽引した日本人「らしい・ならでは」の経営哲学・和魂商才は、戦前・戦中世代と一緒に消えつつあるようだ。日本人の思想を今日の文明システムの中で再定義しなければならないと思う。

⑤GID（グローバリゼーション・イノベーション・ダイバーシティ）での競争力を高める。モノの価値もコトの価値も世界中（日本はその一部として）で現地の顧客に対応して、開発・生産・販売マーケティングを現地対応することが求められている。

企業の経営の5要素である、企業文化（企業風土）、企業の理念（存在理由）、経営資源（人材・情報・技術・設備・資金）、顧客価値創造プロセス（顧客価値形成、SC・VCなど）、組織（生産・マーケティング・財務・人事など）の、経営の全分野で内外での、GID競争をアップ・スパイラルに実行しなければならない。

日本人「らしい・ならでは」のアイデンティティを持ちつつ同時に、異文化と共生し・衝突し、グローバルな普遍性と日本の特殊性を統合できる主体性のある日本人であることが必要だ。しかし肝心の日本人の、日本人「らしい・ならでは」の思想が風化し、そして、GID能力が不足しているため、国内外でコトの価値の守・破・離の進化を進められないでいる。それでいて、GID競争を実行できる能力をもった外国人に任せることもできないのが現実だ。日本人「らしい・ならでは」の思想をレビューして新和魂を再定義する。そして「新和魂グローバル最適経営」の経営哲学を形成する必要があると考えている。

第5章

経済大国化を担った企業家の経営哲学

ＰＨＰ経営叢書「日本の企業家」（13人シリーズ）の中から、戦後の経済成長の機関車役を果たした、各業界を代表する企業家6人の伝記を選んだ。製造業から5人、小売業から1人である。生年月日の早い順に、松下幸之助（パナソニック）、土光敏夫（ＩＨＩ、東芝）、本田宗一郎（本田技研）、井深大（ソニー）、丸田芳郎（花王）、中内㓛（ダイエー）である。最初の五人の企業家は、それぞれの製造業分野でモノの価値創りで世界一、または日本一を達成した。中内は小売業（非製造業）で日本一になった。

6人の内の4人（松下・本田・井深・中内）は創業者である。6人全員がすでに鬼籍に入っておられる。松下・土光・本田の3人は1990年前後に、井深は1997年に、中内と丸田の両人は2005年と2006年に、それぞれ逝去された。

本章では、各企業家の生い立ちや業績は前掲の経営叢書に従っている。その思想と経営哲学の形成については、第1章で概観した日本人の思想の多様性と重層性と、その申し子である経営哲学の多様な系譜（第2章〜第4章）に照らし合わせて、各著書の内容を適時敷衍し、私見（解釈）を加えて記述する。

1　松下幸之助は、家電王国を創りあげた

†天然自然の理に従う

現代日本人の中に、万物の王者である人間は天然自然の理に従って正しく・世のため人のために尽くさなければいけないという宇宙論的な大悟の思想は生きているのだろうか。これが**松下幸之助**《まつしたこうのすけ》**（1894〜1988）**の思想の核であると思う。敷衍すると、「人間・社会・国家はいつかは滅びる存在」だが、人間の進歩発展には限界がなく「生成発展」を続けるのだから、それまでは、その法則を司る根源の力・天然自然の理に従って、正しく・世のため人のために尽くすのが「人間が歩むべき道である」（松下幸之助、1979、2001）。筆者には、「宇宙の中心におわす大日如来の懐の中で、世のため人のために尽くして即身成仏する」という真言密教の教えと重なる。一方、幸之助が言う「人間が歩むべき道」とは、儒教の「天の命ずるをこれ性（理）と謂う」（『礼記』）と同義であるとも思う。その道を天命（使命）と受け止めている。

幸之助の思想は、上のような宇宙観・国家社会観・人間観の三層構造になっている。神仏儒がメタ統合した思想がその根底にあると思う。

今日では、天皇崇拝思想を内包する神儒一致の日本的儒学思想に基づく倫理道徳を、正面切って語る日本人は少ないのではないだろうか。また仏教の諸宗の本尊である釈迦如来、阿弥陀如来、大日如来がそれぞれ示す、「禅宗は仏に依存しない現世での解脱」、「浄土教の阿弥陀如来による救済」、そして「大日如来が我に入り我も如来に入る現世での即身成仏」の教えが、日本人の死生観と精神のありようを左右しているといった言説もあまり聞かない。

松下幸之助の実家は浄土真宗だが、彼自身が多くの宗教との付き合いがあったことは知られている。特定の宗教を信心した・信徒になったという事実はないと言われている。しかし幸之助は、強い宗教心を持っていたのは間違いない。真言宗醍醐寺派の僧籍を持った加藤大観とは30年近い交流があった。高野山大学に松下講堂を寄付してもいる。また、PHP研究の拠点・真々庵に「根源《こんげん》の社《やしろ》」という「神」を創り、祀っていた。その祀りの作法は神道そのものである。どんな神を心の中に結んでいたのだろうか。

幸之助は、神・仏・儒をメタ統合した日本人「らしい・ならでは」の思想の系譜の後継者であり、かつ実践者だった。彼の言説には、宇宙論的で儒教的な「真理の追究」（なにが正しいのか・正義の追究）と仏教的な「謙虚・思いやり」（善の思想）が色濃く反映されている（松下、同上書）。

天然自然と社会の理法にしたがって大義＝社会正義（より良い国や社会への貢献）を果たすことが人間の使命である。しかし、がむしゃらな正義の追究ではなく、人間・社会への謙虚さと思いやりを欠かさない正義を実現しなくてはならない。彼の経営哲学には、「実践を通して人としての大義を果たす」「使命感を持って生きる」という「知行合一のマントラ」がふさわしい。松下電器産業（現・パナソニック）では全社員がその使命感を共有し、大義のない利益は認めない。企業は社会からの預かり物（公器）で、人間の使命を果たす場である。幸之助は、「顧客の利益」「顧客の満足」を何よりも優先した。

幸之助が会長を引退し相談役になったのは1973年である。引退表明の取締役会で出した最後の指示に、以下の一項目があった。「会長、社長はじめ現業重役諸氏は、社会のすべての人々を師表と仰ぎ、大事なお得意と考え、常に礼節を重んじ、謙虚な態度で接することに率先垂範すると同時に、全従業員にこの重要性を徹底すること」（加護野忠男、2016、176頁）。「創業以来、大事にされてきた一商売人の姿勢である」（同上書、176頁）が、幸之助の企業家としての生涯を表すのに最もふさわしい表現だと思う。

†不易流行の経営哲学の系譜

松下幸之助は1917年、22歳で独立しソケットの製造販売を開始した。従業員は自身を含めて3名だった。1973年、78歳で会長を退任した時点の松下電器の社員数は6万6000人である。ソケットという単品を製造販売する町の零細企業から始めて、家電製品の総合メーカーに成長し、その主力製品のほとんどが業界でトップか第二位のシェアを占めていた。営業利益は右肩上がりで、その率は10％前後を確保し続けていた。以上は、加護野（同上書）による。

ここで論じたいのは、幸之助のそこに至るまでの経営戦略（成長戦略・競争戦略）の成功物語ではない。成功の背後にある根源的なもの、彼の経営哲学の系譜・その不易流行をたどることである。

幸之助の思想の不易は、「がむしゃらな正義でなく、人間・社会への謙虚さと思いやりを欠かさない正義を実現しなくてはならない」である。その思想を事業で実践する。つまり生活に不可欠な製品を、高品質・適正価格で提供し、その貢献の証しとしての利益を得る。社会貢献の「見える化」が利益である。技術開発・製品開発・事業開発・VC・SCの変革、つまり絶えることのないAI進化（守・破・離）が不可欠である。思想の実践手段は時代の変化と共に流行する。

幸之助はこの思想を最初から持っていて生涯実践したわけではない。多くの体験・試行錯誤の末に辿りついた。加護野（同上書、217頁）は松下の思想を、「マーシャルの経済騎士道」になぞらえて、「個人の利益よりも社会への貢献を優先する企業家の精神といってもよい」と述べている。ケインズの師に当たるマーシャルを引き合いに出すまでもなく、幸之助は江戸時代の思想家・石田梅岩の「先義後利」の商人道を深く学んでいた。彼は石田梅岩の思想の後継者でもある。PHP研究所を京都で始めたのは、神・仏・儒の日本思想とその申し子である経営哲学の源流が京都にあったことと無縁ではないと思う。

1920年代には、幸之助は「取引先からの期待・要望が日増しに高まるのを強く感じ」とり「会社は人様の預り物」と考えるようになった（同上書、219頁）、という。企業は社会の公器としての役割を果たして（社会貢献）後に初めて利益を得る（営利と社会正義の調和）が企業目的になった。

幸之助はさらに、「利益よりも大切な企業目的がある」ことに気づいた。それは「お金でなく、共感できる理念や思想であると確信」（同上書、220頁）した。自らの使命を知ったその年（1932）を「命知《めいち》元年」とし、同年5月5日を創業記念日とした。その使命を具体化したのが、「生活物資を水道の水のように無尽蔵たらしめる、より安くより広く」（同上書、220頁）の理念で、「水道哲学」と呼ばれた。

こうして幸之助の経営哲学は、営利と社会正義の調和を求める哲学から、社会貢献ファーストでその結果利益を生み出すという「先義後利」の哲学への、アップ・スパイラルな進化をした。社会貢献をしたら利益が出るのは当たり前で「赤字は悪」だという幸之助の思想は、事業に社会貢献が不足していて利益が出せないのだから、顧客を十分に満足させる努力を徹底するようにという無言の指示を社員に与えていたことになる。

１９４３年12月に軍需会社法が施行されると、民生用電気製品の主要メーカーである松下電器産業グループの多くの事業会社も軍需会社に指定された。国民として選択の余地のない当然の義務であった。「全体の販売高に占める軍需の割合は、１９３０年代は1〜2％だったが、42年に8・5％、43年には30％を超え、45年にいたっては83・7％になった」（同上書、89頁）。

幸之助は50歳で１９４５年の終戦を迎えた。焦土の中からいち早く立ちあがり、国家の再建に貢献するために、日本人の生活に豊かさをもたらす家電事業を拡大した。「水道哲学」が戦後のパナソニックを牽引した。

「水道哲学」はモノ不足時代の経営哲学で、成熟社会になると「低価格で拡大できる市場は限られている」（同上書、２３２頁）。消費者の多様化するニーズ、高度化するニーズに対応する、革新製品の提供が求められる。かくして、松下と販売店との「共存共栄」の経営哲学が生まれた。

具体的な商売に翻訳すると、「共存共栄」は、そういった新しいニーズに対応する革新製品を「その市場の一流メーカーと同じ値段で売る・安売りはしないという原則を守ることによって実現される」（同上書、232頁）と、幸之助の補佐を生涯務めた髙橋荒太郎は考えた。消費者に新しい価値を提供しながら、パナソニック・販売店が共に適正利益を得るVC・SCの再構築である。

†企業家にして思想家

松下幸之助は、企業家と思想家の両者が一体となって、しかも、それが果てることなくアップ・スパイラルに循環を続ける人生を生きた人である。パナソニックにとって、幸之助の前に幸之助はなく、幸之助の後にも幸之助はいない。傑出した企業家・思想家だった。

幸之助は和歌山県海草郡の小地主の三男・末子として生まれた。かなりの富裕農家だった。父親が米相場に手を出して失敗し没落した。9歳で尋常小学校を中退し、大阪で丁稚奉公から身を興した。ゼロからスタートして世界最大級の総合家電メーカー・パナソニックを育てあげ、「経営の神様」と称された。そして、思想運動としてPHP研究所を創立し、生涯所長を務め、晩年には日本の将来の命運を託せる人材育成のための松下政経塾を設立し、塾長として月に一度は塾生に語り続けた。テーマは「人間の本質とは」「政治の要諦とは」「指導者の役割とは」など多岐にわたった（松下政経塾編、1983）。

幸之助の人生には、『論語』（金谷治訳注）の二つのフレーズが最も良く似合う。「君子は上達《じょうたつ》す。小人は下達《かたつ》す」（巻第七、憲問第十四）、「学んで思わざれば即ち罔《くら》し。思うて学ばざれば即ち殆《あや》うし」（巻第一、為政第二）である。

彼の中に君子と小人が同居していたのだ。仕事の現場の個々の事象、それに関与する周囲の人々、すなわち、自分・従業員・得意先・消費者から学び、教訓を得る（帰納）。その教訓を、内省・観照を加えて仕事の現場に適応（演繹）して実践し、さらに一段と高い教訓を得る（帰納）。そしてその教訓を再び仕事の現場に適応する（演繹）。帰納と演繹が循環して、彼の事業は周囲に支えられ、周囲を巻き込み、周囲の満足を得ながら、その循環をアップ・スパイラルに繰り返し、成長発展を続けた。その教訓の集積が幸之助の思想を形成したと考える。彼の思想は、高学歴の人が陥りがちな高尚な抽象論ではなく、また叩きあげの人が振り回しがちな独善でもない。各現場に根差した実践知であると同時に、どんな現場にも応用可能な普遍知でもある。

松下幸之助は1987年、正三位・勲一等旭日桐花大授章を受章した。日本国憲法制定後の民間人として土光敏夫に次ぐ最高位である。そして翌1989年、94歳で天寿を全うした。幸之助は、その瞬間まで企業家であり思想家だった。

彼が残した帰納と演繹の循環思想は、2000年代に入って、かつてパナソニックに経営を学んだ韓国勢にグローバル競争で敗退して、経営再建を余儀なくされている今日のパナソニックにこそ適応されねばならないのではないか。そして広くは、経済停滞・企業のGID（グローバリゼーション・イノベーション・ダイバーシティ）成長力の低下が続く今日の日本にも、生かされるべきだと思う。

2 土光敏夫は、企業・財界・日本の改革者である

†生涯を改革者として

土光敏夫《どこうとしお》（1896〜1988）はその一生を通して、「企業の改革者」から「財界の改革者」へ、さらに「日本の改革者」へと、周囲から望まれて三段跳びの天命を果たした稀代の経営者である。

1950年代から70年代にかけて、戦後の高度経済成長の牽引車として世界一の造船会社・石川島播磨重工業（現・IHI）を育て、日本の基幹産業である電気・電子産業のリーダーであった東芝を再建した。「企業の名医」と言われた時代である。

1974年に第四代・経団連会長に就任した。第一次石油危機後の深刻な不況時で、企業

には骨身を削る合理化（減量経営・省エネ・環境保護）を求めるリーダーシップを発揮した。そして日本経済は世界から「石油危機克服の優等生」（橘川、２０１７、２２４頁）と称賛された。「財界の名医」でもある。一方政府に対しては、財政赤字の原因となった「公共事業の拡大などの景気浮揚策を迫」る（同上書、２２５頁）過ちを犯したとされる。

１９８１年には第二次臨時行政調査会（臨調）の会長に就任。続いて１９８３年、臨時行政改革推進審議会（行革）の会長に就任した。企業と財界の血を出し・骨を削る合理化を推進した目には、肥大化して効率化されない行政の在り方を改革すべきと映っていた。また「財政赤字の大きな原因となった公共事業の拡大を要求した」自分の過ちを正すべく、行政改革に取り組んだと言われる。「日本の名医」の役割である。そして、「増税なき財政再建」「３Ｋ（米・国鉄・健康保険）の赤字解消」「特殊法人の民営化（ＮＴＴ・専売公社・国鉄）」などに取り組んだ。

土光を一生涯変革へ突き動かしたものは何かを、一言で表現するのは難しい。以下で、土光が育んだ思想と経営哲学を掘り出してみたい。その中に彼の生涯変わることがなかった変革への強い意志と、変革を実現するまで決してあきらめないで行動を続けた動機・意味を探りたい。

†生い立ちと思想形成

土光敏夫の生家は、岡山県で農業を営んでいた。「中の上」くらいの農家だった。農業の他に米穀や肥料も商っていた。土光は体格がよく家業をよく手伝う少年に育った。幼くして親に「孝」を尽くすのが生活の一部だった。兄が早くに亡くなって実質長男だった土光を両親は、武家の子どものように厳しく躾けた。躾の基本は、仁義礼智の四徳と忠孝別悌信の五倫だったと推察する。弱いもの・年少者の面倒をよく見る少年・ガキ大将に育った。

こうして彼は、現場で体を動かして現物を扱うのが働くことだと身体に覚え込ませたと推察する。成人して職を得てからの土光が現場主義に徹していたのは、少年時代の身体の記憶が甦り、自然にそうしたのだろう。

土光の思想は、代々熱心な日蓮宗信者の家系である両親の影響、中でも母親の強い影響を受けて形成されたと言えるだろう。土光自身も熱心な日蓮宗信者で生涯、朝夕の読経を欠かさなかった。第1章で記述した日本人の思想の系譜から推察して、土光の思想の根幹には、仏教由来の「勤勉・倹約質素・禁欲」の倫理観と、日蓮宗の教えが説く「正しきものは強くあれ、弾圧や迫害を恐れず権力者に素直に意見する」正義感があったと思える。「正しいことは最後までやり抜く」である。自分の生命は浄土へ行ってしまうのではなく、この世に戻ってくる。この世で正しいことを積めば良い生命に生まれ変わり、悪いことを重ねれば悪い生命に生まれ変わる。因果応報である。

土光の思想は、信者だからこその思想というより、彼の生来の素直な資質が両親の躾に自然に反応し、生活の一部だった信仰の教えにも同期して形成されたのだろう。彼の生涯を通じたキャリア・仕事の中で、そして、私生活の中で、彼は自分の信仰を文字通り自然に実践していたと思える。彼は天命とする仕事の中・日々の生活の中にこそ、「生きている幸せ」を感じ、道元禅師のように「見性成仏《けんしょうじょうぶつ》」していたのだろう。

土光は48歳で戦後を迎えたが、その思想はますます強固になったと思われる。その「正直・誠実・慎み深さ」の性向は、仏教由来か、彼が受けた明治・大正期の朱子学色の濃い教育勅語による教育の成果なのかの区別はつかない。しかし、両親への「孝」をし、その孝を拡大して、周囲の人たちへの「信頼・信義」を持ち続け、社会や国に「孝・貢献」するという人としての天命を果たした土光は、中江藤樹の陽明学（無私・無欲による革新）の影響が色濃い倫理道徳観の持ち主でもあったと思う。

†経営思想の3つの本質

橘川（同上書）は、土光の経営思想（橘川は、経営哲学ではなく経営思想と言っている）には3つの側面があると結論している。①合理化の徹底、②長期ビジョンの提示、③バイタリティの発揮（220頁）である。石川島播磨重工業や東芝の再建にこの思想が貫徹されて大きな成果をもたらした。

土光は東京高等工業を卒業した技術者である。「タービンの土光」と言われたほどで、その素養は徹底した合理主義者でもあった。その合理主義志向が、経営者土光を、資産の効率化、生産体制の確立、経営管理体制の整備、販売体制の整備に向かわせた。長期ビジョンは、企業100年のための種まきで、自主技術の確立を実現することだとした。つまり、技術革新・海外技術の導入とその日本化をして新製品・新技術・新分野の開拓をする。つまり、技術・製品開発のAI進化（守・破・離）をアップ・スパイラルに実行した。

バイタリティとは、土光自らが率先垂範し会社と社員を仕事に巻き込むことである。そして「一般社員はこれまでより三倍頭を使え、重役は十倍働く、私はそれ以上働く」の実行を浸透させた。土光の真意は、社員全員がバイタリティを持つこと、組織全体が活性化することにあった。しかも「従業員の雇用とその家族の生活を守る」を一切変えなかった。

彼の経営再建の要点は「短期的な対症療法にとどまることではなく、長期的発展を可能にする根治策を講じることに」（同上書、226頁）あった。その思想は、経団連会長時代に、日本経済の再生に取り組む際にも貫かれた。

†「土光敏夫とメザシ」の精神運動

「日本の名医」「ミスター行革」と言われた土光の「臨調」と「行革」は、当時の肥満状態だった日本に「精神運動」をさせる役割を果たしたと言われる。つまり「勤勉・倹約質素・禁欲」を視覚化したのが「メザシと菜っ葉、味噌汁と玄米ご飯」(同上書、159〜160頁)の夕食を取る土光夫妻の姿である。その土光が「最晩年の人生の全てをかけ」「無私」で日本の改革をやり抜く旗を振っている。行革を国民が好意的に支持するのに、「土光とメザシ」のビジュアルが果たした説得効果は計り知れない。彼は死ぬまで「日々に新た」に挑戦し続けた。

1986年、土光は民間人で最高位の従二位・勲一等旭日桐花大綬章を受章し、1988年永眠した。

土光が91歳で死去して間もなくバブル経済が崩壊した。日本経済は暗転して低迷し、それが四半世紀続いている。果たして土光の経営哲学は、社会関係資本・企業の社会情緒的資産(Socio-emotional Wealth)として、今日のIHIや東芝の経営者・従業員に引き継がれているのだろうか。IHIの造船事業は、バブル崩壊後には韓国勢に、そして2000年代には中国勢にも追い抜かれ、反転攻勢に出ることもできないままに、2018年には、造船事業から撤退した。東芝の経営危機は周知のことだ。「変われない会社」「モノ造りからコト創りに転換できない会社」、そしてそれが原因で「業績を不正に膨らませて社会と投資家を欺いた会社」として傷ついた名を歴史に残すことになった。

土光が実践した「合理化・長期ビジョン・バイタリティ」を経営改革の柱に据えていると、

建前論を語る経営者は現在も多くいるに違いない。しかし、土光が残した社会関係資本への共鳴・共感がない経営改革は、「仏を作って魂入れず」の改革に終わるだろう。財界や行政の改革もしかりである。泉下の土光を現世に呼び戻して、日本経済再生の新たな処方箋を書いてもらえないだろうか。

3　本田宗一郎は、日本発小型車を世界標準にした

†無類の創造人間

本田宗一郎《ほんだそういちろう》（１９０６〜１９９１）は、現・静岡県浜松市天竜区二俣町の船明地区で、腕利きの鍛冶屋・本田儀平の長男として生まれた。頭よりも先ず体が動く、活発で、機械好きのいたずら少年だった。

父親は曲がったことが大嫌い、頑固者、無愛想でお世辞の一つも言えなかった。しかし、正直で誠実な人だった。仕事では完璧主義者だった。宗一郎は父親に厳しく育てられた。「後に宗一郎が仕事で完璧主義者となったのは、この儀平の資質を受け継いだ面もあるだろう」（野中郁次郎、２０１７、22頁）。

長じた宗一郎は、浜松の自動車修理工場からスタートし、本田技研工業を世界一のオートバイメーカーに、そして世界トップテンの四輪車メーカーに押しあげたパイオニアである。宗一郎が、両分野における20世紀後半の世界の風雲児で、類まれな創業者・企業家であるのは万人が認めている。しかし彼自身は、自分が優れた企業経営者だと自覚したことはなかったのではないか。彼は死ぬまで自らを、一介の自動車の開発者・クリエイターであり、その仲間たちのボスであると思っていたのではないか。それが彼の生きがい・喜び・人生の意味だったと思う。

本田技研工業（以下ではホンダ）のフィロソフィー（経営理念）は、「自立・平等・信頼」「3つの喜び。創る喜び、売る喜び、買う喜び」である。技術者として、「自らの責任で、組織の上下関係に関係なく対等の目線で、周囲の仲間たちを信頼して」技術開発に取り組む。他にない独創的で性能に優れたマシーンを創る。それが「創る喜び」である。マシーンを「顧客が買って喜ぶ」価値に転換して「売る喜び」。まさに本田宗一郎のオートバイ造り・自動車造りのイノベーションの原点を、ホンダの企業のフィロソフィーとしたのだと思う。

†世界のホンダへの飛躍

「1960年代初頭にはホンダは、世界一の二輪車メーカーに成長していた。その間の1961〜63年まで、3年連続で、オートバイの世界グランプリでメーカー・チャンピオンを獲得し、「HONDA」は二輪車のグローバル・ブランドになっていた」(拙著、1999、77頁)。二輪車のAI進化(守・破・離の進化)を遂げ、世界の「First《ファースト》-and《アンド》-Best《ベスト》」製品と評価された。四輪車でも「グローバル革新企業」となり、「シビック」と「アコード」が世界から称賛されるのはその約10年後だった。

以下の記述は、拙著(同上書、80〜81頁)をベースに、用語を多少変更している。

「乗用車のHONDA」の名声が世界で不動になったのは、1971年2月に発表した「CVCCエンジンの完成」というビッグ・ニュースと、1973年以降に発売されたCVCCエンジン搭載の「シビック」と「アコード」の世界中での大成功のおかげである。

CVCCエンジンは、第一次石油危機後、アメリカのマスキー法が求めていた排気ガスの1975年規制値や日本の1975(昭和50)年規制値を、世界初で事前にクリアする画期的な低公害エンジンだった。ホンダは、「マスキー法の適応延長をアメリカEPA(環境保護庁)に申請しない」と宣言して、世界の自動車業界をあっと言わせた。

1973年にCVCCエンジンを搭載した「シビック」を発売した。この「シビック」がホンダを一気に「世界のベーシックカーのHONDA」に創り変えた。1976年には同じくCVCCエンジン搭載の「アコード」を発売した。「シビック」もさることながら、「アコード」によって「HONDA」ブランドの世界での名声が確立した。CVCCエンジンは「低公害」だけでなく「低燃費」でもあった。「シビック」と「アコード」は、石油危機後の世界が求めていたクルマだった。

†二人で一つの経営哲学

本節の目的はホンダの企業経営を評価することではないが、経営者・本田宗一郎を描くには、共同経営者・二人三脚のパートナーだった藤澤武夫との「二人にして一人」と言われたほどの相互作用を語ることが不可欠である。本田と藤澤は、言葉の根源的な意味において「唇歯輔車」の関係を保ち続けた。野中（同上書、211〜212頁）は二人の関係を次のように説明している。それぞれの主観（自己）を超えた「われわれ」の主観を成立させた結婚になぞらえて、お互いに「無我無心」の状態で相手を受け入れて「二人で一人の経営者（相互主観）」となって、ホンダを世界の自動車メーカーに育てた。

二人に共通しているのは、「子どもの頃は裕福とは言えない環境で育ち、学歴も高いとはいえないが、いずれも若くして経営者になり自主独立を果たした。私利私欲に恬淡」（同上書、208頁）だった。そして、「モノづくりに専念し、本業以外で儲けない」「息子を会社に入れない」という方針を共有していた（同上書、208頁）。

「二人で一人の経営者」を敷衍する。経営の役割を分担しつつ、お互いの領域を尊重しつつ、お互いを刺激しつつ、お互いに影響を与えつつ、息の合った経営の意思決定をしてきた。企業理念には既述した先ほどのフィロソフィーを核にしたホンダの存在理由が述べられており、「そのフィロソフィーを仕事で実現すること」をホンダの企業文化として社員に定着させた。二人で一つの「経営理念」を合作し、それを二人で一つの「企業文化」として浸透させたのだ。

二人は、ホンダの顧客価値創造プロセスと企業組織の運営の役割を大きく二つに分けている。研究開発・製品開発と製品製造の機能、それに関連する組織の運営は、つまり、顧客価値の形成は、本田の役割である。一方では世界の動向や顧客情報は藤澤が本田に提供して、市場と本田技術研究所（研究開発に特化したホンダの子会社で本田が社長を兼任）との風通しの良さを確保した。藤澤は、開発製造された自動車を顧客価値として伝達・配送・実現するＶＣ・ＳＣ（バリュウチェーン・サプライチェーン）の構築とその運営を担った。そして全ての金勘定をした。

†知識の創造

学校の勉強は嫌いだった本田の実践知は直観（カン）と経験（コツ）の集積、その重層的な堆積の賜物である。歴史本・哲学本の無類の愛読者である藤澤の実践知は森と木の両方が見える知力と論理の集積、その重層的な堆積の成果である。野中は本田を暗黙知の人、藤澤を形式知の人と区分したうえで、自身の「知識創造理論」を適用して、ホンダの経営知識が二人の共同で創造されたと結論づけている（同上書、214〜215頁）。

本田の暗黙知と藤澤の暗黙知を二人で共有（共同化）し、それを藤澤が形式知化・概念化（表出化）する。表出化された複数の概念を組み合わせ・つないで体系化（連結化）する。それが社員にホンダ「らしさ・ならでは」の経営知識として共有され・共感されて、ホンダ全体の暗黙知化（内面化）される。

連結化→内面化されたホンダの知識の典型例の一つが、1953年4月に文章化された「我が社存立の目的と運営の基本方針」ではないかと思う。この文章は、先に記述した「自立・平等・信頼」「創る喜び・売る喜び・買う喜び」のホンダのフィロソフィーを踏まえて書かれている。文章は野中（同上書、65頁）からの引用である。

一、人間完成のための場たらしめること
二、視野を世界に広げること
三、理論尊重の上に立つこと
四、完全な調和と律動の中で生産すること
五、仕事と生産を優先すること
六、常に正義を味方とすること

これらは多少の字句の変更はあるものの、現在のホンダの社是、運用方針と重なっている。

爾来70年近く、ホンダの社員に文章・形式知としてではなく、社員全員の暗黙の作法として共有・共感されてきたに違いない。

企業経営には形式知と暗黙知の両方の知が必要だが、ホンダの経営は、本田・藤澤の両者がそれぞれの強さを認め合ってその知を受け入れ、両者がその弱みを補いあって、二人で一つの経営を貫いた。相互主観がアップ・スパイラルに継続・循環したと考える。

本田はそのカリスマ的魅力で社員に好かれ、藤澤はその冷静な判断力で会社の安定を実現した。本田は経営指標の一つであるROEを「ROEの値なんて、経営の影だろう。影に本体が振り回されるようになったらおしまいだ」(同上書、230頁)と揶揄したが、藤澤あってのホンダの企業経営であると信じて疑うことはなかった。本田は「社員が生き生きとして働くホンダの躍動感を何よりも喜んでいた。これこそ企業を経営する喜びだ」と思っていたに違いない。

野中は、本田の実践知を「カンとコツ、暗黙知の統一態」と呼んでいる。本田が実践知を獲得する方法を、「目で見て学ぶ」だけではなく「身体でつかみ取る」のだと分析している(同上書、223頁)。しかし「身体でつかみ取る」創業者・経営者の多くは、独善的で社員や周囲の意見に耳を貸さないが、本田は違った。本田にも独善的で一方的な面が強くあったと言われるが、彼は自分の技術に固執はしなかった。多くの若手技術者が自分に正面切って反論し、自分を乗り越えていくのを喜んだという。だからだろう、本田は若手技術者から「恐れられながら慕われていた」。

1973年10月、社長・本田宗一郎は副社長・藤澤武夫と共に退任し、取締役最高顧問になった。二人ともあっさりと退いた。本田は66歳だった。藤澤は62歳だった。創業者・経営者として早すぎる退任だったという印象がぬぐえない。藤澤もまだ現役でやれたはずである。二人の退任は「鮮やかなものだった。二人の呼吸には、最後まで乱れがなかったのである」（同上書、114頁）。

私は二人の中に、成功者のおごりはなく、「たしなみ」と「つつましさ」という武士道の精神がしっかりと息づいている日本人を見る。そして三つの喜び「創る喜び・売る喜び・買う喜び」を貫き通したあと、全てをあとに続く人たちに託したすがすがしさは宗教的ですらある。二人が信徒だったとは思わないが、阿弥陀如来の絶対他力を信じ切った姿だと考えても不思議ではない。

本田の叙勲は、1981年勲一等瑞宝章、1991年正三位・勲一等旭日大綬章である。

†本田宗一郎語録

本田が55歳の時、1961年10月、社内の研修会で与えた講話から、彼の経営哲学のキーワードを紡ぎ出した。出典は野中（同上書、277〜98頁）である。本節でカバーした本田経営哲学が彼の生の言葉で表現されている。本田に「特殊な」表現でありながら、グローバルな「普遍」が語られている。

仕事の自由。「規則のない自由は、真の自由ではない。しかし何でも規則に当てはめればいいということではない。規則を当てはめる必要のない徳義の上に立って仕事をすれば、規則はあってなきがごときものだ。そういう自由な会社にしたい」

世界のホンダ。「今世界中の人がホンダを知っている。本田宗一郎を知っている。我々は世界の人から見られている。先進国の科学技術をノックアウトして彼らの誇りを打ち砕いた。ホンダは今世界に尊敬されている。それが心の支えだ」「日本を愛し、世界を愛せる人間になること、これが世界人間になることだと思う」

世界が受け入れるホンダ人。「ホンダは自分で稼いだドルを使って世界に若い社員を送り出している。そこで未来のために勉強している。オートバイを売るだけでなく現地で生産している。今後ますます現地生産が拡大する。そうしないと世界に認めてもらえなくなる。我々は国内だけでなく、世界に向けて大転換しなければならない」「世界的な視野に立つ。日本にいても、どこの国境を越えても、人類を超えても、いつ、だれが、どこで考えても世界的視野を持つことが必要だ。そういう人間になってもらいたい」「世界の人々がホンダをどういう風に受け取ってくれているのか、歓迎してくれているのか、歓迎してもらうためにホンダは何をどうしなければならないのか、ぜひ皆で考えてもらいたい」「オートバイで世界一になったホンダ、商売の手は緩めてはいけないけれど、どこの国でも愛される思想の持ち主にみんな変わってもらいたい」

仕事は助け合い。「仕事は与えられた仕事だけをやればいいのではない。人に対する思いやり、少しでも人の仕事を手助けする、部下を納得させて、そうするようにしむけてもらいたい」

仕事の喜び。「うちも四輪車に乗り出した。世界のフォードやGMにかみつくことになった。どうだい君たち、大変なことだが、愉快なことじゃないか。こんなやりがいのある商売はないぜ。男子の本懐、これに過ぎたるものはなし。もし日本でこれができたら素晴らしいことだ。みんなで一緒にやろう」

人生の意味。「人は何のために生きているのか。誇りある一生を送りたいのだ。金も大事だ。だがそれだけじゃない。仕事を通して国家や世の中に役に立つ、そこにプライドを感じる、そんな人生でありたい」

喜びの大きさ。「喜びというものは、人に与えた量に比例する。喜びを人にたくさん与えれば、それだけ自分の喜びも大きくなる。恩返しを期待してはいけない、期待することは商取引と同じだ。人に喜びを与えるのは絶対に商取引ではない」

公平とは。「会社には給料をたくさん払えといっている。だけど、会社の経営が成り立たないようでは困る。会社というのは共同の場所なんだから、公平な分配が一番大切だ。あらゆる手を使って公平になるようにしなさい」

†本田と藤澤がいなくなったホンダ

本田宗一郎の享年は84歳（1991年）、藤澤の享年は78歳（1988年）である。本田と藤澤の「二人で一人」でアップ・スパイラルに継続した知識創造は、後継者に引き継がれた。二人が去ったの後のホンダは、本田と藤澤のDNAを引き継ぐ第二・第三・第四……の経営者を輩出してきた。現在は本田宗一郎から数えて8代目の社長である。全員が技術者出身で、8代目を除き、ホンダの顧客価値形成の中枢である本田技術研究所の社長経験者である。後継社長たちは全て、宗一郎の薫陶を直接受けた直弟子か、その直弟子の薫陶を受けた孫弟子である。

ホンダは現在も、オートバイと四輪車で世界のリーダーとしての位置を維持しつつ、小型ジェット機でも納入機数で世界首位に立ち、ロボット・アシモでAI分野での進化を続けている。ただ四輪車分野では、かつてのホンダ「らしい・ならでは」のダイナミックな顧客価値の革新が薄れているのではないかと感じている。かつてのホンダ車には「わくわく」感があった。ハイブリッド車・燃料電池車・電気自動車・自動運転車といった新しい自動車の開発やそれに伴うグローバルな業界再編成の面でも、力強いイニシャティブやリーダーシップを発揮しているとは言えないようだ。

創業者本田宗一郎が少年時代に憧れた飛行機、ホンダジェットの事業化が2015年アメリカで許可された。飛行機事業が新しい収益の柱としてどこまで高く飛び上がるか注目される。

4 井深大は、日本初・世界初の独創を貫いた

†SONYを日本発で最大のグローバル・ブランドにした

井深大《いぶかまさる》（1908〜1997）が生涯のパートナーであった盛田昭夫と共同で設立したソニー（旧・東京通信工業）は2000年代の初期まで、電気・電子立国日本のアイコン企業で、世界トップ10のグローバル・ブランドだった。敗戦の焦土・零から立ちあがって日本の再建を担った数多くの企業の中で、ソニー（SONY）とホンダ（HONDA）はあっという間に、世界標準となる家電、オートバイ、小型車を送り出し世界で圧倒的な支持を得た。世界中の人々のライフスタイルをより楽しく・心地良いそれに変えた。

井深は「日本再建を願い、日本人に豊かで文化水準の高い生活を提供する」使命感を持ち、

そして、技術者として稀有の創造力と革新力を駆使して、日本初・世界初の商品（顧客価値）を陸続と日本に、そして、世界に提供した。一條和生（2017、279〜82頁）の年表によると、日本初のテープレコーダー（1950年）、日本初のトランジスタ・ラジオ（1955）、世界初のポータブル・トランジスタ・テレビ（1960）、世界初のトランジスタ小型VTR（1963）、トリニトロン・カラーテレビ（1968）、家庭用ベータ方式VTR「ベータマックス」（1975）、ヘッドフォン・ステレオ「ウォークマン」（1979）などが、その代表例である。どの商品も日本中または世界中の消費者を「わくわく」させる画期的なデバイスであり、人々のライフスタイルを創り変えた。SONYは日本発で最も価値のあるグローバル・ブランドの地位を長年維持していた。

井深亡き後のソニーは、家庭用ゲーム機「プレイステーション」（1994）で一世を風靡したが、2000年代に入り、液晶テレビでサムスンとLGに敗退し、スマートフォンではアップルとサムスンに太刀打ちできなかった。ソニーの凋落は、第7章8の「変わらない企業」で改めて詳細に検証する。

†思想形成をたどる

井深大は、井深甫《たすく》と井深さわの長男・一人っ子で、しかも未熟児だった。1908年、現在の栃木県日光市で生まれた。彼は自分の人生は50年と考え「焦って」生き急ぎしたが、実際は89歳で永眠した。天寿だと思っていた50歳を過ぎてからの井深は、知識創造である製品開発と幼児教育の両方に、さらに一段と熱心に尽力した。

父親の井深甫は札幌時代は新渡戸稲造の門下生だった。長じて蔵前高等工業（現・東京工大）を卒業して技術者になった。母親さわは、日本女子大学校卒。両親は進取の気性を持っていた。当時の日本は日清・日露戦争に勝ち、工業国家として躍進途上だった。井深の父親は技術者として古河鉱業で働いていた。井深は経済的に豊かな環境で育った。

井深は3歳で父親を失い、それ以降は母親と祖父・井深基《もとい》の庇護で成人した。母親から父親の優秀だった技術者像とその思想（父親は、新渡戸稲造から武士道とキリスト教の融合思想の薫陶を受けた）を学び、「偉大な父のようになりたい」と思った。祖父からは代々会津藩士（上士）だった家系に伝わる武士道を学んだという。

会津藩は初代藩主・保科正之以来、徳川家に最も忠義を励んできた。保科正之は腹違いの兄で三代将軍・徳川家光を補佐した。家康から四代・家綱まで将軍のブレインだった林羅山や神儒一致の儒学を唱えた山崎闇斎とも交流が深く、朱子学の大義名分論・統治論（厳格な上下関係とその秩序を維持する）を重んじた。山崎闇斎に師事したのだから勤王思想も受け入れていた。

幕末に京都守護職を務めた会津藩第9代藩主・松平容保も、尊王の心を持ちつつ幕府に忠義を尽くした。幕府の意向に沿って京の警護を徹底すればするほど勤王倒幕の諸藩、とくに薩長の怨みをかうばかりだった。会津戦争の原因の一つはその怨みに由来した。

祖父の武士道は、こういった会津藩の伝統を受け継いでいたに違いない。

祖父からは、主君と両親に尽くすこと、忠義や孝行に「勇」ある「誠」を尽くすことが、人の道であると学んだのではないだろうか。「誠」は「仁」(惻隠の情、英語では「ヒューマニティ」と訳されている)と「礼」(辞譲の情)をもって人に接することである。祖父から天皇への尊崇も学んだはずだが、一條(同上書)は、そのことには触れていない。あるいは井深が生前発言しなかったのかもしれない。

武士道はまた禅の申し子でもある。不立文字、直指人心、以心伝心。ホリスティックに物事の本質を直観する。禅こそ暗黙知の極致ではないだろうか。

井深は20歳を過ぎた頃、クリスチャンになった。「教会に通い、正義感に燃え、日曜学校の先生などをしたり熱心に活動をした」(同上書、44頁)。ソニー時代の井深がどれほど熱心なクリスチャンだったかはわからない、とされるが、「心の中で、キリスト教は井深の生きる支えだった」(同上書、45頁)。キリストの慈愛に包まれて井深もまた「人を愛して」人生を生きた。

井深の思想を敢えて深読みする。彼はクリスチャンだった新渡戸の思想を継承していたが、それは武士道の倫理道徳と親和性の強いクリスティアニティだったろう。白紙に最初から色づけしたような単色のキリスト教信徒ではなかったのではないか。井深は、日本人「らしい・ならでは」の思想の土台の上にキリスト教信仰を重ねたのだろう。

井深の思想には、だから、祖父から学んだ会津藩の儒学と武士道、父親が母親を通じて伝え、さらに後年義父となった前田多門（元、貴族院議員で戦後に文部大臣）から学んだ新渡戸稲造や内村鑑三の武士道とキリスト教の融合思想が、中心核としてあったと推察する。

内村鑑三は、私利私欲がなく徳の固まりのような西郷隆盛を典型的な日本人として最も高く評価して西洋に紹介したくらいだから、井深もまたその影響を受けて骨太の禁欲主義者だったろう。後年私財を投じて幼児教育に尽力したが、それは二宮尊徳の「至誠を尽くして貯蓄した富」を社会に還元する哲学の実践に重ね合わさるようだ。尊徳も、内村鑑三が代表的日本人として西洋に紹介した。

†ソニーは井深の思想を実践する「場」だった

井深の思想が色濃く反映されているのが、1946年、37歳の時、彼自身が書きあげた「東京通信工業　設立趣旨書」である。会社設立時は、井深の義父前田多門（井深の最初の夫人の実父）が社長で井深は専務、盛田昭夫は常務だった。ソニー（1958年に社名変更した）は、井深の思想を実践し、彼の理想を実現するための会社として成長を続けた。

会社設立の目的の第一番目に、「真面目なる技術者の技能を、最高度に発揮せしむべき自由闊達にして愉快なる理想工場の建設」の文章があげられている。戦争中は、彼自身が心ならずも戦争目的に協力したが、これからは技術を軍需・人を殺す戦争目的のために使いたくない。平和と人々の生活の向上に役立つ商品の開発・生産のために使って、創る楽しみ・喜びを共有できる場を造る。そう高らかに謳いあげている。

井深が終戦を迎えたのは37歳だった。1933年に早稲田大学理工学部電気工学科を卒業し、電信技士として働いていた。戦争中の彼は、自分が発明した技術が潜水艦の探索に使われる装置の開発に従事していた。その折に知りあったのが生涯のパートナーとなった海軍技術中尉・盛田昭夫（大阪帝国大学理学部卒）である。

二番目は「日本再建、文化向上に対する、技術面・生産面よりの活発なる活動」。焼け跡・闇市しかなかった東京から、日本再建に立ちあがる。そのために技術を活用する。そして、人々が人間らしく、尊厳を持って暮らしていける日々を招来する努力をする。

このように会社設立の目的は、技術の平和利用・民生利用を基本に置いて、国民生活に有用な製品開発をすることを強調している。

経営方針は、儲け主義に走らず、規模を追わず、社会的に利用度の高い高級技術製品に特化し、他社が追随できない独自製品を送り出す。従業員は厳選され、形式的な階級制を避けて、一切の秩序を、実力主義・人格主義の上に置き、個人の技能を最大限発揮させる。会社の余剰金は、適切な方法で全従業員に配分する。

井深から学ぶ知識創造の哲学

井深にとって科学は人間の幸せのためにだけある。その科学を担うのは人間だから、人づくりが最も大切である。ソニーでも人づくり、ソニーの外でも幼児教育に多大の努力をかたむけた。

ソニーは知識創造企業である。野中の知識創造理論は当時はまだ認知されていなかったが、井深が実践したことはまさに野中が言う知識創造プロセスだった。暗黙知の共有→形式知化→形式知の連結→組織の暗黙知化のアップ・スパイラルな継続だった。科学と直観、形式知と暗黙知、これらを統合して井深は、次々と日本初・世界初の革新製品を創造して世界に送り出した。直観・暗黙知の中に、井深の「らしい・ならでは」の思想が生きている。

これがソニーの知識創造であり、第4章で論じたAI進化（Adopt《採用》 &《と》 Imitate《模倣》, Adapt《応用》 &《と》 Improve《改良》, Adept《習熟》 &《と》 Innovate《革新》）で、既存製品の単なる改良品ではなく、独自のオリジナル技術で他社の追随できない「First《ファースト》-and《アンド》-Best《ベスト》」の製品を世界に届けた。その製品は単なる機能が優れているモノではなく、人々のライフスタイルをより豊かに・楽しくする意味・コトの価値を提供したのだ。この知識創造のアップ・スパイラルな継続こそ、井深が求めてやまないことだった。ソニーはそれができる人を育て、求め続けた。人づくりは、繰り返すが、「科学と直観」「形式知と暗黙知」を統合・シンセサイズできる人間をつくることである。創造力や想像力は直観と暗黙知の贈りものに違いない。

井深が主導した知識創造製品・革新製品を世界中にマーケティングしたのが盛田昭夫だった。井深イノベーター（×）盛田マーケターの統合・シンセシスが、世界の消費者家電市場に変革を起こし、人々のライフスタイルを変え、SONYを世界の憧れ、ベスト・ブランドの一つにした。

革新的な知識創造・顧客価値創造を継続したソニーとホンダは一卵性双生児のようである。井深を本田に、消費者家電をオートバイ・小型乗用車に、SONYをHONDAに入れ替えても、そのまま通用する観察だと思う。井深と本田の経営哲学は、かくも似た者同士だった。二人が無二の親友になったのは必然だった。

†井深と盛田がいなくなったソニー

1971年、井深は盛田を後任にして会長になった（1990年、ソニーファウンダー・名誉会長）。その盛田も、1976年に会長に就任した（1995年まで）。井深の享年は89歳（1997

年）、盛田のそれは78歳（1999年）である。井深は生前の1986年、勲一等旭日大綬章を授与されたが、永眠の同日に、正三位・勲一等旭日桐花大授章を追贈された。土光、松下に次いで戦後三人目の民間で最高位の受章である。盛田は1999年に正三位・勲一等旭日大綬章を受章した。

バブル崩壊後、日本企業の経営が変わった。日本型経営の強みであった長期的視点での「人を大切にする・思いやる」「人の能力を形式知だけでなく暗黙知も含んでホリスティックに評価する」「仕事を細分化・マニュアル化しないでホリスティックに任せる、職務範囲の曖昧な部分は仲間内で相互補完する」というハイ・コンテクスト経営から、短期的な業績を上げる形式知に優れた人間だけを重視する経営に変わった。明日の新しい知識を創造するための人材投資をやめ、今日の利益を稼ぐ形式知にだけ費用をかける。売上は伸びない中で、利益率を高める、人件費を抑え投資を抑制する。投資をしないで余剰金を積みあげて帳面での自社の安泰を維持する。そんなロー・コンテクスト経営が主流になった。

日本型経営の強みは、日本人が2000年の時間をかけて重層的に積みあげた日本人「らしい・ならでは」の思想・人間観に根差していた。その強みが知識創造の暗黙知の源泉になり、モノ造り世界一の日本企業が多く輩出した。ソニーはその中で傑出した一社だった。

バブル崩壊後にその強みをもはや無用として捨て去り、アメリカ型経営の形式知の部分だけを日本企業は取り入れた。ソニーもそんな一社になったのだろうか。「組織における知識創造活動は『場』に規定される」と一條は言う（同上書、177頁）。「『場』、つまり知識創造のコンテクストは物理的な空間、時間、そこでの人間関係によって規定される」（同上書、177頁）。社員の主体的な知識創造活動を行う「ハイ・コンテクストな場」がソニーから失われたのだろうか。東京通信工業の設立趣旨書に込められた井深の哲学はもう顧みられなくなったのだろうか。

トリニトロン・カラーテレビの開発者やプレイステーションの開発者が去り、映画や音楽、金融などソフト産業・サービス産業といった時代の流れに沿った事業にM&Aを繰り返して参入した。液晶テレビやスマホでは、ソニー独自の・他の追随を許さない知識創造がないままに他社との同質製品で参入し、価格競争に巻き込まれ、オフショアのSC・VCの構築に後れを取った。

今SONYブランドは、世界中の人々から急速に忘れ去られている。認知している人でもSONYブランドに、かつてのような「わくわくするような喜びや楽しい」イメージを持ってはいないのではないか。

5　丸田芳郎は、日本人に「清潔・美しさ・健康」価値を届けた

†花王中興の祖

丸田《まるた》芳郎《よしお》（1914〜2006）は花王株式会社の創業者ではなく、創業一族の出身でもなく、職業人としての生涯を花王一筋で過ごした専門経営者・サラリーマン経営者で、かつ企業家だ。経営者の類型としては、現在の上場企業の大多数の経営者がそうであるように、新入社員からトップに登り詰めたサラリーマン成功物語に該当する一人である。丸田はしかし、花王を科学（×）経験、形式知（×）暗黙知、合理性（×）非合理性を統合して変革・革新を続けるダイナミックな成長企業に転換させた、類まれな企業家だ。丸田は花王の第二の創業者・中興の祖と称えられている。

丸田自身はどちらかというと、経験・暗黙知・非合理性の資質が一段と強かったようだ。人間への優れた洞察力を持っていた。彼が選び、彼を支えた重役陣は、研究開発・商品開発・販売マーケティング部門などで、花王の多角的成長を指揮し高い業績をあげた。

丸田は1935（昭和10）年、桐生高等工業（現・群馬大学）応用化学科を卒業と同時に花王

（当時・花王石鹼株式会社長瀬商会）に入社した。戦争中は花王も軍需産業に従事したが、丸田は会社の成長のために積極的に「航空機用潤滑油の製造」に従事した。30歳で終戦を迎えた。それ以来、1990年取締役会長に就任するまで、花王がP&Gをベンチマークにして、石鹼・洗剤の専門メーカーから日本を代表する総合家庭用品・パーソナルケア商品のメーカーに脱皮・成長するプロセスで、商品開発と販売マーケティングの両方で中心的な役割を果たした。

当初は研究開発の面で活躍し、p&Gの洗剤「タイド」に触発されて「花王粉せんたく」（1951）を開発した。後に「ワンダフル」（1953）と改名され花王の合成洗剤ラインを確立した。1955年にはシャンプー「花王フェザー」を世に送り出した。

1971年に社長に就任してからの19年間は、とくに、商品開発と販売マーケティングを統合したダイナミックな競争戦略を主導して、数多くの成功ブランドを世に送り出した。花王は「日本のP&G」になぞらえるほどのマーケティング・エクセレンス・カンパニーと称されるようになった。

花王の商品開発とマーケティングの統合はこうである。①独創的でマネのできない技術による商品開発をする、②徹底した消費者調査で商品受容を確認する、③自社単独の全国販売網（卸）を駆使して全国隅々の小売店へ一週間以内に納入・陳列する、④ブランド・マネジメント制を導入し、商品の顧客ベネフィットを視覚的に訴求するマーケティング・コミュニケーションを実施して消費者を小売店に誘う。

商品開発とマーケティングの担当者は、文系・理系の別なく、両方の職務を経験している。

花王の成功商品（現在も顧客支持が高いブランドを含む）を発売順に並べてみる。衣料用洗剤では、既述のブランドの他に、「ザブ」（1960）、「ニュービーズ」（1963）、そして、世界初のコンパクト洗剤「アタック」（1987）。「アタック」で花王は衣料用洗剤で一時期圧倒的に高い市場シェア（50％超）を獲得した。シャンプーでは、「メリット」（1970）、「エッセンシャル」（1983）などの長寿ブランドがある。

洗剤・シャンプー以外の多角化商品も多い。生理用品「ロリエ」（1978）、洗顔フォーム「ビオレ」（1980）、化粧品「ソフィーナ」（1982）、入浴剤「バブ」（1983）、紙おむつ「メリーズ」（1983）、調理油「花王エコナクッキングオイル」（1990）などである。これらのブランドが現在も花王の屋台を支えている。

†思想形成のホップ・ステップ・ジャンプ

佐々木聡（2017）を通読して、丸田の思想形成を三段階で考えるのが相応しいと気づいた。誕生して中学を卒業するまで過ごした長野県での少年時代、桐生高等工業の学生時代から花王に入社した青年〜壮年時代、そして、花王の社長としての熟年時代である。

『論語』（金谷治訳注）に「吾れ十有《ゆう》五にして学に志《こころざ》す。三十にして立つ。四十にして惑《まど》わず。五十にして天命《てんめい》を知る。六十にして耳順《みみした》がう。七十にして心の欲する所に従って、矩《のり》を踰《こ》えず」（巻第一為政第二）とあるが、丸田は論語を絵に描いた生き方をした。56歳で社長に就任し、75歳で会長になるまで第一線で、天命に従って花王の競争戦略・成長戦略を主導した。「人間の幸せのために人生をかけるのが本懐」という信念が彼の経営哲学の中核になった。大悟や慈悲の仏教（禅宗など）思想を中心に、尊王神道や陽明学的な儒学思想を統合した人間哲学がその信念を支えていた。「耳順《みみした》がう」ようになったのは80歳を超えてからだろう。

少年時代。長野の雄大な自然の中を駆け回って遊び、教師であった両親に厳しい躾を受けつつ、丸田家の本家の農作業を手伝った。

天然自然の素晴らしさ美しさへの素朴な畏敬の念を育て、学校と両親は「五倫（親子の孝、君臣の忠義、夫婦の和合、長幼の序、朋友の信）」を「皇祖皇宗に由来する普遍の倫理・道徳である」と教えたことだろう。また最低でも年に4回は近くの神社に参拝し天皇尊崇の心を養ったことだろう。四方拝（1月1日）、紀元節（2月11日）、天長節（10月31日）、明治節（11月3日）の4回である。近所に神社があり、そこに参拝する習慣を通して日本人は地域コミュニティの団結心や相互協力・助け合いという社会関係資本を共有したが、丸田もそういう友人関係・人間関係を小学生・中学生時代を通じて身につけて育ったことだろう。

中でも丸田は、農作業（養蚕）を自発的に手伝うことで両親への「孝」の実践をした。農作業は当時の日本人にとって、協業と相互啓発・創意工夫（新しい知恵やアイデアを生む）を身につける「空間・時間・人間関係」を提供する大切な「場」だったから、丸田もそこで後年彼の優れた資質の一部となる創造性や独創性の暗黙知を身につけたであろうし、「父母への孝」の実践を通じてやがて、「会社への孝（誠心誠意つかえる）」「消費者への孝（顧客満足を提供する）」へと「孝」を拡大進化させたに違いない。

長野中学校4年生のころから物理・化学・数学にのめり込むようになった。自然への畏敬と農作業での創意工夫の経験などが自然科学の分野への関心を刺激したのだろう。

青年から壮年へ。桐生高等工業では科学の探求と芸術の鑑賞（音楽・絵画・文学）の両方に熱中した。学問の師と芸術鑑賞の師の両方に巡りあい、その指導とガイドを受けて合理性と感受性の「鉄を熱いうちに」うち続けた。少年時代に身につけた思想・資質を一段と高度化し心身の中に深く浸透させた時期と言えるだろう。

花王に入社後しばらくは研究開発に従事しつつ、その成果をいかにして製品開発に結びつけるかを考える日々だったという。技術属性を顧客のベネフィット属性に翻訳・転換するのを経営学では製品開発と定義する。丸田は研究開発ばかりでなく粉洗剤製品の開発者としてもすぐれた実績を積んでいた。創業家・長瀬家の一族である伊藤英三が、丸田の技術者としての科学的な知識・形式知と創造性・暗黙知の両方を併せ持つ能力の最大の理解者だった。やがて、研究開発・製品開発の技術者として成長している丸田を、販売マーケティングの専門家のキャリアへ誘導した。

伊藤副社長の下で取締役、続いて常務取締役で営業支配人に就く。丸田40歳前後の転身である。そして、伊藤が社長になり、丸田は専務を経て副社長になった。1971年、伊藤社長が現職のまま永眠した後をついで丸田は取締役社長に就任した。56歳だった。

熟年時代。 以下は佐々木(前掲書、156頁)による。社長に就任してすぐに丸田はトップとして自戒を込めた声明を発表している。花王の創業者長瀬富郎の遺訓に触発されたという。「天佑は常に道を正して待つべし」である。

①社会貢献をするために、常に人格完成を日夜怠らない。会社は修行の場・道場であって他の手本となる自分をつくる。②指導者は10年・20年先を見据えたビジョンを示し、社員が仕事の目的と意義を理解し、全力を傾注し、生きがいを見いだせるようにしなければいけない。③常に英知を働かせ、果敢な決断・実行・反省をして、周囲の人たちに最大の幸福をもたらすような業績の発揚にあたる。

†経営哲学の思想的背景

就任直後から数々の困難に直面した丸田は、これまで以上に、多くの先人の思想や哲学を探訪した。その中でとくに、聖徳太子の「十七条憲法」と道元（曹洞禅）の『正法眼蔵』から多くを学んだ。

聖徳太子からの学び。「十七条憲法」は聖徳太子の政治改革の思想書である。丸田は花王の経営改革に聖徳太子の思想を少なからず取り入れている。

以下は佐々木聡（前掲書）に触発されてまとめた。丸田は十七条憲法から「和」の精神を学んだとされる。丸田の思想が経営理念に反映されていることから推察して、彼は少なくとも、第一条の「和をもって貴《とうと》しとし、忤《さから》うことなきを宗《むね》とせよ。人みな党《たむら》あり。また達《さと》れる者少なし」（中村元訳、以下同じ）、第二条の「篤《あつ》く三法を敬え」（仏・法・僧）、第十条の「われかならずしも聖にあらず。かれかならずしも愚《ぐ》にあらず。ともにこれ凡夫《ぼんぷ》のみ」、第十七条の「それ事はひとり断《さだ》むべからず。かならず衆とともに論《あげつら》うべし」の深い理解をしたうえで、その精神を経営理念に塗り込めたと考える。

梅原猛（1981）によると、聖徳太子が摂政の時代の日本は、蘇我と物部の戦いなど氏族集団同士の不和・争いが絶えなかった。その中で蘇我一族の専横がますます強くなり、大和朝廷は衰退する一方だった。太子は日本を釈尊が説いた永遠の真理である仏教を礎にした、文化国家・天皇中心の強い武力を持った統一国家にしたかった。「和」（第一条）の国家をつくるには、日本人が「三法を敬う」（第二条）敬虔な仏教信徒になり、天皇の言に従って氏族のエゴをぶつけないことが不可欠だ。だから太子は、儒教第一等の徳である「仁」ではなく、日本では「和」を最も大事な徳とした。日本の国名・大和とは、「大いなる和」の国を意味している。「何が善か、何が悪か、何が愚《ぐ》で、何が賢《けん》か、どうしてこの凡夫《ぼんぷ》である人間が定められよう。賢《かしこ》いと思っている私が愚《おろ》かで、愚《おろ》かと思っている相手が賢《かしこ》いかもしれない」（第十条）（梅原、同上書、395頁）。自らが反省することで、他人との信頼関係・親愛関係を一層深め・維持するのに役立つ。また悟りを得た人間でも、取り澄ましてはいけない。その悟りを隠して、何気ない顔をして人々と共にあらねばならない。

第十七条はデモクラティックな条文である。「事を衆と相談する。大事はできるだけ多くの人に相談して、一人一人の意見を聴くのがよい」（同上書、415頁）。ただしこれは、天皇とその周囲の氏族との関係であって庶民を対象にしてはいない。それでもなお、大事は多くの人の意見を聴いて決めるのが良い。それが集団・組織・企業の決定で、参加した一人一人はその決定に責任を持たねばならない。日本はこうして古代以来、グループによる意思決定を大切にしてきた。

道元からの学び。 丸田は「常住真実」を道元から学び取ったという。「常住真実」とは、無常（いっさいのものは生成・変化・消滅を繰り返す）というメカニズムで、万物は常住に存在し続けると悟ることだとされる。「諸行無常」「万物流転」の思想と相似している。
形式知の背後にある何倍も大きな暗黙知を導きだすにはどうしたらよいか。言説が絶える場をどう見つけるか、簡単な方法はない。只管打坐《しかんたざ》する。直指人心《じきしにんしん》、一心不乱に実践する。木を見れば自分は木である。魚を見れば自分は魚である。仕事をするときは自分はPCか仕事そのものになる。そして見性成仏《けんしょうじょうぶつ》する。自分の奥底に存在する真実の自分になる。知恵や創造性はそういう自分から導きだされる。その知恵や創造性は無常を繰り返す。

†経営理念の明示とその後の快進撃

1975年、丸田は3つの基本的な経営理念を明示した。つまり、花王の企業としての存在理由である。花王の企業としての「三原則」と言い換えても良いのではないか。「創造性の重視」「人間性の尊重」「消費者の優先」である。聖徳太子の「三法を敬え」の教えに相当するだろう。3つの経営理念がガイディング・フォースで、知恵や創造性を生み出す（本分を尽くす）一心不乱の人間を増やして結集すれば、消費者の支持が得られる価値創造が可能になる。花王をそんな価値創造企業にする。丸田の数十年に亘る思想形成が聖徳太子や道元の教えで統合されて、花王の実践知の基本理念として結実したのだろう。

3つの基本理念を実現する4方針が提示された。4方針は「創造性の重視」「人間性の尊重」

に沿っている。以下佐々木聡（同上書、184頁）からの引用である。
一　すべての分野、レベルでの創造性の発揮
二　研究及び企画・開発の推進
三　資源の価値の認識と省エネルギー対策の徹底
四　これらの目的のための社員各自の平等と知恵（叡智）の結集、及び小集団活動の推進
そして「消費者の優先」を具体化するために、マーケティングの視座から提唱された「商品開発五原則」がある。提唱した当時の専務・佐川幸三郎は、「マーケティングは研究開発にはじまって、消費者や市場の調査、商品の企画や生産、広告宣伝、流通、物流、店頭陳列にいたるすべてが関連します。きわめて広範囲にわたる総合的な技術です」（同上書、194〜95頁）と述べた。佐川自身は科学性とひらめき（カン）・経験（コツ）の両方を統合した「マーケティングの実践知」を積みあげてきた。日本を代表するマーケティング実務家の一人である。
一　開発されるべき商品が真に社会にとって、有用なものである。
二　自社の創造的技術が盛り込まれている。
三　パフォーマンス・バイ・コストで優位性がある。
四　商品化前に、徹底的な消費者テストが行われている。
五　流通のあらゆる段階で、その商品にかかわる情報を上手に伝達しうる。

経営理念・経営方針・商品開発の5原則を実行して、成果に結びつけるために丸田は組織改革を行った。組織作りとその運営に「十七条憲法」の精神が生かされていることが分かる。

5本部制の機能組織をつくり、それが生体機能的に相互に補完し合い・協力し合う。5つの異なった機能が「和」して、成果をあげるためである。研究開発本部（本部長は丸田社長が兼任）・化学品本部・管理本部・家庭用品本部（佐川幸三郎専務）・生産技術本部の5本部が、互いの専門性を尊重し・互いに切磋琢磨し・権威主義を排除して、それぞれの機能を果たす。そして、全社的な意思決定は5本部長が衆議して決定する集団指導体制である。

丸田はこの経営組織を「文鎮型経営組織」と呼んだが、彼自身が「つまみ」の社長でかつ研究開発本部長である。5人の本部長が平等に経営に参加し、かつ、それぞれの分野で革新と創造に取り組む。各本部の内部も文鎮型とし、一人のマネジャーの他は全員が平等に仕事に参加できる。

花王が経営理念の実現に向けて大きく進みだし、商品開発の五原則に沿って次々と、新しい消費者価値を提供する成功商品を世に送り出したのは既述した通りである。「消費者の優先」の思想は、五原則に沿って「清潔・美しさ・健康」の価値を創造する商品開発として具現化された。花王の商品が提供する「清潔・美しさ・健康」の価値は、第1章で論じたように、古代以来日本人が最も大切にして今日まで継承してきた文化価値だ。「穢れを祓って家の内外を清め、心身を清潔に・清楚に美しくする、疫病や厄災から身を守り無病息災を保つ」である。花王はその日本人の価値観のまん真ん中に、次々と直球商品や変化球商品を縦横に投げ込み続けているエース企業だと言えるだろう。

その花王が、海外展開では、P&Gやユニリーバといったグローバル・ジャイアンツ企業に遅れている。グローバル企業の目安の一つは、海外売上高比率が50%超だが、花王の海外での売上高（消費財分野）は、連結売上の26～27%で、アジアが中心である（海外売上の56～57%）。P&Gとユニリーバの日本国内での存在感は大きいが、花王はその2社のフランチャイズであるアメリカや欧州での競争力がなかなか高まらない。経営のグローバリゼーション能力、商品開発・販売マーケティングのイノベーション能力、そして人材のダイバーシティの面で欧米のライバルの後塵を拝している。つまりGIDでの競争力が不十分である。

ちなみに味の素と資生堂の消費者向けでの海外売上高比率（2017年）は、それぞれ55%と52%で、花王より海外経験の歴史は長く、一日の長がある。味の素はアジアでの比率が高く70%で、資生堂は一段とグローバル展開が進んでいてアジアの比率は42%である。

6　中内㓛は、流通革命「良いものを安く大量に」の先導者である

中内㓛《なかうちいさお》（1922〜2005）は「3体の人間像」が一つになった人物である。石井淳蔵（2017）は、中内を「流通革命家」「経営者」「思想家」の3側面から論じているが、筆者の中内の人間像に関する観察を先ず述べておきたい。

中内は流通革命の一代の、傑出した先導者である。それまでの小売業の業態を根本から変革して、売上高日本一の小売業（ダイエー・グループ）を創造した。しかし企業経営者として結局は失敗だったと思う。自らが創業したダイエー・グループを空中分解させ、意図した息子への経営継承は上手くいかず、社内で息子の大番頭になる人材も育ててはいなかった。ただし思想家としての中内は、既存の権威や枠組みに挑戦して、自身のビジネス理論とその実践の合一を事業の中でアップ・スパイラルに継続した。そして死して、ダイエー・グループは崩壊したが、自分の思想を継承し、流通を科学する大学を残した。

ここでは、中内の生い立ちと戦争体験、流通革命家・企業家としての中内、思想の継承を大学教育に託した中内、の順に取りあげる。

†生い立ちと戦争体験——生死の際で甦った「家族ですき焼き」の記憶

中内㓛は薬剤師の父・秀雄と母・リエの長男として1922年、元・大阪府西成郡で出生した。祖父・栄《さかえ》は、現・大阪大学医学部卒の眼科医だった。ダイエーの社名は祖父の名をとった、「大」いに「栄」える、だ。神戸市兵庫区に移住して、父親が「サカエ」薬局を開業した。その後成人するまで、中内は薬局商売を手伝い、商売、つまり「商品の売り買いでお金が動き、その差益で生活する」を身近に感じて育った。

小学・中学と中内はあまり目立たない少年だった。どちらかというとおとなしかった。学校の勉強は得意ではなかった。1939年に神戸高等商業（現・兵庫県立大学）に入学した。図書館で文学や哲学の本を乱読し、その世界に浸って、心の安らぎを得ていたという。周囲からのあだ名は「カオス」で、何を考えているのか分からない、あるいは自分の心の内を話さない青年だった。

中内の人生の目的は、海外で活躍することだった。それが戦争のない平和で自由な世界だと思えたのだろう。そのための高等商業への進学だったろう。太平洋戦争が勃発し、1941年12月27日には中内は強制的に繰りあげ卒業になった。翌年3月、現・神戸大を受験したが不合格。4月に日本綿花（現・双日）に入社した。「ラングーン（現・ヤンゴン）に軍属として勤務しようと思っていた」（石井、同上書、32頁）。軍属は、軍人（職業軍人と徴集兵）以外で軍隊に所属するが、直接戦闘はしない。直接の戦闘は嫌だが、軍属としてなら軍隊に入るのもよいと考えたのだろうか。

石井（同上書）による限り、中内が軍国少年・青年だった痕跡はない。当時は「教育勅語」

教育と「軍人勅諭」による軍事教練が行われていたが、中内はその教育や教練を熱心に受けたり、参加したりしてはいなかった。軍事教練にげた履きで参加し、配属将校に殴打された。将校は中内を大変低く評価した。そのため軍隊には高商卒でありながら二等兵で徴集された。1943年1月から、軍隊生活が3年近く続いた。

軍隊生活は過酷だった。最初の任務は酷寒のソ満国境での守備だった。内務班では、古参兵のビンタを受けた。1944年夏に、フィリピンに転進させられた。軍曹として部下を指揮して敵を攻撃し、瀕死の重傷を受けた。「出血多量で眠くなり、これで一巻の終わりだ」。そのとき、走馬灯のように記憶がよみがえった。「牛肉がぐつぐつ煮え、家族がすき焼きを食べている。（中略）。死ぬ前にもう一度すき焼きを腹いっぱい食いたい」（同上書、35頁）。その執念が中内をこの世に呼び戻した。傷口はウジ虫だらけだった。

一命を取りとめた後は飢餓地獄だった。「『芋の葉っぱ』さえ食えず、アブラ虫、みみず、山ヒル……食べられそうなものは何でも食う。靴の革に雨水を含ませ、かみしめたこともあった。人間の限界を問う飢餓。まさにあの『野火』の世界……」（同上書、36頁）。1945年8月19日に武装解除された。「ああ、これで生きて帰れる」（同上書、36頁）と心底ホッとした。その戦場の野火が中内の中で、生涯燃え続けていた。

吉田（前掲書、2017）によると、1945年6月のルソン島で、中内が生死の間をさまよった戦いは、兵力火力が圧倒的に不利な中での戦いだったとされる。日本軍の敗北は必至で、中内は絶望的な攻撃を敢行して負傷したことだろう。戦場から軍が退却する時は、負傷者は、「虜囚の辱めを受けない」という理由・名目で、自殺するか射殺されるのが普通だった。しかも、深刻な飢餓に苦しんだ敗残兵の間では、人肉食をするための殺害まで横行していたとされる。中内はその中を生き抜いて帰還した。

†流通革命家のスタートは「主婦の店ダイエー一号店」

23歳で復員した中内は、生きるための糧を求めて何でもやった。砂糖の代用品・ズルチンの製造販売、医薬品のブローカー販売、サッカリンの密輸、医薬品の現金問屋など、俗にいう闇市での商売だ。生きるための戦争だったろう。それが10年以上続いた。そして逞しい商人になった。

中内の正業は大阪・京阪電鉄千林駅前に、1957年9月に開店した「ダイエー薬局」が最初である。薬の安売り店で、同年10月以降に「主婦の店ダイエー」に改名した。薬だけでは競争が激しく利益も出しづらい。調味料・缶詰・乾物など食料品を揃えたＳＭ（スーパーマーケット）への転身である。ＳＭへの転身は大成功だった。

翌年には故郷の神戸・三宮に二号店を開いた。一号店と同じく、薬品と化粧品・日用品で半分のスペース、残り半分は食料品である。めちゃくちゃ安い、という口コミのおかげか、初日から客が詰めかけた。すぐに売上高は千林店の数倍になった。

三宮店では、新しい品揃えを開発した。それが空前の大成功を収め、その後のダイエーの事業の方向性を決めた。「生ものの牛肉・リンゴ・バナナ」を大量に、他の店よりも安く売った。単品大量計画販売だ。当時は、牛肉・リンゴ・バナナはかなりの贅沢品だった。それが気楽に安く買える。主婦が飛びついたのは当然だった。3品に集中して、産地から直接に大量仕入れするダイエー方式は、当時他社が簡単に追随できないやり方だった。

中内が生涯を通して変えなかった経営哲学「消費者のために」「良い品をどんどん安く」「食品を潤沢に提供する」は、それほど豊かではない家庭で育ち・軍隊で飢餓の極致を経験した中内の身体の中から湧き出た「実践知・経験知」だ。「人の幸せとは、まず、物質的な豊かさを満たすことです」(中内㓛、1969)。

中内が先導した流通革命は、当時の日本にはなかった小売業の方式だった。以下は石井(同上書、51~63頁、144~45頁)による。

ダイエーの流通革命は、「セルフサービス」「ワンストップ・ショッピング」「チェーン経営」「仕入れと販売を分離する組織」「科学的な店舗マネジメント」「川上への垂直統合」「単品大量計画販売方式」などの、小売業のイノベーションの複合体である。ダイエーの競争力と成長動力の強さの源泉は、とくに「自社本部機能」を拡充し、本社での一括集中仕入れ体制「本社商品部」を築いたことだ。本社商品部は、全国のダイエー店の品ぞろえをし、一括仕入れを決定する強力な権限を持った。「本部インフラ」を構築して、自社内で品質検査機能を持ち、自社の物流体制を設置した。食品・日用雑貨・電気製品まで「川上への垂直統合」をした。つまり、メーカーの機能さえも内部化したのだ。

†日本一の小売商が、内部から崩壊した

中内はかくして次々と小売り業態のイノベーションを継続した。1970年代は、衣料品や家電品も販売する総合スーパー（GMS）、そして、さらにサービス商品やエンターテイメントを加えたショッピングセンターへ進化した。ダイエーは「天馬空を行くごとく流通革命の先頭を走った」（石井、同上書、168頁）。小売業で三越を抜いて売上高トップになったのは1972年である。

1980年代はコングロマーチャントへ進化した。多様化した消費者ニーズを自社で取り込むために、百貨店・コンビニ・レストラン・金融といった複数の小売り業態やサービス業を傘下に置いた。90年代には、「それらのハード・ソフトを一体にした、大規模なまちづくり・文化づくりの道で、『生活文化情報提案路線』」（同上書、147〜48頁）である。ダイエーのグル

ープ企業は最大で300社になった。ピーク時の売上総額は5兆2290億円、従業員は10万人だった。

ダイエーは「規模の拡大と業態の多角化を通じた成長戦略」で日本一の小売業の地位を獲得し、グループ全体で利益を出すビジネスモデルでそこまできた。一方で、GMSのライバルであるジャスコ（現・イオン）やイトーヨーカ堂は「地域一番店確保戦略」が小売り経営の要諦だとした。ステップ・バイ・ステップでダイエーに迫った。

さらに「専門量販店チェーン」が出現して、ダイエーの多角化した事業のさまざまな分野を食いちぎり始めた。衣料品（ユニクロなど）・食品・家電（ヤマダなど）・DIY・ドラッグ（マツモトキヨシなど）・シューズ・書籍・家具などの特定品目に特化した専門量販店である。それらのビジネスは、特定の商品に絞り込んで、ダイエーのかつての「単品大量計画販売」のビジネスモデルを徹底して実行したのだ。カテゴリー・キラーと呼ばれた。

1990年代の後半からダイエーの業績悪化が表面化した。

ヤマハや味の素の社長経験者などを社長に招聘して経営改革を委任したが、全て改革途上で退任し、改革はならなかったようである。

中内は1997年に流通科学大を創立して理事長に就任。1999年には社長を退任して会長になった。経営を禅譲するはずだった長男の副社長・中内潤はダイエーの経営から外れ、ホールディング・カンパニーの社長に就任した。中内は2000年に会長を辞任し、翌2001年には名誉職のファウンダー（創業者）になった。中内家はダイエーの経営から身を引いた。さらに、入れ替わり立ち代わり新しい社長を外部から招聘した。2003年に中内潤は流通科学大学の理事長に転出した。

2004年、ダイエーは産業再生法の適用下で産業再生機構の支援を受けることになった。経営破綻・倒産は免れた。

2005年、「戦後経済界の最大の革命児」と言われた中内㓛は永眠した。83歳だった。

†誰もダイエーを継承しなかった

一代の革命児・中内㓛が創業したダイエーは、半世紀未満（1957〜2004）でその事業のライフサイクルを終えた。終えたというよりも、短期間で急成長・急拡大し、短い成熟期を経て内部から崩壊・自壊した。ダイエーは中内一族によっても、中内から薫陶を受けた幹部・役員によっても継承されなかった。ダイエーの名前が消滅しなかったのは、その背中を追いながら、別のビジネスモデルを構築して成長したライバルのイオンがダイエーを子会社化したからである。

中内の流通革命は性急だったのではないか。彼は息つく間もなく次々と新しい業態を取り込んだ。中内の経験知・実践知がダイエー社内にノウハウとして定着しないままに、彼は前に前に進むばかりだった。

松下幸之助、本田宗一郎や井深大といった創業者には、唇歯輔車の生涯のパートナーがいて、二人三脚で創業者の経験知・実践知を社内に形式知として定着させ後継者を育てたが、中内はそうはできなかったようだ。中内に心酔した生え抜きの若手役員が育っていたというが、中内が後ろを振り向いたとき、彼のおめがねにかなう後継者人材はいなかったのだろう。だから外部から次々と、小売業の経験がないトップ経営者を短期間招聘したが、それはダイエーの屋台骨を弱めることにしかならなかったのではないか。そんな疑問が湧いてくる。

†思想家・中内㓛

中内の思想形成のプロセスをたどるのは、正直、容易でない。これまでに取りあげた他の5人の企業家の思想や経営哲学の形成プロセスは、ＰＨＰ経営叢書の中身と筆者自身の当該分野の知見などを組み合わせて、比較的スムーズにたどることができた。しかし、中内にはそのアプローチがなかなか働かない。以下最善を尽くす。

軍国少年・青年ではなかった。石井(同上書)は、中内は大正デモクラシーの明るくて自由な空気を吸って育ったと説明している。当時は日本の産業社会化が進み、東京や大阪など、そして港町神戸も含めて、企業に勤めるサラリーマンや労働者が大都市に集中していた。大阪と神戸をつなぐ阪神間では、いわゆる富裕層・中間層が急増し、消費文化が花開いた。中内はその消費文化の一端に触れて少年時代を送った。

思想面では石橋湛山が、当時の「武断政治、対外膨張政策に真っ向から反対し、満洲・韓国など植民地を放棄せよ」（同上書、24頁）と主張していた。そんな表現の自由もあった。世界の潮流も、第一次大戦の破壊の大きさ・深刻さを繰り返さないように、平和の継続を求めていた。

しかし中内が育ち成人した昭和の20年間は戦争の時代だった。満州事変から満州国建国（昭和7年）へ、日中戦争への突入（同12年）、ノモンハン事件（同14年）での敗北、太平洋戦争の開戦（同16年）。そして1945年の日本の無条件降伏まで、日本はアジア太平洋の全域で泥沼の戦争を続けた。

これまでに本章で取りあげた中内以外の5人の企業家も、その少年・青年時代に大正デモクラシーの空気を吸い、昭和の戦争を身近に感じていた。一方では、第3章でカバーした明治・大正時代の日本人「らしい・ならでは」の思想（宗教性・倫理道徳性・世界観）も、教育や家庭の躾を通して形成した。

彼ら5人が軍国少年・軍国青年だったかどうかは不明である。彼らは直接戦闘には加わっていない。しかし、国家の方針への協力は国民の当然の義務で、彼らは軍需産業に従事してそれを果たした。戦後は、その国家への忠誠心を経済の再建と家族の幸せを目指す企業活動の経営哲学に転換して、「消費者・顧客志向」の経営マーケティングの革新を実現し、各業界でのリーダーになった。一方中内は、フィリピンで戦闘して負傷し、過酷な飢餓体験を積んだ。戦後復員して闇商売で生き延びたあと、「消費者・顧客志向」の流通革命を起こして日本一の小売業を築きあげた。

同じ企業家でありながら、彼ら5人と中内の違いはこうである。5人の企業家は日本人「らしい・ならでは」の思想をベースに経営哲学を紡いだが、中内の経営哲学からはその思想の匂いがしない。

流通革命家としての天命をアメリカで悟った。彼はスーパーマーケット業界を視察する視察団の団長としてアメリカ・シカゴで、1962年5月12日、ジョン・F・ケネディ大統領のメッセージを聞いた。「スーパーマーケットによる大量商品開発方式こそが米国の豊かな消費生活を支えていること、そして、スーパーマーケットを通じて豊かさが実現されていく社会こそ全国民が願い求める社会である」(石井、同上書、70頁)。この言葉にうたれた中内は、『これだ。自分が進むべき道は』という思いをかみしめた。(中略)この瞬間、中内の中で何かが大きくはじけた」(同上書、70~71頁)。自分が生きる意味・価値を知り、自分の社会的使命を悟った。弱い立場の消費者側に立って、消費者の生活をより豊かにする使命を果たすことだと。

中内の思想の進化を、「生活デモクラシー」「経済デモクラシー」「思想としてのデモクラシー」の三ステップで、石井（同上書）は説明している。「生活デモクラシー」は「主婦の店ダイエー」の小売店チェーンで実践した。それは「一部特権階級のみしか享受できない豊かさを大衆が享受する社会」（同上書、199頁）を目指すものだった。アメリカでケネディのメッセージを聞いた中内の思想は「経済デモクラシー」に進化した。それは、「生産と流通の仕組み」を転換すること、つまり「製品製造業による一方的な現行の見込み生産体制を、チェーンストアによる受注生産体制へと切り替える」（同上書、199頁）ことである。中内の流通革命は「経済デモクラシー」の実現を目指していた。

そして1980年代の中葉以降は「自主・自律・自己責任で、自分たちの望む社会を実現する自由」という「（社会）思想としてのデモクラシー」を4つの局面で実践した。①中曾根首相下の臨時教育審議会（臨教審）のメンバーとなって、「画一教育」「管理主義」に反対し、個性の最大限の開発を目的とする「個性主義」の教育が必要だと主張した。彼の「過度な教育自由化」は、臨教審の結論としては受け入れられなかった。②しかし、中内の教育の理想は自分が理事長に就任した流通科学大学に引き継がれた。③経団連の副会長として、「商業」が置かれていた社会通念の壁へ挑戦した。製造が販売に優先する・ハードがソフトに優先するという「士農工商」の身分意識が経団連に生きていた。「鉄は国家なり」で、経団連の会長は長年製鉄業の企業の出身者が務めていた。④中内は徹底した平和主義者である。「流通業は平和産業」が彼の日頃の口癖だった。

ある財界のセミナーで議長が「憲法改正・徴兵制・軍備拡張」の必要を訴えたとき、中内は「あなたの認識はおかしい」と反対した。「対米追随でない自主外交をすべき。ソ連を仮想敵国とするのではなく、日本が東西世界、南北世界の架け橋としての役割を果たすべき」と主張した。リベラルな思想の持ち主でもあった。

「私の戦争はまだ終わっていない」。中内は日本一の小売り業を作りあげたが、それが内部崩壊するのを防ぐことはできなかった。革命家は創造は得意だがそれを持続発展させるのは得意ではないと言われるが、彼はその典型的な一人だったと思う。唇歯輔車の補佐役・大番頭を持たず、後継者も育てられなかったのが最大の理由ではないだろうか。会長に就任した2000年、『流通革命は終わらない―私の履歴書―』(2000、日本経済新聞社)で次のように書いている。石井(同上書、310~11頁)の孫引きである。

「私は、私の仕事をし続ける。この国の戦争の歴史、流通革命の歴史を、(中略)新時代につながるように語り続けることは、私にしかできない。

草むす屍となった戦友たちの声なき声が、私を勇気づける。(中略)どんなに、この身がボロボロになろうと、今を生きる。生き続ける。(中略)

四十年間、楽しいことは何もなかった。これからも、そう感じることはない。私の戦争はまだ終わっていない。野火が、心の中で燃え続け、心を焦がす」

中内は自分一人だけで戦い続けた。「心の飢餓」を満たすために、「消費者に豊かな生活を提供する流通革命」を天命として戦い続けた。次々と新しい革命を実現したが、「心の飢餓」は満たされなかった。彼の戦いは自分に課した人間としての天命であり、勝利することは喜びであったろうが、決して楽しくはなかった。「現世での解脱」「阿弥陀如来による来世での救済」「即身成仏」のいずれとも無縁だった。今日だけを生き、生きながらの解脱も、未来も求めないままに旅立った。「わが屍を越え、一歩でも前へ進め」と託された若者たちは、中内をどのように継承しているのだろうか。

第6章

戦後日本人の思想変遷

本章では、日本人「らしい・ならでは」の思想（宗教性・倫理道徳性・世界観）の推移・変化を、1950年代から今日までの70年近くにわたってレビューする。

日本人の思想（意識）は戦後どのように変化しただろうか。1953年から60年間余の日本人の意識の変遷データを読んだあとの結論から言うと、好ましくない方向へ変化した部分が、好ましい方向へ変化した部分よりもはるかに大きいと実感する。

分析に利用したのは、統計数理研究所（2016）「日本人の国民性調査」（ISM調査）とNHK放送文化研究所（編）（2015）『現代日本人の意識構造（第八版）』（NHK調査）の集計データとその他の関連する調査データである。そして、それらの調査データを解析・解釈した諸論文を参考にした。ISM調査の集計表は1953〜2013年までの60年間、5年おきに13回分が公表されている。NHK調査の集計表は1973〜2013年までの40年間、同じく5年おきに9回分が公表されている。

ＩＳＭ調査は終戦から8年後の１９５３年にスタートし、１９７３年までの20年間は、ＮＨＫ調査がカバーしていない時期の日本人の意識の変遷を伝えてくれる。１９７３〜２０１３年の40年間は両者の調査時期が重なっている。調査項目は、多少類似のものがあるが、大部分は大いに異なっているので相互補完して分析した。

本章では、ＩＳＭ調査データを中心に分析を行い、ＮＨＫ調査データで補完するという方法で、日本人の意識の変遷を幅広く取り出すことにした。

ＩＳＭ調査の多くの測定項目は、１９７０年代や１９９０年代に新しく調査を開始しているので、60年間（全13回分）を通した時系列データが必ずしも全て揃ってはいない。分析対象にした調査項目は、本書の目的に関連していると思われるものを両者の集計表から筆者が選択した。調査対象者はいずれも各調査年時点での、全国の20〜70歳以上の男女である。

ＩＳＭ調査データをベースにした論文では主に、坂元慶行（２００５）と林文（２０１０）を参考にした。ＮＨＫ調査データをベースにした論文では、高橋幸市・荒牧央（２０１４）を参考にした。

１　日本人の意識（思想）の変遷——１９５３〜２０１３

†4度にわたる意識の大きな変化

ISM調査データの推移で最も特徴的なのは、日本人の思想（意識）が、戦後の70年間で4度にわたり大きく変化したと読み取れることである。その変化は、4つの経済変動に沿って起きたと考えられる。

①戦前・戦中世代が死にもの狂いで経済再建に取り組み、日本人がモノ造り資本主義に自信を持ち始めた1970年代前半まで（高度経済成長期・自信上昇期）。

②戦後の国民主権・自由主義・個人主義が浸透し、1973年の第一次石油危機を乗り越えて、日本が「世界一のモノ造り大国」になり、日本人の自信が最高度に高揚・定着した70年代後半〜80年代（モノ造り世界一期・自信定着期）。

③1991年にバブル経済が崩壊して、失われた20年と言われた日本の「モノ造り資本主義」への自信喪失と経済低迷の1990〜2010年までの20年間（経済失速期・自信喪失期）。

④歴史的・伝統的な考え方への緩やかな回帰と自信を回復しつつある2010年代（経済微増期・自信回復期）。

以下のデータ分析は、この4つの転換点にハイライトを当てて記述する。

†世代交代による変化

経済変動とは別の意識転換の理由の一つとして世代交代が挙げられる。調査開始年の1953年に社会を支えていた30〜50歳台の人たちは、戦前・戦中世代（1900〜20年代の生まれ）で皇国史観・教育勅語・軍人勅諭で成人した。1970〜1980年代までの戦後の経済復興を牽引した人たちである。

彼らに続いて、80年以降のモノ造り世界一への経済成長を担った人たちは、1930〜50年代の生まれで、その内40歳台以下は戦後の民主主義教育を受けて成人した戦後世代（団塊の世代を含む）である。民主主義教育は、皇国史観・教育勅語・軍人勅諭を帝国主義的、封建的、全体主義的だと全否定し、歴史的・伝統的な日本人「らしい・ならでは」の思想性を捨象した「旧・教育基本法」に沿った自由主義、個人主義を中心とした教育である。

80年代以降は、戦後教育世代の人たちがますます日本の主流になった。とくに、90年代以降は戦後教育世代が日本企業を主導している。

NHK放送文化研究所（編）（前掲書、235－43頁）は数量化Ⅲ類の分析で、世代別の特徴を取り出している。使用したデータは1973〜2013年までの40年間の「日本人の意識調査」による。分析内容は、40年間の平均像である。

筆者が上述した世代定義に沿って言うと、戦前・戦中世代の基本的価値観は伝統志向で、その意識の中身は「天皇を尊敬、宗教的行動、自己修養＋現世利益、模範を示す父親、何でも相談できる人間関係、秩序の維持、自民党支持、世の中に役立つ生活目標」などの特徴を持つ。

戦後教育世代は、NHK放送文化研究所の定義では第一次戦後世代・団塊の世代の両方を含み、1940〜1950年代の生まれである。彼らは、伝統志向が弱い人たち、そして伝統離脱志向を示す人たちで構成される。第一次戦後世代は、戦争世代よりも伝統志向が弱くなる一方で、「仕事指向型、会社への貢献、高い生活満足度」の意識を持つ。団塊の世代になると伝統離脱志向になり、「利志向と愛志向の生活目標、責任ある仕事」意識が高くなる。

新人類・団塊ジュニアは54年以降の生まれで、「専門職志向、現世利益、仕事と余暇両立、天皇への無感情」の意識が強くなる。

高齢者ほど保守的で若者ほど反伝統的である。これは世代効果と言われる意識変化の理由である。これとは別に、時代効果と言われる時代の変化への日本人の意識適合がある。男女の違い効果もある。本章では必要に応じて、それぞれの効果を取りあげる。

2　宗教観――「信仰」はないが「宗教心」を持つ日本人

†宗教を信じる・信仰している日本人は少数

「宗教を信じるか」「宗教と科学、どちらが人間を救うか」「あの世を信じるか」「神や仏を信じるか」「先祖を尊ぶか」「信仰と生活・社会意識の関係」などへの回答から、日本人の宗教観の推移とその特徴を取り出した（図表6-1）。

宗教を「信仰している」日本人は、1958年の調査以来2013年までずっと少数で全体の3割前後である。一方、「信じていない、信仰していない」と答えた70％の人たちを含め、「宗教心は大切」と思う日本人は83年では全体の80％を占めていたが、その後は徐々に減少を続け、13年には66％になった。「信じている」「信仰心大切」を合わせた「宗教に肯定的な」日本人は、確実に減少している。

「先祖を尊ぶ」人の割合は「宗教に肯定的」な意識と連動しているようだ。1953年の77％がピークで、73年には67％へ下降した後、多少の上下をし、2013年は65％である。

「宗教に肯定的」な日本人が減少する中で、58年、08年、13年の3回の調査によると、「あの

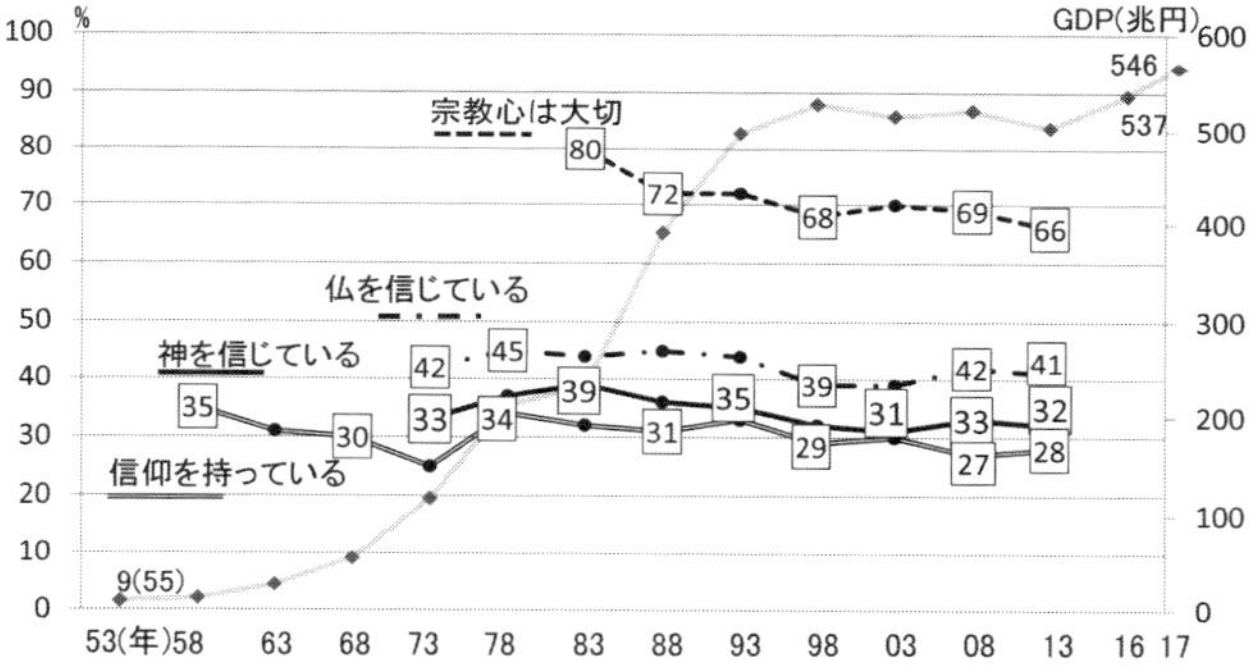

図表6-1　宗教観

出典：以下のデータを基に作成。NHK 放送文化研究所編（2015）『現代日本人の意識構造（第８版）』。中村隆・土屋隆裕・前田忠彦（2015）「国民性の研究 第13次全国調査――2015年全国調査」統計数理研究所 調査研究リポート No.116。内閣府（2018）「国民経済計算（GDP統計）」。

世を信じている」日本人は20％から40％に倍増している。また「環太平洋価値観調査」（２００８）の結果から、「あの世」「死後の世界」「霊魂」などへの関心が、「宗教心大切」とは別途に、若い年齢層の日本人に広がっている。「信仰の有無」と「宗教心大切」とは別に、高橋・荒牧（前掲論文）による「宗教的行動」の分析では、「年に2回ほど墓参りする」日本人は、60〜70％のレンジで推移している。他には、「お守り」や「おふだ」を身の回りにおいている人は30〜35％いる。「お守り」や「おふだ」を入手するのは、言ってみれば宗教のレジャー化の一部で、これをも宗教心とするのが妥当なのかどうか。

また堀江宗正（２０１４、３〜４頁）は葬送と宗教との関連は薄れている、という。筆者による堀江論文読後の感想だが、宗教（葬式仏教）の重要性は今後急速に衰退するだろう。仏教は、人の心に語りかける、人の心を救う宗教に回帰する必要があるだろう。葬式仏教からの転換は、しかし、並大抵のことではないだろう。

†宗教に関する日本人の考え方の特徴

林文（前掲論文、39頁）は、ＩＳＭ調査データの解析から以下のように結論している。「信仰があることは社会・生活上ポジティブな考え方の中にあり、宗教的な心は大切とする考え方もこれに大変近いこと、宗教的な心は大切でないとする考えは、社会に対してネガティブな考えと結び付いている」

以下、林（同上論文）を参照して記述する。

宗教を「信じる・信仰する」人の割合は、コーホート（同時代に生れた人たちの集団）分析で、年齢効果が（加齢とともに「信仰あり」が増える）、時代効果や世代効果よりも大きいことが分かった。時代効果分析では、１９７３〜78年の間に「信仰の有無」の意識に転換が起きたことが分かった。その転換には、30年代以前の生まれと40年代以降生まれでは、「信仰あり」に大きな差がある世代効果が反映している。

「宗教心は大切」を含む「宗教に対する肯定的な見方」（信仰あり＋信仰なしだが宗教心大切＝宗教

に肯定的）をする日本人の割合も時代と共に減少している。ピークは83年の80％で、その後70％台で推移したが、13年には66％になった。とくに20歳台で急落した。

「信仰あり・宗教心あり」の人たちの割合が減少するのは世界的な傾向であり、日本だけの特殊な現象ではない、との意見がある。その含意は、だから日本人の宗教心の低さをとりたてて問題にすることはなく文明の進化の反作用にすぎない、となる。しかし、それは一面的な観察ではないだろうか。日本は世界有数の文明国であると自負する日本人の、「信仰あり」の回答率の極端な低さを他の文明国の人たちと比べてみよう。

「7カ国の国際比較調査」による「信仰の有無と宗教的な心」の比較データがある（林、同上論文）。日本人は、「信仰あり」では37％（1988）で、イタリア88％（1992）、アメリカ86％（1988）、イギリス65％（1987）、フランス65％（1988）よりもはるかに低い。「環太平洋価値観調査」の「信仰あり」でも、日本は28％（2004）で、台湾65％（2006）や韓国81％（2006）よりもはるかに低かった。同じ「7カ国の国際比較調査」の「宗教に肯定的」では、日本は77％で、イタリア93％、アメリカ94％、イギリス76％、フランス76％の5カ国中、イギリスとフランスに近い。「環太平洋価値観調査」で台湾、韓国と比較すると、日本73％、台湾85％、韓国54％で、日本と両国の差が小さくなる。

林（同上論文、45頁）は言う。「信仰がなければ宗教的な心もないというのが西欧であって、東アジアでは宗教的な心があってこそ信仰がある、という特徴として捉えることができよう」

大多数の日本人の「宗教心」とは、「信仰は持っていないが、宗教心を持っている」ことだ。この大変特殊的な宗教心の淵源はどこにあるのだろうか。

以下は筆者の推測である。古代の日本人が仏教伝来以前から持っていた基層信仰（古神道）の文化DNAを、私たちは継承しているのではないか。「古代の日本人は、人間の霊魂は循環するという信仰を持っていた。つまり、霊魂は死後天に昇り、また次の世代に戻ってくると信じていた。祖先崇拝をし、その霊魂は子孫として再生すると信じていた」（第1章2「日本人の宗教心も神・仏・儒のメタ統合思想である」を参照）。日本人の「宗教心」はかくも特殊的だと言えるだろう。つまり日本人は、古代以来の「基層信仰」をベースにした「宗教心」という社会関係資本を共有しているようだ。必ずしも阿弥陀如来や大日如来への信仰心を意味しない。

以下の分析も「基層信仰」の共有を前提にすると腑に落ちる。

†「あの世」、「神や仏」を信じているかどうか

堀江（前掲論文、1頁）は、（日本人は）「宗教も死後生も信じない人と、宗教は信じないが死後生は信じるという人が、二大勢力を形成し、前者には男性と高齢者が多く（中略）、後者には女性と若者が多い」と述べている。

ＮＨＫ放送文化研究所（編）（前掲書、１３２〜９頁）によると、信仰の有無に関係なく、１９７３〜２０１３年の40年間、「仏を信じる」人の割合は40％前後、「神を信じる」人の割合は30％以上で推移している（図表6-1）。「仏か神かどちらかを信じる」人は50％前後である。高齢者ほど、そして、女性の方が、信じる割合が高い。ここでいう「仏」の意味は如来や菩薩など多種多様だろう。「神」はキリスト教などの一神教の神だろうか、それとも、日本人にとっての八百万の神々だろうか。多分後者だと考えるのが、日本人の精神史を考えると妥当ではないか。

日本人は、第1章で触れたように、古代以来「霊魂の不滅と再生」を信じており、浄土教が日本に入ってからは、「来世と六道輪廻」の思想を受け入れてきた。こういった生物学的な死の後の霊魂の世界に対する思想のＤＮＡを受け継いでいる。また、日本人の「神」はキリスト教やイスラム教の絶対的な一神教の神ではなく、「森羅万象の命を生む産霊《むすひ》」「人の及ばざるところに宿る魂《たま》」としての「神々」であり、やがて仏教の諸仏と習合して、神仏習合の思想を形成した。浄土教では「来世の極楽浄土」に招いてもらうために阿弥陀如来に「南無阿弥陀仏」を念じ、現世で善事を積む。戦国時代以降は「神仏は一体となって」人の及ばざる天上世界から現世の人たちを見守っている。

†「信仰の有無・宗教的な心」と生活・社会意識の関連

２００８年の調査から林（前掲論文）は、「信仰あり」（日本人全体の32％）、「信仰なし・宗教的な心大切」（同50％）、「信仰なし・宗教的な心大切でない」（同10％）、「信仰なし・その他」（同8％）の4類型の回答者と「各種の意識調査項目」との関連を数量化Ⅲ類で分析している。

「信仰なし」の人たちでも、「宗教的な心が大切か大切でないか」で、生活の意識の違いが大きいことが判明した。「日本においては、信仰のありなしよりも、宗教的な心を大切と思うか思わないかが、西欧における信仰のありなしと同じような働きをしていると言えそうである。（中略）。'宗教的な心'という考え方そのものが、日本の特徴としてあげられるのであるが、'信仰あり'だけでなく'宗教的な心大切'という宗教を否定はしない群は、一般生活社会における態度の面で、西欧のキリスト教信仰者とそうでない群の間の差異と似た傾向を示すことが示された」（同上論文、48〜55頁）。

①「信仰あり」の人たち（回答者の32％）。伝統的で社会に対してポジティブに考える。男65歳以上と女50〜64歳、男50〜64歳で、高卒が多い。「先祖を尊ぶ、あの世を信じる、公明党支持、（自分の子供がいない場合）他人の子供を養子につがせた方がよい、一番大切なものは家・先祖、人は信頼できると思う、社会のために全てを捧げてくらす、人間は自然に従え、幸福より

も世の中のために、金よりも人間どうしのつながり、就職の第一条件は仕事をやりとげたという感じ」などの意識を持っている。人間関係や社会に対して道徳的で、あの世に対しても肯定的な回答が多い。

②**「信仰なし・宗教的な心大切」の人たち**（回答者の50％）。近代的で社会に対してポジティブに考える。男女35〜49歳で大卒が多い。「支持政党なし、日本人は勤勉だ、人間は自然を利用する、恩人が危篤のとき（職場の大切な）会議に出る、親が危篤のとき（職場の大切な）会議に出る、日本人は西洋人よりも優れていると思う、人は信頼できると思う、一番大切なものは家族、子供に〝金は大切〟と教えるのは反対、他人の子供を養子につがせない」人たちである。中間的現状肯定的な意識の持ち主である。

③**「信仰なし・宗教的な心大切でない」人たち**（回答者の10％）。近代的で社会に対してネガティブに考える。学歴は中・高卒が多い。年齢・性別の特徴がない。「総選挙はあまり投票する気にならない、しきたりに従え、子供に〝金は大切〟と教えるのは賛成、一番大切なものは金・財産、先祖を尊ばない方、自分のことだけに気を配る、人に対しては用心する、あの世を信じない、人間は自然を征服する、人が生きていくうえで人よりも金の方が頼りになる、人間として生まれてきたからには自分がしあわせにくらすことが第一だ、科学上の発見・利用は生活に役立っていない、環境の保護はあまり重要でない、大切な道徳は権利&自由だ」と思う人

たちである。身近な家族を含む自己中心的な意識の持ち主である。

④「信仰なし・その他」の人たち（回答者の8％）。中間的で社会に対してネガティブに考える。男女20～34歳が多い。先祖は普通に尊ぶ。

†寺院・地蔵・神社の社会・経済的帰結

伊藤ら（2017、3頁）は、アンケート調査データの分析をもとにした論文の中で、次のように分析結果を要約している。

「小学生の頃に通学路または自宅の近隣に寺院・地蔵菩薩・神社があった場合には、個人にソーシャル・キャピタル（社会関係資本である一般的信頼、互恵性、利他性の意識・価値観――引用者）を高める可能性がある。神社は地縁というソーシャル・キャピタルを高め、寺院は血縁というソーシャル・キャピタルを高める可能性がある」

分析結果で明らかになったのは以下の3点である。第一に、「神社の存在は互恵性に有意にプラスの影響を与える一方、寺院・地蔵菩薩の存在は信頼、互恵性、利他性に有意にプラスの影響を与える」。それは、信仰を通じてではなく、それらが子供の頃に近隣にあると、「どんな悪事も、天には必ず知られている」「神様・仏様がいる」「死後の世界（来世）の存在を信じる」というスピリチュアルな世界観を持つ傾向が高まるからである。こうした世界観が、ソーシャル・キャピタルを高めている可能性がある。神社は、地縁を高め現世利益重視なので、直接的に互恵性を高める。

第二。神社・寺院・地蔵菩薩をソーシャル・キャピタルの操作変数として所得に与える影響を分析したところ、有意な相関はない。本研究では、地縁や血縁といったソーシャル・キャピタルの形成は、高所得を求めた地域間労働移動を抑制するという結果だった。

第三。神社・寺院・地蔵菩薩をソーシャル・キャピタルの操作変数として、幸福度および健康に与える影響度を分析した結果、両者には有意な正の相関があった。ソーシャル・キャピタルが高いと、人間関係を重視し、幸福度や健康水準が高まるが所得を犠牲にする。一方では、幸福度が高いか健康度が高いとソーシャル・キャピタルが低くなることも分かった。恵まれた状況にある人は、人との関係性を必要としないことを表している。

この論文は、故郷を離れ東京や大阪など大都市に移住して経済的豊かさを手に入れた戦後の日本人が宗教から遠ざかり、地縁や血縁から離れ、人間関係も疎遠になっている現状を浮き彫りにしてくれる。

3　基本的な価値観の推移

「自分個人の価値観・道徳観」「家庭、仕事や職場、社会への満足度」「勤務先への意識・態度」「自然と人間の関係」の項目について分析する。

†自分個人の価値観・道徳観

かつては、**「自分が正しいと思えば、世のしきたりに反しても、それを押し通せ」**の価値観は、最も日本人らしい価値観の一つとされた。しかし、それに賛同する日本人は、過去60年間で少数になり、**「世のしきたりに従え」**への賛同者が多数になった（図表6-2）。「押し通せ」の回答者は、1953年から68年の高度経済成長期には、40％超で推移し多数だった。しかし、78年には30％へ、さらに2013年には20％まで減少した。「従え」は1978年には42％で、「押し通せ」を逆転して多数になった。2013年は37％である。「場合による」の回答者は、60年間着実に増加し、53年から13年で、19％から37％に倍増した。「従え」と「場合による」と回答した人、つまり世のしきたりとのコンフリクトをできるだけ避けて身の保全を図る日本人の割合は、2013年、77％のマジョリティを占めた。

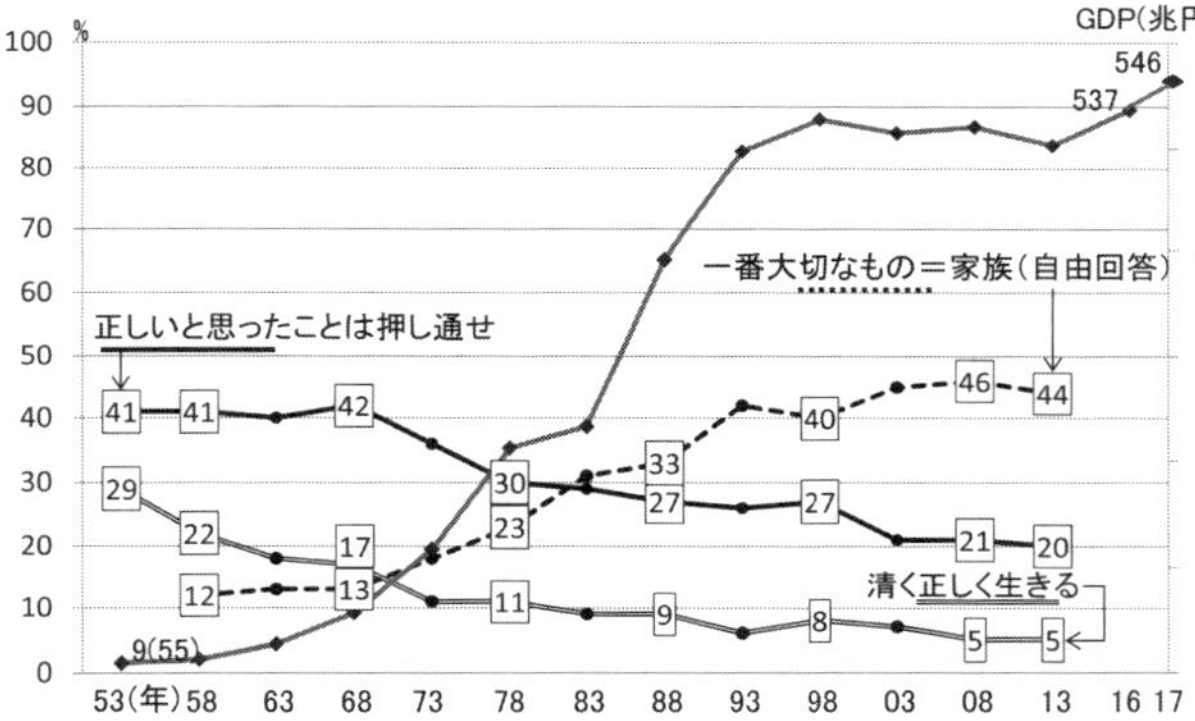

図表6-2　価値観①　正しい生き方
出典：以下のデータを基に作成。中村隆・土屋隆裕・前田忠彦（2015）「国民性の研究　第13次全国調査――2013年全国調査」統計数理研究所　調査研究リポート No.116。　内閣府（2018）「国民経済計算（GDP統計）」。

「筋を通すか、まるく収めるか」の質問は1978年から測定している。「筋を通す」は、「モノ造り世界一期」の45％前後からバブル経済が崩壊した93年には38％まで落ち込んだ。その後回復し42〜43％で推移している。「まるく収める」は50〜56％の幅で安定し、「筋を通す」よりも10％ポイント前後高い。筋は通しても、コンフリクトしないで、まるく収める知恵を日本人は身につけたようだ。

「世のしきたりに従え」も**「まるく収める」**も「構造的慣性・マンネリズム」の別表現ではないだろうか。自らを変革して「適者生存」能力を身につける、そのために「信念を貫く」「筋を通す」気概を日本人はどこかに置き忘れたのだろう。

その間、「暮らし方」として大切な「徳」の一つだった**「清く正しい暮らし方」**を支持する回答者は、1953年の29％から2013年には極マイノリティ（5％）になった。「清く正しく」とほぼ折半していた「趣味にあった暮らし方」の支持者は1973年には、39％に上昇した。その後2013年まで38〜39％で安定している。その他では、「のんきにくよくよしないで」は、過去60年間、緩やかに上昇して11％から26％になった。日本人は「趣味にあった」「のんきにくよくよしない」暮らしを好む（65％）。一方15〜18％の日本人は「金持ちになる」を望んでいる。

日本人にとって、**「親孝行」**と**「恩返し」**が一番目と二番目に大切な道徳である。63〜13年の50年間の支持者の割合は多少変動したが、順位は変わらない。「親孝行」は60％から75％に増加した。20〜50歳台では年齢が高くなるほど高い。「恩返し」の割合は、50年間に、増加↓減少↓再増加した。1963年から83年では43％から50％に上昇し、93〜98年には反転して43％に戻った。その後再び上昇して2013年には過去最高の58％になった。日本経済の成長、停滞、再成長の動きに連動して、自信は高揚し、減退し、再上昇を示すが、「親孝行」や「恩返し」への大切度も経済や自信の変動に合わせるように変わるようである。

「権利尊重」と**「自由尊重」**も大切な道徳である。経済成長が続くと「自己主張が穏やかになり」、停滞ないし減退すると「自己主張が強くなる」のだろうか。「大切な道徳である」の回答率は、1963年の「権利」49％と「自由」40％から、20年後の83年には「権利」36％と

「自由」37％まで下がった。平成不況期の1998年には反転して「権利」40％と「自由」43％に高まり、63年とほぼ同水準に戻った。2013年、再び下がって、両者は33％の同率になった。

「公共の利益優先」は減少しつつなお、過半数の53〜55％の回答率で高く、**「個人の利益優先」**は増加しつつ38％前後でなお低い。調査データは、73〜78年と03〜13年の4回分しかないが、「公共の利益優先」がマジョリティを占めている。実際には両方とも大切で、あれかこれかの選択の問題ではないだろう。「私と公」は、「自由と責任」「個人と全体」と同様に、単にバランスを取るのではなく、時代の変化に沿って統合されねばならないだろう。「私の中に公があり、公の中に私がある」のが民主社会の根幹であり、前者に大きく比重がかかれば、「たが」が緩んで社会が不安定になり、後者に大きく比重がかかれば強権的で暗い社会になる。

†家族、仕事や職場、生活、社会への態度

図表6-2で示したように、2013年、日本人の44％が一番大切しているもの（自由回答）は**「家族」**である。家族以外では、「生命・健康・自分」（18％）と「愛情・精神」（17％）が一番大切だとしている。1970年代までは、「家族」よりも「生命・健康・自分」と「愛情・精神」が一段と大切だった。後者の2つがあってこその「家族」だとの考えだろう。83年に逆

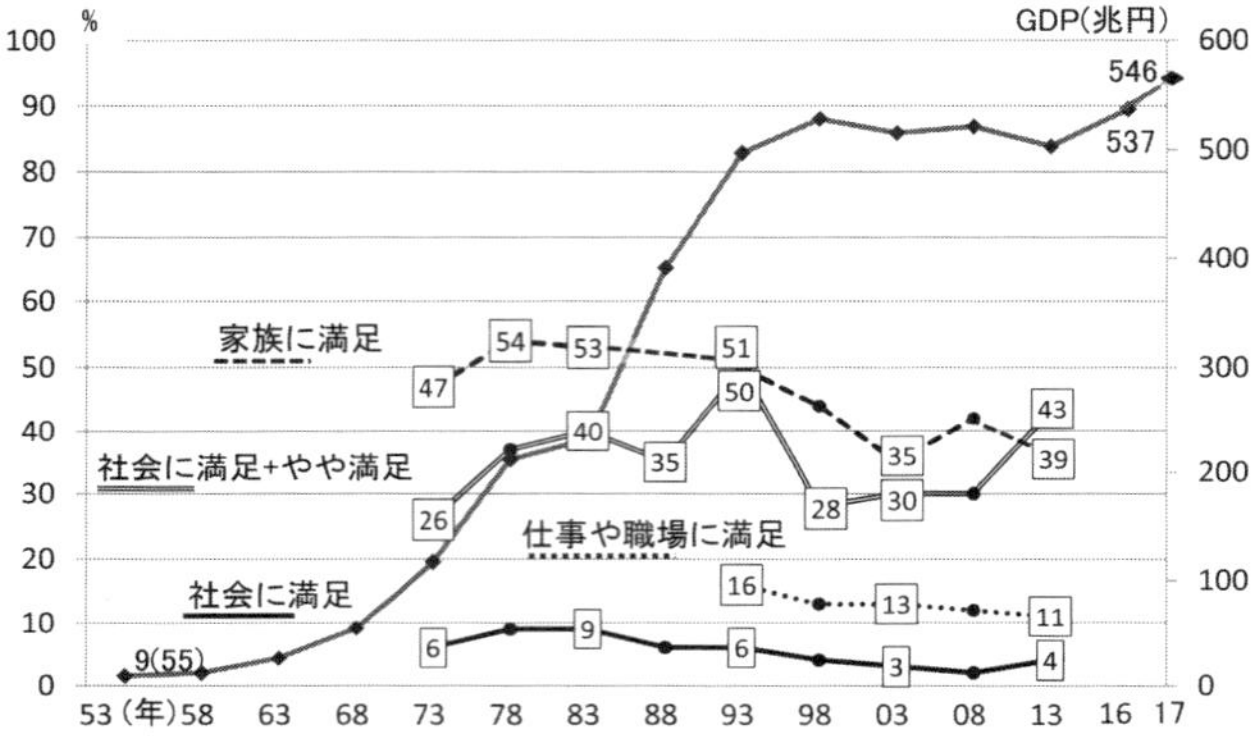

図表6-3　価値観②　家族・職場・社会の満足感
出典：以下のデータを基に作成。中村隆・土屋隆裕・前田忠彦（2015）「国民性の研究　第13次全国調査――2013年全国調査」統計数理研究所　調査研究リポートNo.116。内閣府（2018）「国民経済計算（GDP統計）」。

転し、「家族」が一位になって2013年まで続いている。先ずは家族大切の意識である。

「家族」「仕事や職場」「社会」については、図表6-3で「満足している」回答者を集計している。「家庭と社会」では73〜13年までの40年間、「暮らし向き」は88年から25年間、「生活全体と仕事や職場」は93年から20年間の推移を解釈する。

結論から言うと、「社会」や「仕事や職場」といった自分もその一員である家庭外の環境に対しての「満足」は下がる一方だが、自分の「家族」や「生活全体」という家庭内の環境への「満足」は徐々に上昇している。「ミーイズム」と言われる身内中心主義がますます強くなっていると言えるのではないか。2013年、「自分は幸せだと思う」と答えた日本人はマジョリティの70％である。幸せの源泉は家庭やそこでの生活全般にある。「ふつう」が25％、「不幸だと思う」が6％である。

「家族に満足」の「満足している」の回答者は、「モノ造り世界一期」に向かう経済成長の1970年代に上昇した（47％から54％へ）。その後は50％前後で推移したが、「自信喪失期」の10年間（1993〜2003年）で51％から35％へ急落した。「自信回復期」に反転してやや上昇し、13年は39％である。全体のトレンドは、70年代から徐々に下がっている。ただし、「満足している＋やや満足している」の回答者は、73年以来80〜90％の幅で推移している。「満足」が減り、「やや満足」の回答者が増えている結果である。

「仕事や職場への満足」は、バブル経済崩壊後の失われた20年間（93〜13年）、16％から11％まで減少した。もともと低かった「満足」が一段と低くなった。「満足＋やや満足」を合わせたスコアは、58％（93年）→49％（03年）→53％（13年）と推移している。「不満」とは言わないまでも、「満足度」の中身は薄くなっている。

「社会への満足」。「満足」している人は常に少数で、最大で9％（83年）である。とくに、93〜13年の20年間は6〜4％で一段と少数になった。「社会に満足＋やや満足」では、73年から93年までの「モノ造り世界一期」と「バブル景気期」に26％から50％へ倍増した。日本人の半数は、バブル経済に「やや」酔っていたのだろう。98年から2008年の自信喪失期は30％

台に下がった。13年には43％と、83年並みに回復した。つまるところ、「やや満足」がもたらす「満足指標」である。

「暮らし向きの満足」はここ25年間わずかに上昇した。88年から13年で、「満足」は29％から32％に、「満足＋やや満足」は74％から82％に、それぞれ緩やかに上昇した。

「生活全体の満足」は93年の23％から13年の19％まで下降した。「満足＋やや満足」では、93年の81％から98年の76％まで下がり、２０１３年には78％まで微増した。「社会」や「仕事や職場」への「満足」は下がりっぱなしだが、「暮らし向き」や「生活全体」の満足は徐々に上昇している。そして、「家庭」の「満足」も下がり気味だ。

「人々の生活は、豊かになるか、貧しくなるか」。73年と78年、98年と13年の4年分のデータである。日本人の生活は「貧しくなる」と思う人が増えている。同期間、「豊かになる」と思う回答者が半減し（38〜44％から15〜23％へ）、「貧しくなる」と思う回答者が約倍増して多数派になった（21〜30％から40〜57％へ）。将来への悲観論者が多くなった。

「生活水準は、この10年間でどう変わったか」。２０１３年、「変わらない」（現状維持）が53％で多数意見になった。83〜13年の30年間、「良くなった」は17％から4％まで急落した。「良くなった＋やや良くなった」を合わせても49％から20％に激減した。とくにバブル経済崩壊後の減少が急である。「悪くなった＋やや悪くなった」人は、同期間、83〜93年の13％前後から、

98年から08年までの15年間に29％から35％へ増加した。「変わらない」と答えた人は35％から53％へ大きく増加した。「生活水準」の評価は、後述する「日本の評価」の中の「経済力評価」に連動している。

「社会は公平か」。バブル経済崩壊後の日本は不公平社会のイメージが色濃く、日本人の4分の3は、「社会は公平でない＋あまり公平でない」と思い続けている。93〜13年までの20年間、意見は固定している。「あまり公平でない」が46〜50％で多数意見である。「公平でない」は20％である。「公平である」の回答者はわずか1〜3％、「だいたい公平」が25％前後でマイノリティである。

†勤務先への意識・態度

1970年代初頭までの勤務先での上司や同僚との「濃い人間関係」は、73〜78年を境目に敬遠され始めた。バブル経済の崩壊後はさらに一段と「疎遠な関係」が求められるようになった。「疎遠な関係」は03年に底を打ち、その後13年まで「濃い人間関係」が緩やかに回復しつつある。もちろん70年代レベルの濃さは望むべくもない（図表6-4）。

調査年に欠落があるため、過去60年間連続した時系列データがある項目は「望ましい課長像」一つしかない。他の項目は73年または78年から測定されている。

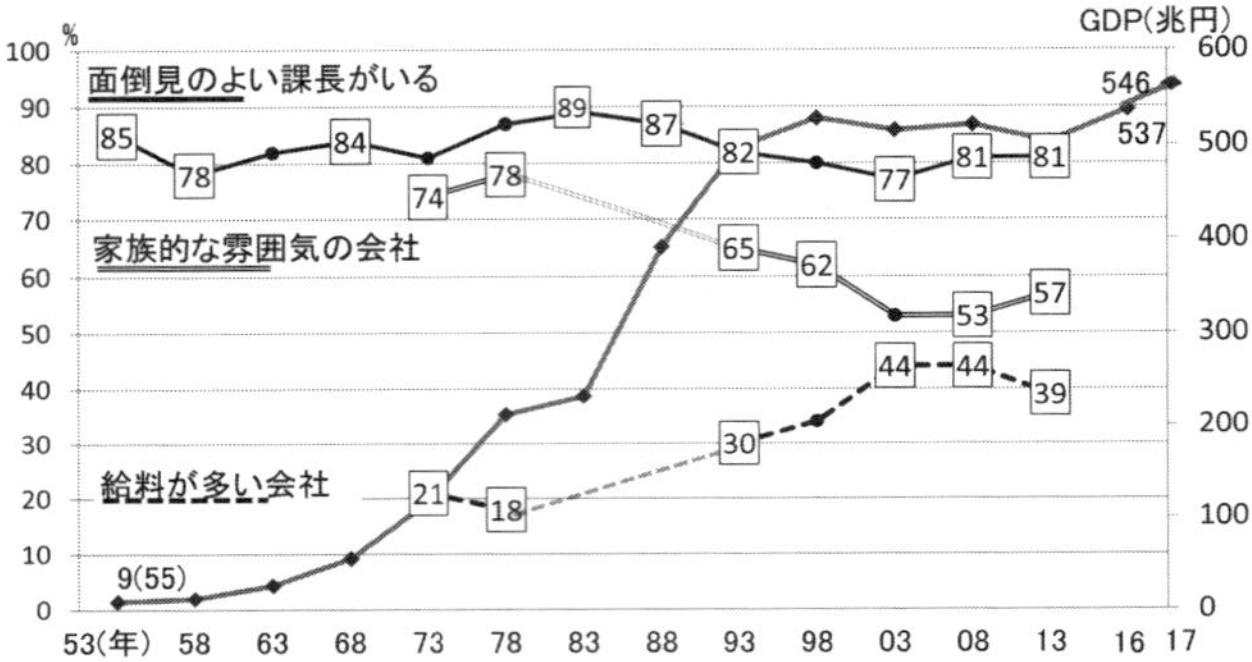

図表 6-4　勤めたい会社
出典：以下のデータを基に作成。中村隆・土屋隆裕・前田忠彦（2015）「国民性の研究　第 13 次全国調査 ── 2013 年全国調査」統計数理研究所　調査研究リポート No.116。内閣府（2018）「国民経済計算（GDP 統計）」。

「望ましい課長像」から始める。「時には規則をまげて、無理な仕事をさせることもあるが、仕事のこと以外でも人の面倒をよくみる課長」に使われたい日本人の割合は、過去60年間ほとんど80％を超えている。１９６８年から88年までの、つまり「モノ造り世界一、日本製品が世界の隅々まで席捲、一人当たりのＧＤＰでアメリカを超える」までの、日本が繁栄のピークに達する途上の20年間は、84〜87％の高率で推移した。しかしバブル経済が崩壊したあとの「自信喪失期」の10年間（93〜03年）は、82％から77％まで下落した。その後13年には81％まで回復した。

「勤めたいのは家族的な雰囲気の会社」のポジティブ回答者も、「モノ造り世界一」に向かう73年から78年の5年間で74％から78％へ上昇した。しかし「自信喪失期」（93〜03年）には65％から53％

に下落した。職場での人間関係が敬遠されたと解釈する。13年には57%まで少し回復した。70年代には、「面倒見のよい課長」がいて、かつ、「家族的な雰囲気の会社」に勤めたいとの回答率は連動して共に高かった。90年代以降になると、「面倒見のよい課長」は依然望ましいが「家族的な雰囲気の会社」への要求は急速に下がった。

職場での**「人間として望ましい像」**は78〜13年の35年間、72%〜79%の支持率で「他人と仲良く、頼りになる、しかし、仕事はパッとしない」人が望ましいとされていた。現実にそんな望ましい人が職場で生き残れるのだろうか。「仕事はよくできるが、他人の事情や心配事には無関心な人」への賛同者は11%〜13%のレンジで推移している。

「上役との付き合い、あった方がよい」の回答者は、73年は72%の高率だった。その後調査されず、質問を再開したのは98年で、55%に下がっていた。その後13年まで上昇して65%になった。「上役との付き合い」も、「面倒見の良い課長」への意識と連動して、バブル経済の崩壊後はかなり敬遠され、03年に底を打っている。

「勤めたいのは給料が多い会社」の賛同者は、職場の人間関係が疎遠になるのと反比例して増え続けた。「モノ造り世界一」途上の73年〜78年では21%から18%に少し減少した。調査を再開した93年から08年までの「自信喪失期」には、「勤めたいのは給料が多い会社」の賛同者は30%から44%に増加した。13年現在では、「濃い人間関係」を求める回答者が6割で、「給料が多い」を求める回答者が4割である。

「会社の給料や賃金は、現在の能力を重視して決めるべきか、これまでの会社に対する功労を重視すべきか」の選択では、93〜13年の20年間、能力重視派が59%から57%へ微減したが依然として多数派である。功労派は30%から32%へ微増した。「今より条件の良い会社があれば、会社を変わった方がよい」と考える人は、同期間、41%から45%に増える一方で、「それでも一つの勤務先に長く務める方がよい」と答えた人は52%から50%に微減した。

日本人の意識は現在、転職問題で割れている。20歳台と30歳台の男性が「変わった方がよい」に一段と積極的である。

†組織（企業）へのエンゲージメント

ギャロップ社（2013）「The State of the Global Workplace」調査によると、世界132カ国中、日本人の「組織に強い愛着を持ち、仕事に対して熱意を持っている状態（エンゲージメント）」は大変低く下から10位以内だった。

「熱意溢れる社員」の割合は世界平均13%に対し、日本は7%とG7国中最下位である。高い順にアメリカ30%、イギリス17%、ドイツ15%、イタリア14%、フランス9%だった。日本の周辺国では、韓国11%、中国6%などで、欧米諸国に比べて日本を含むアジア諸国のエンゲージメントが低い。

反面、「不満をまき散らす社員」の割合は、日本は24％で世界平均である。G7国では、最大フランス26％、最少アメリカ18％のレンジである。

「やる気のない社員」の割合では、日本がG7中最も高く69％である。日本は怠け者大国になっていると映る。世界平均は63％。

組織の生産性は従業員のエンゲージメント（やる気）に大きく左右される。従業員のエンゲージメントを高めるには、会社が社員を大切にすることがとても必要だ。つまり、やりがいが持てる仕事、高い給与、短い拘束時間の3点セットが「社員を大切に」の具体的な処遇であろう。

筆者は、「働き方改革」「会社の従業員に対する処遇の仕方」などの制度的な改革が大切であると賛成する一方で、何でも「会社が悪い」式の他律的な決めつけでよいのか疑問を持っている。「やる気」の大きな部分は従業員の自律性・積極性に関わっている。従業員には、内なる自分と対話を続ける省察的実践を通して、会社の目標・目的と自分の実りある職業人生を自律的に同期する当事者意識・自発性が不可欠ではないか。会社側ですべきは、従業員の当事者意識をさらに促すように会社の制度改革をどんどんと前倒し、従業員が自発的に生産性を高めるのを支援することである。

93年以降13年まで、人間は「自然に従え」に賛同する日本人が50％近い多数を占め、「自然を利用する」意見の持ち主が40％前後で続いている。自然環境に手を加えないで「自然に従え」派が、自然環境を保護しつつ「自然を利用する」人たちよりも多いと解釈する。日本も例外ではなく、「自然を利用し」て経済的に豊かになった。CO_2排出などに代表される自然環境破壊は現在も世界中で進行しており、とくに二大経済大国であるアメリカと中国によるCO_2排出量が多い。

1950〜70年代は、「自然を利用する」が40％プラスの多数意見だった。80年代には「自然を利用する」と「自然に従え」の両者がそれぞれ40％前後で拮抗した。一方60年代には、「自然を征服する」の賛同者が23％から34％まで増加し「自然に従え」派を超えていたが、70年代以降は「自然を征服する」派は急速に少数になった。

4　人間関係・生活の価値観

NHK調査の集計表に沿って分析する。ISM調査と重なる部分があるが、①日本人の人間関係は、「隣近所」「職場」「親戚」すべての場で、40年間ますます疎遠になっていて、かつ人とのコンフリクトのリスクを避ける、②生活目標では「身近な人たちと、なごやかな毎日を送る」人が増えている。この二つのトレンドが確認できる。人間関係を疎遠にして「自分と家族」だけの世界で、孤立しながら、それでいて満足している。血縁・地域・職場といった共同体がもたらす社会関係資本が希薄になった今日、助け合い・いたわり合い・一体感などの濃い人間関係は死語になりつつあるようである。日本人は、「家族」以外の、「時間・空間・人間関係」の場を失う危機に気付いていないのだろうか？

†隣近所・職場・親戚との人間関係の持ち方

「形式的つきあい」「部分的つきあい」「全面的つきあい（何かにつけ相談するとか、助け合えるようなつきあい）」の3種類の回答で変化をみる。図表6-5には、「全面的つきあい」の回答率を示した。

1973〜2013年の40年間で、「隣近所」とは、「形式的つきあい（あいさつ程度）」「部分的つきあい（あまり堅苦しくなく話し合える）」を合わせ、「疎遠なつきあい」（100%から全面的つきあいの回答者%をマイナスする）を望む日本人の割合は65%から82%まで大きく上昇した。その間一度も下がっていない。「全面的つきあい」の割合は35%から18%まで半減した。

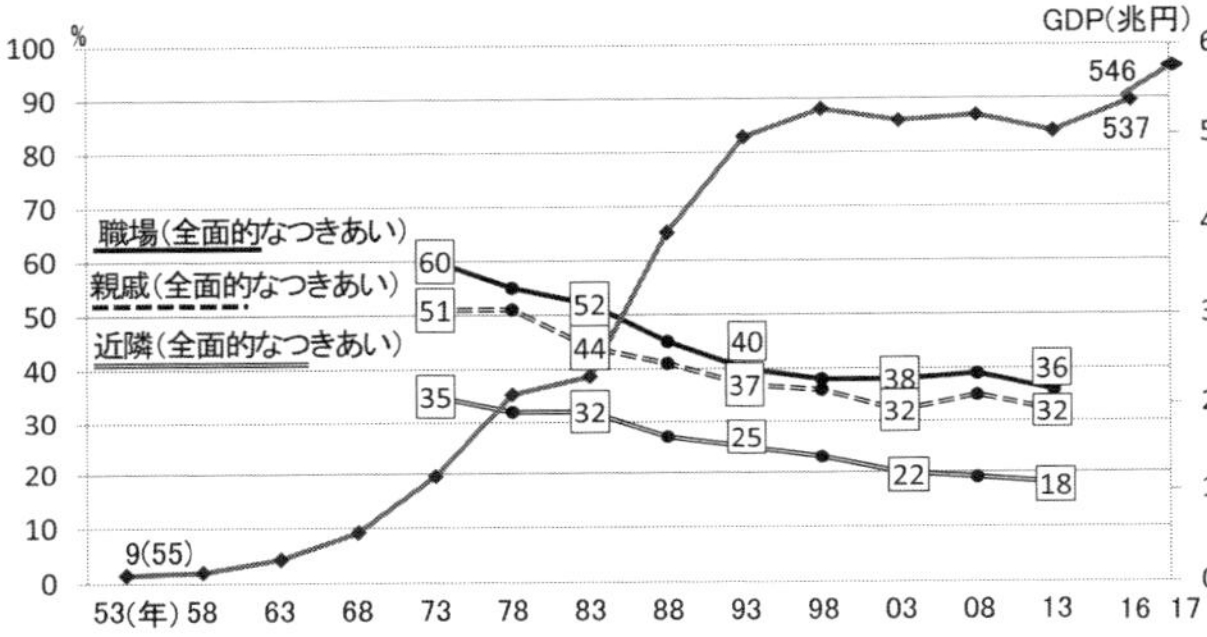

図表 6-5　人間関係（親戚・近隣・職場）
出典：以下のデータを基に作成。NHK 放送文化研究所編（2015）『現代日本人の意識構造（第 8 版）』。内閣府（2018）『経済財政白書（GDP 統計）』。

「職場」も、「親戚」も全く同じトレンドで、「全面的つきあい」は、それぞれ60％から36％へ、51％から32％まで大きく下がった。

「全面的つきあい」の望ましさは、相対的に「職場」で最も多く、「親戚」が続くが、年代別に明治・大正・昭和の生まれの順に確実に減少している。戦後生まれの世代は時代効果（社会状況の変化）でも、「全面的つきあい」を望む人がますます少なくなっている。

既述したように、経済成長・所得成長は日本人を豊かにし、日本人の自信を高めたが、一方では故郷を離れ、親兄弟と別々の世帯を持っているために、地縁・血縁の繋がり・共同体が消失・弱体化し、社会関係資本が希薄になった。人間関係の疎遠さはその結果であろう。また、日本人の宗教心が弱まっている事実も、人間関係の疎遠化と関係があるだろう。

†能率・情緒

「隣近所」との「会合の進め方」、「職場」での「仕事の相手」について、「能率」「情緒」のどちらを優先するかの分析である。「会合の進め方」では、「世間話をまじえながら、時間がかかってもなごやかに話をすすめる（情緒）」と「むだな話を抜きにして、てきぱきと手ぎわよくみんなの意見をまとめる（能率）」の違い。「仕事の相手」は、「多少能力は劣るが、人柄のよい人（情緒）」と「多少つきあいにくいが、能力のすぐれた人（能率）」の違い。

「隣近所」の「会合の進め方」は73年、「能率52％」対「情緒45％」だった。当時のあくせくと多忙だった日本人の、さっさと用事を済ませたい気持ちが現れているようだ。13年には43％対55％で、情緒が逆転して多数意見になった。あまり事務的にならずコンフリクトをできるだけ避けて会合を進めたい気持ちが現れている。

「職場」での「仕事の相手」は73年、「能率志向の人27％」対「情緒志向の人68％」だった。その後も「情緒」の割合が高く、13年で「能率27％」「情緒70％」である。「最も効率性・合理性が求められるはずの仕事の場で情緒志向の人を相手にするとの回答が多い」（高橋・荒牧、前掲論文、18頁）のはどうしたことだろう。前節のＩＳＭ調査の、職場での「人間として望ましい像」と同様である。現実の職場には、能率志向の人が多いのではないか。だから、希望的に

「情緒志向の人を仕事の相手に」と回答しているのではないだろうか。

†生活目標の価値観

高橋・荒牧（前掲論文）の分析に沿って記述する。

NHK調査では、人々の生活目標を把握するために、**「現在志向」**（現在の生活に焦点を当てている）と**「未来志向」**（未来の生活に焦点を当てている）の第1軸、**「自己本位」**（自己の生活に力点を置いている）と**「社会本位」**（他者ないし社会との関連に力点を置いている）の第2軸を設定した。2つの軸の組み合わせで4種類の回答を求めている。

73〜13年の40年間の推移でみる。**「愛志向」**（身近な人たちと、なごやかな毎日を送る）の人たちが31%から45%に増え、最も多い。現在中心で社会本位の人たちである。

最も少数派は、**「正志向」**（みんなと力を合わせて、世の中をよくする）の人たちである。73年も少数派で14%だったが、13年には5%と極めてマイノリティになっている。未来中心で社会本位の人たちである。

「利志向」（しっかりと計画をたてて、豊かな生活を築く）は、73年には「愛志向」よりもやや高く33%だった。40年後には10%ポイント減少して23%の人たちの生活目標になった。未来志向で自己本位の人たちである。

「快志向」（その日その日を、自由に楽しく過ごす）の人たちは、マジョリティではないが増加している。73年から13年で、21％から26％への増加である。現在志向で自己本位の人たちである。

マジョリティの日本人は40年間で「現在中心志向」に大きくシフトし、全体の53％から71％に増加した。反面「未来中心志向」は、52％から28％に減少した。73年時点では両者は半々だった。13年の「現在志向」対「未来志向」は、71％対28％で、日本人の生活目標が現在志向に大きく転換した。現在志向の「愛」と「快」が生活目標である。

正（社会本位）と利（自己本位）を統合した「未来志向」が強い動機になって、そのために「現在の苦労に耐えて努力を続ける」という勉学や勤労の価値観をもつ日本人はマイノリティになっているようだ。

5　政治意識・国と個人の関係・ナショナリズム

†総選挙の投票

「衆議院の総選挙にはなにをおいても投票する・なるべく投票するようにする」は、1958〜73年の経済成長期、日本人の所得がどんどん増え、岩戸景気やいざなぎ景気の消費が拡大した時期に、大きく変化した。「なにをおいても投票する」が62％から41％に減り、「なるべく」は32％から50％に上昇した。政治参加へのポジティブ（「なにをおいても」＋「なるべく」）は94％から91％へとほとんど変わらないが、「なにをおいても」の熱意が下がったと言える。その後2013年までに、「なにをおいても」が37％まで下がり、「なるべく」は50％で変わらない。「なにをおいても」という政治参加の熱意はずっと冷めっぱなしである。

「選挙で投票する」「デモや陳情をする」「国民の意見や希望（世論）」の3項目が政治に影響を及ぼしているという意識（非常に＋かなり）、つまり、**「政治に対する有効性感覚」**をNHK世論調査でみる（73〜13年）。先ず、世代が新しくなるほど政治への参加意識が弱くなっている。また「非常に＋かなり」を合わせたポジティブな「有効性感覚」は、73年から98年まで下降を続けて底を打ち、08年以降はやや上向いている。73年の上記3項目のポジティブな有効性感覚はそれぞれ、66％、47％、22％で、「選挙で投票する」66％の有効性が一番高く、「世論の有効性」22％が一番低かった（ただし73年以前の有効性は不明である）。底を打った98年から13年まで、各項目の有効性感覚は、40％から49％、22％から23％、11％から13％へそれぞれ上昇している。

†国と個人の関係・国の評価

日本に対する意識変化を「国と個人の幸福」「国の繁栄と国民の生活」「日本の評価」の3つ

の角度でみる。

①**「日本がよくなって、はじめて個人が幸福になると思うか」**。1953年の回答は、「個人が幸福になって、はじめて日本全体がよくなる（個人が先）」（27％）、「日本がよくなって、はじめて個人が幸福になる（国が先）」（31％）、「日本がよくなることも、個人が幸福になることも同じである（国＝個人）」（31％）の3通りで、日本人の意識は3つに割れていた。

53年から73年までの20年間は、「国＝個人」を最も優先するようになり（37％）、その後の78年から13年までの35年間では、「国＝個人」が40〜42％で安定して多数意見である。それでも、「国が先」で25％、「個人が先」で30％の回答者がいる。全体として、「個人が良くなる」が圧倒的に優先する。ついでに「国も良くなる」という意識である。「国家あっての国民」「日本国があっての日本人」という世界の常識とかけ離れているのではないか。

②**「国が繁栄すれば国民の生活が良くなる」**と回答した人の割合は1978年では57％だった。83年の63％がピークで88年には48％まで落ち込んだ。その後上昇に転じ13年には67％で大多数の意見になった。

13年の、上記①での「日本がよくなることも、個人が幸福になることも同じである」（42％）と、ここで取りあげている「国が繁栄すれば、国民一人ひとりの生活もよくなる」（67％）の違いはなにか。前者は「日本の文明システム（政治・経済・社会文化・技術）などの進化や発展と個人の幸福度との関係」を含んだ幅広い回答で、後者は「国の経済の繁栄と個人の生活の向上との関係」の現世利益についての回答だと推察する。

③「**日本の評価**」（図表6-6「日本の評価」）。「科学技術の水準」「経済力」「心の豊かさ」についてみる。二度にわたる石油危機を乗り越えてモノ造り世界一を達成し、一人当たりGDPでアメリカを抜いた80年代に、日本人は大いに自信を持った。バブル経済が崩壊した後に日本人の自信が大きく落ち込んだが、近年は自信を徐々に取り戻している。

「**技術水準**」は最も評価が高い。73年の「非常に良い＋やや良い」の回答82％が93年には89％まで高まった。それがピークで、停滞経済のさ中の98年には81％まで落ち込み、その後上昇を始め、13年には87％まで回復した。「非常に良い」だけの回答では、93年から98年で、46％から24％まで22％ポイント急落し、03年からは上昇中である。

「**経済力**」（非常に良い＋やや良い）評価が93年以降、「技術力評価」と乖離して大きく落ち込んだ。88年がピークで82％だったが、93年から98年までの5年間で79％から32％へ激減した。47％ポイントの記録的減少である。08年から回復し始めて、13年には49％まで上昇したが、評価に力強さは感じられていない。「生活水準」の評価（本章3「家族、仕事や職場、生活、社会への態度」）は「経済力」評価と連動している。

「**心の豊かさ**」は、ピークだった78年の45％から03年には25％まで落ち込み、それ以降やや回

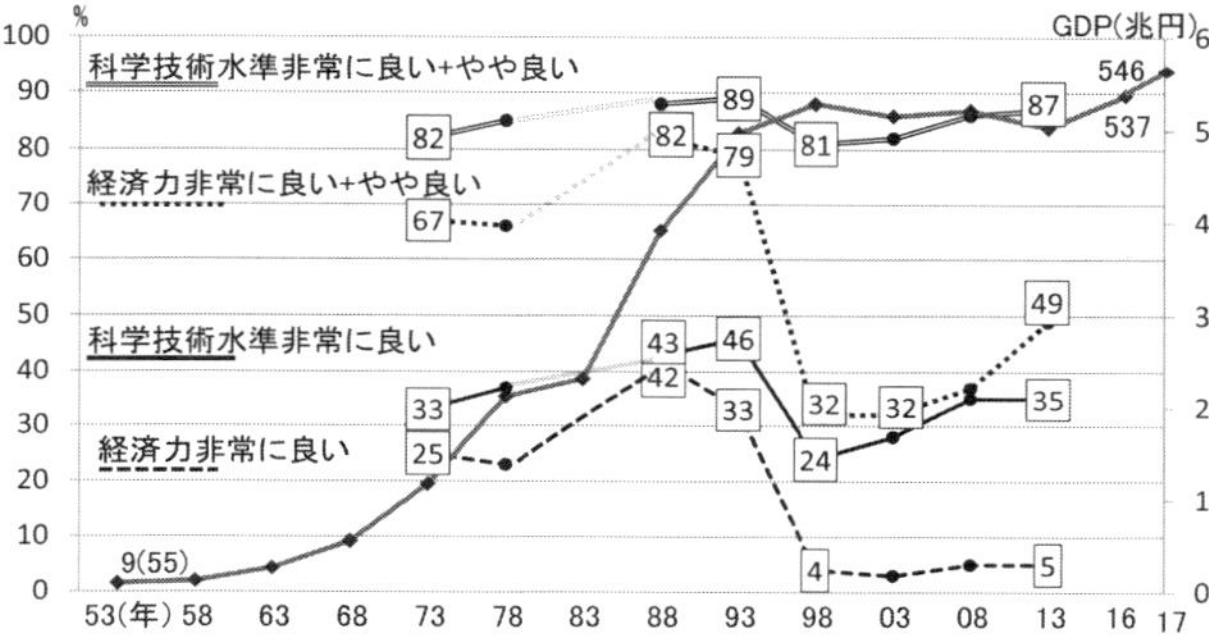

図表6-6　日本の評価
出典：以下のデータを基に作成。中村隆・土屋隆裕・前田忠彦（2015）「国民性の研究 第13次全国調査――2013年全国調査」統計数理研究所 調査研究リポート No.116。内閣府（2018）「国民経済計算（GDP統計）」。

復して13年には48％になった。

④自分と国家との関係を考えたことがあるか。93年だけのデータがある。時系列データがないので推移は分からない。この時点で、「自分と国家の関係」「自分と国際社会の関係」を「考えたこともない」日本人がそれぞれ60％と66％を占めた。「考えたことがある」日本人はそれぞれ37％と31％だった。

1993年、日本ではバブル経済が崩壊して大不況に見舞われ、企業のリストラが吹き荒れていた。バブル経済のさ中の89〜91年、世界は大転換中だった。中でも90年の湾岸戦争で日本は、国内の湾岸戦争反対の声を抑え込んで、アメリカ中心の国連軍に110億ドルの資金援助と周辺国への経済援助20億ドルを支出した。合計1兆5600億円（$＝￥120）の巨額だった。しかし、金を出しただけで人的貢献（自衛隊の派遣など）をしなかったために、国連軍への参戦諸国から非難され孤立した。国連軍が守ったクウェートからは日本へは感謝の一言もなかった。私にとっては、「自分と国家の関係」「自分と国際社会との関係」を否が応でも考えさせられた時期だったと記憶する。

「国家との関係を考えたこともない」人が6割もいる日本は、諸外国に比して突出して特徴的であると、坂元慶行（2005）は言う。79年の「13カ国価値観調査」でも、日本人の62％は「国家との関係を考えたことがない」と答えていた。イタリア（約43％）、西ドイツ（約46％）、イギリス（約43％）、韓国（約27％）、フランス（約25％）、アメリカ（約10％）に比べて、「考えたことがない」日本人の多さが突出している。

その理由を私は仮説として次のように考えている。有史以来外敵に征服されたことのない日本列島に、日本人は国家の成立以前から今日まで、ずっと住み続けている。日本列島＝日本国は、当たり前として空気と同じくここにあり、あることさえ意識していない。国境はせいぜい県境くらいの認識だろう。国家の消滅・再建を繰り返し、国境線の変更は日常茶飯事だった陸続きの国の人たちとの違いであろう。

†日本に対する愛着と自信

以下はＮＨＫ調査データ（図表6-7）の分析を基にしている。上述した「自分と国家の関係」

を考えたこともないと答えた（62％）同じ日本人が、**「日本に生まれてよかった」「日本の古い寺や民家をみると、非常に親しみを感じる」「自分なりに日本の役に立ちたい」**という項目へは高いポジティブ回答率を示し、日本への強い愛着心を持っていることが分かる。73〜13年を通じて、「日本に生まれてよかった」は90％以上、「日本の古い寺や民家をみると、非常に親しみを感じる」は80％以上、「自分なりに日本の役に立ちたい」では70％前後の支持率である。

日本・日本人に対する自信の2項目、**「日本人は、他の国民に較べて、極めてすぐれた素質をもっている」「日本は一流国だ」**の意識は、過去40年間、上昇→下落→再上昇を示している。「日本人はすぐれた素質をもっている」でみると、2度の石油危機を乗り越え「モノ造り世界一への上昇期」だった73年から83年の10年間に、60％から71％まで支持率が上昇した。バブル経済の崩壊を挟んで98年には51％まで下降した。その後自信を取り戻すように03年から13年で68％まで再上昇した。しかし、その間の経済成長はほとんどない。

「日本は一流国だ」も同じトレンドだが、「すぐれた素質」評価より15〜20％くらい賛成する割合が低い。**「今でも日本は、外国に学ぶべきことが多い」**の賛同者は40年間、70〜80％の高率を保っている。日本人は日本よりまだまだ上位の国があると思っている。

村田ひろ子（2017）によると、13年の世界31カ国比較で日本人の自国への愛着心は、**「他のどんな国の国民であるより、この国の国民でいたい」**で3位（88％のポジティブ回答率）、**「一般**

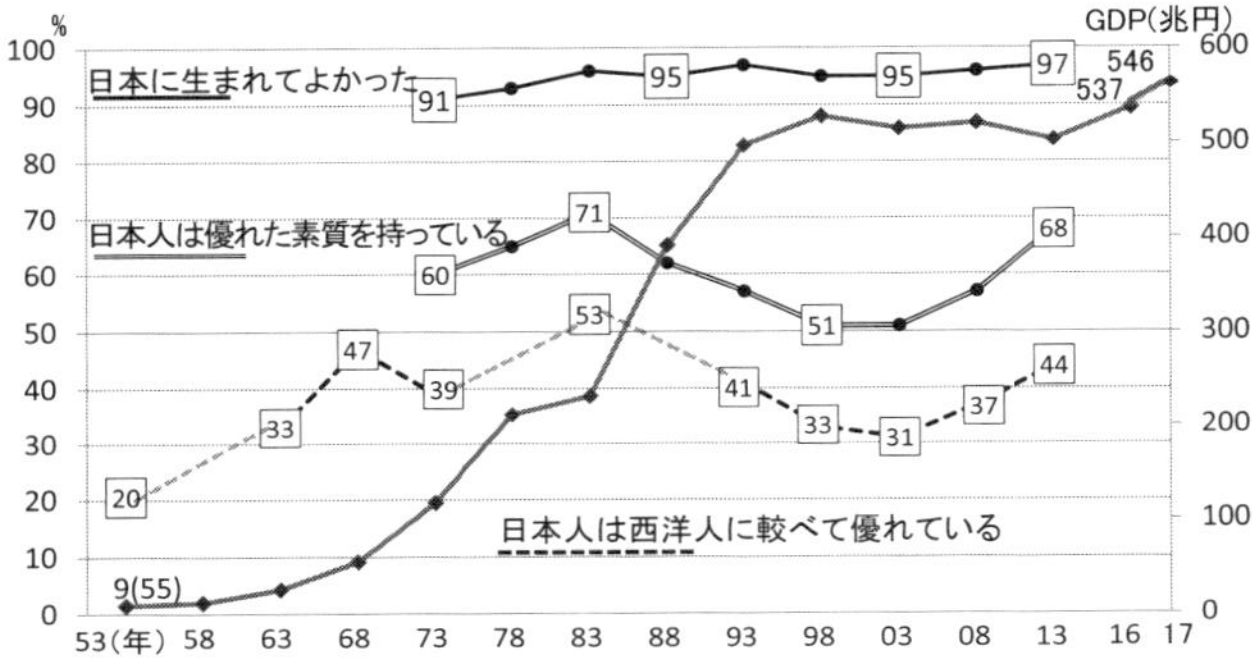

図表6-7　日本に対する態度＝自信
出典：以下のデータを基に作成。NHK 放送文化研究所編（2015）『現代日本人の意識構造（第8版）』。中村隆・土屋隆裕・前田忠彦（2015）「国民性の研究第13次全国調査──2013年全国調査」統計数理研究所　調査研究リポートNo.116。内閣府（2018「国民経済計算（GDP 統計）」。

的に言って、他の多くの国々よりこの国は良い国だ」で1位（86％）だった。一方では、**「たとえ自分の国が間違っている場合でも、国民は自分の国を支持すべきだ」**では28位（18％）で、支持すべきでない人が大多数である。

　上記の3回答を順に、いくつかのG7諸国と比較すると、アメリカ（5位、3位、21位）、イギリス（22位、12位、27位）、ドイツ（旧・西ドイツ）（21位、13位、24位）、フランス（25位、24位、19位）で、日本人はアメリカ人とやや似た自国への愛着心を持っているようだ。しかしアメリカ人の90％は「自分と国家の関係を考えたことがある」人たちである。大多数の日本人（66％）は「自分と国家の関係を考えたことがない」が、その同じ日本人が一方では、主要先進国に比べて、自国への愛着心が一段と強く、日本は他の国々よりも良い国だ思っている。しかし、自国への眼差しは「自国第一主義」ではない。

64カ国・地域を対象にウィン・ギャロップ（WIN/Gallup International）（2015）が実施した世論調査の、「自分の国が侵略を受けたとき、あなたは身をもって戦う意思があるか」の問いに対し、日本人はわずか10％が「イエス」と答え、「戦う意思あり」は最低の回答率だった。

もっとも、「ノー」（戦う意思なし）の回答率では、日本人の43％に対し、ドイツ人62％、イギリス人51％、韓国人50％で、日本人の「戦う意思なし」の回答率はむしろ低い。日本人の47％は「わからない」と答えているが、上記の国々では「わからない」の回答は20％前後である。

日本では、「ノー」と言い切れる人が43％いる一方で、「イエス」と言い切るほどの「侵略を受けるという危機感がない」、あるいは、「日本が侵略されるはずがない」と楽観しているから「わからない」と回答したのだろうか。

また、「戦う意思なし」（43％）の真意が、「座して死を待つ」諦念であるとか、「植民地の被支配民族になるとしても戦わない」不戦主義の表れだとも思えない。

また、「イエス」と答えた人（10％）が少ないからと言って、直ちに日本人に「愛国心がない」とは言えないと思いたい。しかし、後述するように、他の指標でも日本人の愛国心の低さが指摘されている。

6　外国人への意識

†日本人は西欧人に比べて優れているか

「優れている」「劣っている」「同じ」「ひとくちでは言えない」の4選択肢で解答を求めている。1953年には、「劣っている」28%、「優れている」20%、「ひとくちでは言えない」21%、「同じ」14%の順だった。データはないが、終戦直後には日本人の西欧人への劣等感がかなり強く、日本人自身への自信は低かったと推察する。

15年後の68年、「優れている」が47%に急上昇し、「劣っている」が11%に激減した。日本がGNPの規模でドイツを抜いて世界2位になった年である。「優れている」のピークは83年の53%である。「劣っている」は8%のみ。「ひとくちではいえない」という冷静な答えが21%である。

「優れている」の回答の推移（図表6-7）は、「経済力」評価の上昇・下降の推移と、多少の時間のずれで連動しているようだ。たとえば「優れている」の評価は73年の39%から83年には53%へ急上昇した。

一方、図表6-6に示したように、「経済力評価（非常に良い＋やや良い）」は88年と93年の82％と79％がピークで、一人当たりのGDPがアメリカを超え、日本のモノ造りは世界一だと評価されたこと（87年）が反映されている。逆に「優れている」評価が最も低かったのは（33〜31％）、「経済力」評価が32％でどん底だった98〜03年である。

03年→08年→13年の10年間で「優れている」が31％から37％、そして44％へ再び上昇し、「同じだ」は30％前後でほぼ安定していた。その間、経済力評価も上昇している。「優れている」が多数意見で、「劣っている」意見は7〜9％でごく少数。つまり、「劣っている」意識はほとんどないが、「優れている」意識も圧倒的に強いわけではない。

「優れている」評価の解釈には注意が必要だと考える。NHK調査によれば、1980年代の日本人の外国人との接触未経験者は人口の60％もいて、接触経験のある人たちでも、「あいさつ」「職場で一緒に」「食事の招待」「学校で一緒に」など軽いおつき合い程度の経験しかない。だから、「技術水準」「経済力」といった一種の代理変数への意識に連動して「優れている」評価が動いたとも考えられる。

日本人は種々の世界ランキング評価に関心が高い。ランキング評価は、西欧人との比較を気にしている日本・日本人への、世界的に受け入れられている研究機関による診断だからである。その診断に一喜一憂している。この習性が高い評価を得るために努力する「元気の素」であれば、それはそれで良いことだと考える。

第7章の7「世界は日本に好意を持っている」と合わせて、日本と日本人を考える参考にしたい。

†定住外国人への態度

日本に在留する外国人の数は、200万人強で（法務省「在留外国人統計表（旧登録外国人統計表）」、2017年）、人口比1・6％である。G7国の中では絶対数も人口比も最小で、しかも絶対数は減少傾向が続いている。OECD諸国との比較で人口比は下から3番目である。外国人の内訳は、アジア出身者（多い順に中国、韓国、フィリピン、ベトナム、台湾など）が80％強を占める。アジア以外では、南米12％、北米3％、欧州3％弱の順である。

村田ひろ子（2014）は、世界50カ国での世論調査を基に、日本人の定住外国人への態度を次のように分析している。

「定住外国人はもっと増えたほうがいいか」の質問に対する回答は、03年と13年の比較で、「増えた方がよい」は10％から15％に5％ポイント増加した一方で、「今くらいでよい」は29％から41％に12％ポイントも増加した。「減ったほうがよい」は43％から17％に激減した。外国人の定住を忌避する割合は減ったが、歓迎してはいない。男女ともに、若い世代ほど歓迎しない。外国人と犯罪を結びつけて考える人は減った（70％から40％へ）。「生活に満足している日本人」（73％）の回答をみると、「生活に満足していない日本人」（27％）に比べて、定住外国人が「日本の経済に役立っていると思う」（36％対27％）、「日本人から仕事を奪っているとは思わない」（41％対34％）といったポジティブな回答割合がかなり高い。

†国際比較——定住外国人への態度

以下は村田（前掲論文、２０１７）による。日本を含む31カ国の比較分析（２０１３）の結果である。

日本人の回答率をみる。**「定住外国人が仕事を奪っている」**では28位（15％）で低く、**「文化が損なわれている」**でも30位（16％）で、物心両面でのマイナス影響をあまり感じていない。そして、**「定住外国人は国民と同じ権利を持つべきだ」**では、スペインとポルトガルに次いで3位（56％）。日本にいる定住外国人の数は、国際比較で圧倒的に少ないし、失業や経済停滞の原因にはなっていない。だから外国人に寛容でいられるとも言える。

一方では、**「定住外国人の数は今くらいでよい」**が56％で、「減ったほうがよい」（24％）を合わせると大多数の日本人はこれ以上増えることは望んでいない。「増えたほうがよい」は20％の少数派である。中東やアフリカからの移民問題を抱えていて、「定住外国人が減ったほうがよい」と考える人が圧倒的に多いイギリス、フランスなどの欧州諸国や、「今くらいでよい」（43％）と「減ったほうがよい」（43％）が拮抗するアメリカとは別世界にある日本の現実である。定住外国人の数について、日本人に近い意識を持っているのは、台湾人と韓国人である。

日本が将来多くの移民を受け入れるかどうか不明だが、受け入れる場合には日本人の現在の寛大さはどう変わるのか、宗教や民族も含めて前もって丹念なシミュレーションが必要だろう。

7 日本人の思想（意識）の変遷

†倫理観・道徳観の変化――NHK世論調査から

14年11月にNHKが実施した世論調査は、戦後70年間で「日本人はどのような社会を築いてきたのか」、そして「日本社会が失ったものは何か」について質問している。それぞれ12の回答選択肢の中から3つの回答を求めている。調査は20歳以上の日本人男女を対象にしている。当然のことながら戦後70年間を実際に生きてきたのは70歳以上の対象者に限られる。若い年齢層ほど、実体験ではなく、これまでの人生での見聞や知識に沿って回答している。本章での分析から帰納できる日本人の道徳観、倫理観の変化のまとめの一部として、調査結果を利用させてもらう。

以下は荒牧央・小林利行（２０１５）のデータによっている。

「築いてきた社会」。20％以上の回答率を得た5つの「社会」は高い順に、「戦争のない平和な社会」（87％）がダントツで、「経済的に豊かな社会」（51％）、「治安のよい社会」（44％）、「民主主義を尊重する社会」（29％）、「男女が平等な社会」（22％）が続いている。

「失われた、失われつつある社会」。20％以上の回答者があったのは8つの「社会」で、回答率が高い順に、「心にゆとりがある社会」（48％）、「地域で互いに助け合う社会」（38％）、「家族の絆が強い社会」（35％）、「自然や環境を大切にする社会」（30％）、「愛国心を重んじる社会」（30％）、「経済的に豊かな社会」（22％）、「権力に不正のない社会」（22％）、「治安のよい社会」（20％）である。

「平和・経済的豊かさ・治安のよさ」というプラス面の反面で、「心のゆとり・家族・地域共同体」など、精神的な余裕のなさ、人間関係や互助関係の希薄化、というマイナス面が指摘されている。築いたものよりも失ったものの方が多い。

日本人の道徳観・倫理観の変化。荒牧・小林（同上論文、9〜10頁）が分析した変化の12項目に対する回答を、「強まった・どちらかといえば強まった」「変わらない」「弱まった・どちらかといえば弱まった」の3分類で再集計した（図表6-8）。

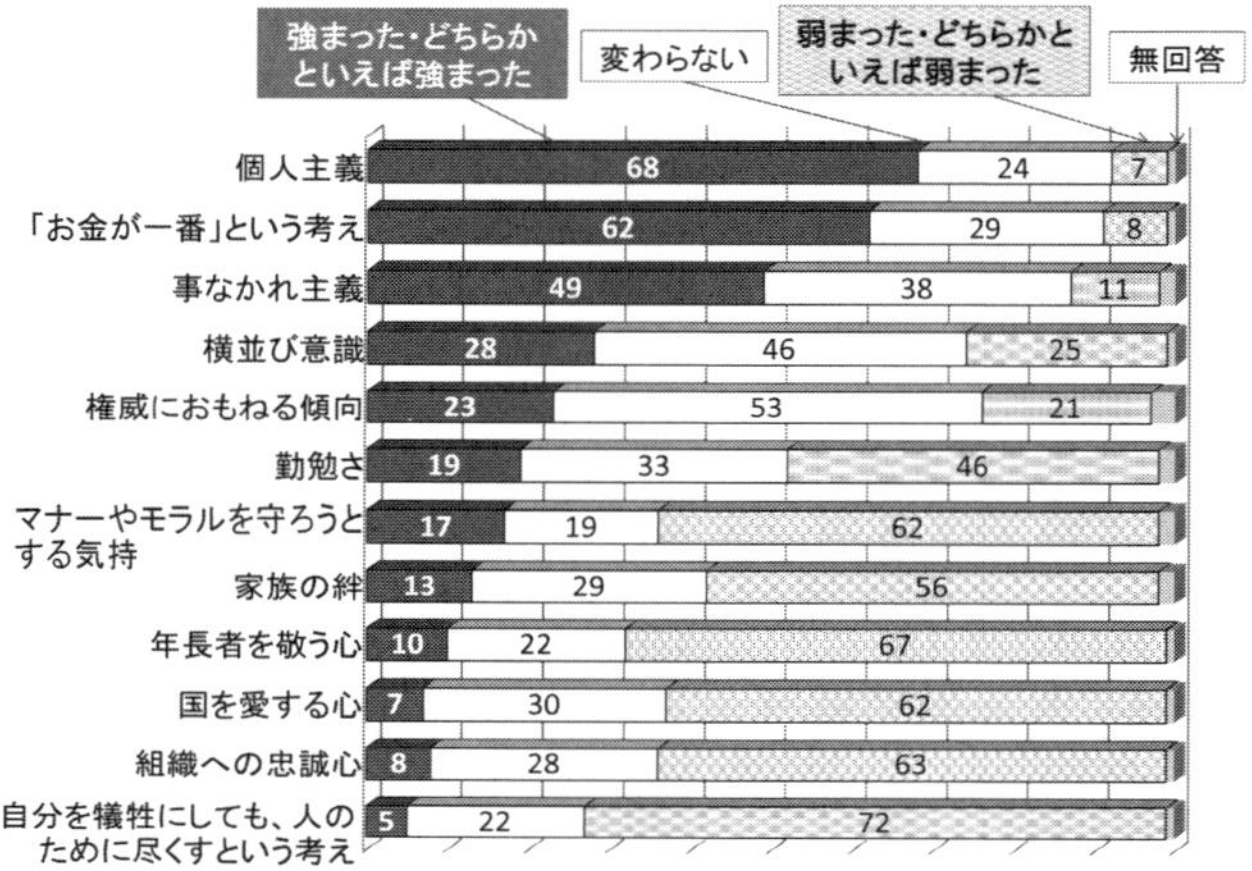

図表6-8　戦後70年、倫理観・道徳観の変化（%）
出典：荒牧央・小林利行（2015）「世論調査でみる日本人の『戦後』」『放送研究と調査』8月号を基に作成。

「強まった・どちらかといえば強まった」のは、回答者が多い順に、「個人主義」（68%）、「『お金が一番』という考え」（62%）、「事なかれ主義」（49%）がトップ3である。これらの回答には、「以前よりは一段と好ましくない方向に強まった」が含意されている。

「弱まった・どちらかといえば弱まった」のは、同じく回答者が多い順に、「自分を犠牲にしても、人のために尽くすという考え」（72%）、「年長者を敬う心」（67%）、「組織への忠誠心」（63%）、「国を愛する心」（62%）、「マナーやモラルを守ろうとする気持ち」（62%）、「家族の絆」（56%）、「勤勉さ」（46%）の7項目である。これも「以前よりは好ましい方向から一段と遠ざかっている」が含意されている。

「変わらない」のは、「権威におもねる傾向」（53％）と「横並び意識」（46％）である。

この調査結果から筆者は、戦後70年間で日本人の思想は「好ましからざる方向」に進んでいる、と当の日本人自身が認識していると解釈する。「戦争のない平和な社会」「経済的に豊かな社会」を築いたが、その反面「心にゆとりがない社会」「人間関係は疎遠で助け合わない社会」も作ってしまった。そして日本人がかつて持っていた「善い・正しい生き方を貫く」美徳や道徳観・倫理観は、「好ましからざる方向に強まり」、または「好ましい方向から遠ざかってい る」と認識しているようである。

†宗教観、価値観、道徳観・倫理観の変化――本章の論点整理

宗教を「信仰している」人は日本人の30％前後で、世界の中で極めて低い信仰率である。一方では「宗教に肯定的」な（「信じている・信仰している」＋「宗教心大切」を合わせた）人は70％弱で、欧米諸国よりは低いが韓国や台湾と近い。ただし、「宗教に肯定的」な人は長期にわたって着実に減少している。

「宗教に肯定的」な人は、社会に対してポジティブに対応する。その人たちが減少している現在、日本はネガティブに対応する人たちが増加しているという問題を抱えていることになる。

宗教心は、日本人「らしい・ならでは」の「寛容性」「柔軟性」「思いやり」「勤勉・倹約・禁欲」「世のため人のために尽くす」といった日本人性（アイデンティティ）というポジティブな社会関係資本の大きな源泉であるから、宗教心が薄れていけば、その社会関係資本が弱くなると懸念する。

基本的価値観も大転換している。「自分の信念を押し通す」「筋を通す」「清く正しく生きる」という背筋を伸ばした生き方は旧世代のものになり、現代は「世のしきたりに従う」「まるく収める」「趣味にあった暮らし方・のんきにくよくよしないで暮らす」が多数になった。社会に働きかけて変えていくとか、企業内での革新をおこすとかの積極性や熱意が薄くなっていると解釈する。

日本人の道徳として、「親孝行と恩返し」が一段と大切な徳目であるが、「権利尊重と自由尊重」の支持者も多い。いずれかの一方ではなく、両者の統合が求められている。「公共の利益優先」と「個人の利益優先」も、両者の統合が必要だ。現在はまだ、前者が後者よりも大切だとされているが、後者の支持者が増加している。

社会や勤務先での倫理観も大きく後退している。「社会」や「仕事・職場」、自分がその一員である外部環境に対する満足度は下がる一方で、「家庭」や「生活」への満足は徐々に高まっている。「ミーイズム」が強まり、社会や他人との関係性が弱くなり、それでいて「自分は幸せだと思う」日本人がマジョリティになっている。

「今後人々の生活は豊かになるか」に否定的な人が増え、「生活水準の、この10年間の変化」でも「よくなる」の回答者がマイノリティで、「悪くなる」「変わらない」がマジョリティである。そして、日本人の大多数は「社会は公平でない＋あまり公平でない」と思っている。「公平でない」のは政治のせいだとしている。

「勤務先への意識・態度」では、「業績と共に自分も成長する、仕事を通して社会に貢献する」といった愚直な熱意が薄れ、「上司・同僚との濃い人間関係は」は疎んじられている。その変化に対応するように、「仕事のやりがい」よりも「給料の良い会社が」が望ましくなっている。「勤務先への忠誠心」は弱くなって、「今より条件が良ければ転職」派と「一つの勤務先に長く勤める」派が拮抗している。

一部上述と重なるが、隣近所、職場、親戚との人間関係は、「形式程度のつきあい（あいさつ程度）」「部分的なつきあい」を合わせた「疎遠なつきあい」を、大多数の日本人が求めている。「職場での望ましい仕事の相手」は効率性や合理性を追求する能力志向の人ではなく、「多少能力は劣るが、人柄のよい人」である。経営の健全性とか業績の向上には関心がない。現実の職場は、能力志向で動かなければ、競争に後れを取るのは間違いない。

日本人の生活目標は、かつての「未来志向」から「現在志向」にシフトしている。現在志向で「愛志向（身近な人たちとのなごやかな暮らし）」「快志向（自由に楽しく暮らす）」である。また「社会本位（みんなと力を合わせて、世の中を良くする）」から「自己本位（自己の生活に力点をおく）」へ転換している。

「国を守る気概は欠けているが、国への愛着心は強い。それでいて、自分と国家の関係を考えたことはない」。国家を便宜的に考える日本人がマジョリティである。「国家あっての国民」という世界の常識とかけ離れている。

現代の「国家」は、「国民、そして国民自らが戦い犠牲を払ってでも守る領土と主権」の三位一体からなる、という認識はないようである。日本人は、周囲を海に守られて、古代から領土や主権を一度も外敵に奪われたことのない世界で唯一とも言える幸せな民族である。ただし、1945年8月の敗戦から1952年4月に独立するまで、連合国による主権を奪われた占領統治があった。その占領統治をポジティブに受け入れた延長線上に、現在の民主主義国家日本と日本人が存在している。

日本・日本人に対する自信は、「日本人は、他の国民に較べて、極めてすぐれた素質をもっている」「日本は一流国だ」の意識で代表される。その理由として、日本の「技術の水準」「経済力」があげられる。その自信は、一方では、日本経済の成長と停滞に連動して上がったり下がったりする。

戦後70年間に日本人の意識は、西欧人に較べて「劣っている」意識から「優れている」意識に転換した。「経済成長・経済大国化」の実績が「優れている」意識を支えている。しかし、「優れている」意識が圧倒的に強いわけではない。経済の実績が弱まれば「優れている」意識も弱まる。

†思想の劣化と経済の低迷

本章で検証した日本人の思想（宗教心・倫理道徳観）、人間関係、企業や組織へのコミットメント、国への思いなどを総合すると、1900年代の初頭から四半世紀の間に、日本人の強み・好ましい部分がますます小さくなり、日本人の弱み・好ましくない部分がますます大きくなっている。つまり、日本社会の結束性や安定性が弱まってきたと言えるのではないか。同時期に「日本経済の長期低迷と日本企業のGID競争力（グローバリゼーション・イノベーション・ダイバーシティ）の後退」が続いている。両者は互いに関連している、と仮説している。

次章で経済の長期低迷と企業のGID競争力の後退を検証する。

第7章 グローバル日本期の長期低迷と競争力の後れ――1991～現在

１９００年代に、文明システム（政治・経済・社会文化・科学技術）が大転換した。なかでも産業パラダイムの転換にフォーカスすると、80年代までの「モノの価値創造」の産業社会から、90年代以降現在に至るまで、「コトの価値創造」のＩＣＴ（情報通信技術）社会へ、産業のパラダイムが急速にシフトした。

産業社会時代の日本企業は、アメリカをベンチマークし（内へのグローバリゼーション＝日本化）、日本人「らしい・ならでは」の和魂（団結心・忠誠心・使命感など）をエンジンにして、守・破・離の三段階でのＡＩ進化を繰り返し、モノ造りで世界一に登り詰め、経済大国になった。

70年代と80年代の経済大国化を牽引したのは、自動車とデジタル家電の二大産業だった。それを直接・間接に支えた関連産業（電力、石油、鉄鋼、部材・装置、保険、旅行など）が日本の産業ピラミッドを形成した。この産業ピラミッドの総売上高はＧＤＰの半分近くに相当すると言われた。

ＩＣＴ社会時代の今日、コトの価値創りのＧＩＤ（グローバリゼーション・イノベーション・ダイバーシティ）競争が加速している。その転換を内部化している企業と内部化が遅れている企業との業績の差は鮮明である。内部化している企業の典型例が自動車メーカー各社であり、内部化に失敗した企業の典型例がデジタル家電メーカー各社である。

自動車メーカー各社は、モノ造りで世界一を維持しつつ、コト創り（ＣＡＳＥと言われる、つながる車・自動運転車・シェアリング・電動車）でも世界の先端を走っている。しかし勝者と敗者はまだ決まっていない。ＡＩによる自動運転車では、自動車メーカーとＩＣＴ企業（グーグルなど）が主導権争い中だ。

その間デジタル家電のモノ造りは、技術がコモディティ化しグローバルなＳＣ・ＶＣ構築で日本企業は韓国企業に追い抜かれ、中国企業に追いあげられている。ＩＣＴのコト創り（ＳＮＳのソフトウェア、ＡＢＣＤと言われる人工知能・ビッグデータ・クラウド・データマイニングなどを利用したサービスなど）では、ＧＡＦＡ（グーグル・アップル・フェイスブック・アマゾン）などのアメリカ企業の背中ははるかに遠い。

いくつかの二次指標を使って日本経済や日本企業の90年代から近年までの成果を主要国と比較し相対的にレビューする。モノ造りとコト創りのＧＩＤ競争の全ての面を（たとえば質的な側面も含めて）網羅しているとは言えないが、それぞれの指標で、日本の経済と企業の停滞ぶりを検証しておきたい。辛い指標や数字が並ぶが、その検証の先に、再び日本経済と日本企業の復活を実現する未来があるはずだ。

1　日本経済は、1990年代初頭から四半世紀、足踏みを続けている

†GDPは2014年まで踊り場に留まっていた

1990年以降、日本の経済の長期低迷が四半世紀以上続いている（図表7-1）。名目GDPの規模は（内閣府統計局、2018）、90〜17年までの27年間で1・2倍の成長に留まった（546兆円（÷）454兆円）。その間、80年代までに戦後営々として達成した高度経済成長とその果実（国民の貯蓄などの国富）を取り崩して（国債化など）、経済を下支えして今日に至っている。16年末で、国の借金は過去最高の1066兆円（GDPの約2倍）に達している。

520兆円台を前後したGDPが08年まで12年間続いた。その後経済規模は縮小し、15年から3年連続で上昇に転じた。17年には過去最大の546兆円になった。

家計最終消費は94〜08年までの14年間で、264兆円から25兆円増加した。その間の人口増は430万人だった。14年以降290兆円台で緩やかに増加している。

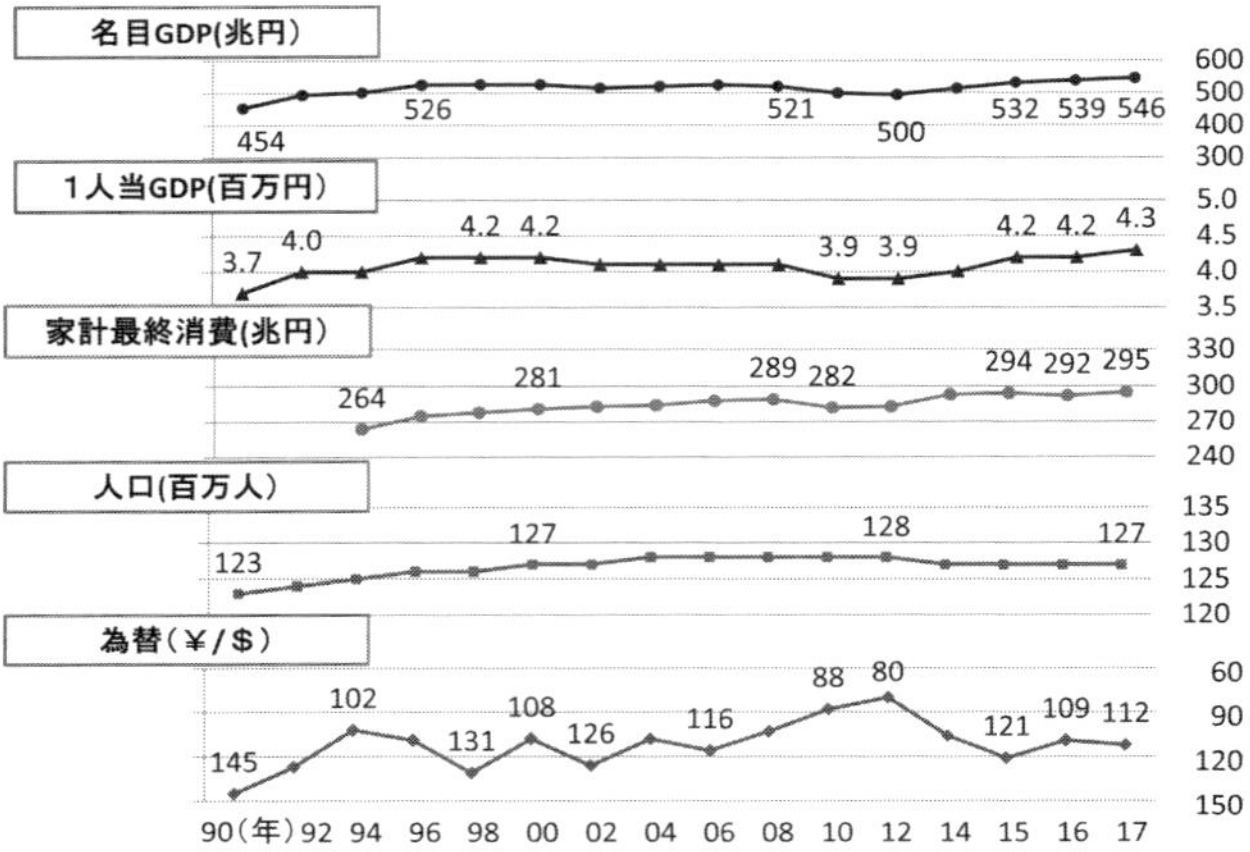

図表 7-1　日本の GDP
出典：総理府統計局（2018）と IMF(2018) を基に作成。

一人当たりのGDPは、90年代の400～420万円から10～12年には390万円に下がった。15年から3年間連続して緩やかに上昇に転じ、17年には430万円を記録した。しかし現実の個人所得は増えていない。

人口は90年から12年までに5百万人増加し128百万人になった。その後は年20～30万人ずつ減少に転じている。その間に、生産年齢人口が650万人減少した。経済に与えるマイナス・インパクトは深刻だ。少子高齢化は確実に進行中である。一人当たりの生産性を、人口の減少率を超えて高めなければ経済は縮小するばかりだ。

†企業の売上高は、長期低迷している

90年以降、多くの企業が成長機会・利益機

会を求めて海外展開を拡大し、その果実を巨額の貿易黒字、配当や利息として国内に還流している。90年代と00年代の各10年間、そして、10年代の7年間の経常収支の黒字合計額（ＩＭＦ、２０１８）を比較する。90年代の10年間と00年代の10年間では、９９１５億ドルから１兆４９２１億ドルへ、約１・５倍に拡大した。10年代の7年間（17年まで）は、１兆１０９億ドルで、10年間換算の推計で１兆４４００億ドルくらい、前の年代対比で３・２％の縮小である。

経常黒字が前の10年間に較べて縮小したのには大きな理由がある。11年3月に発生した東日本大震災の後、日本の原子力発電を停止して電力供給を火力発電に切り替えたため、原油や天然ガスの輸入が増え巨額の貿易赤字になった。経常収支が黒字を保てたのは、企業の海外からの配当や利息収入が増えたおかげである。企業の海外で稼ぐ力が一段と強くなったおかげで、安定した電力供給のための巨大な貿易赤字という国富のマイナスを穴埋めできている。

企業は、法人実効税率が段階的に引き下げられて、減税の恩恵を受けた。17年度決算で全企業（金融業を除く）の利益余剰金は４４６兆４８００億円強である（財務省、２０１８）。01年対比で2・6倍強の拡大である。しかしその資金は、雇用の拡大や従業員の賃金増には使われていないし、国内の設備投資も大きくは伸びてはいない。つまり経済のパイの拡大には向けられていないのだ。利益剰余金は株主の利益だが、その拡大のために海外での証券投資に回されて

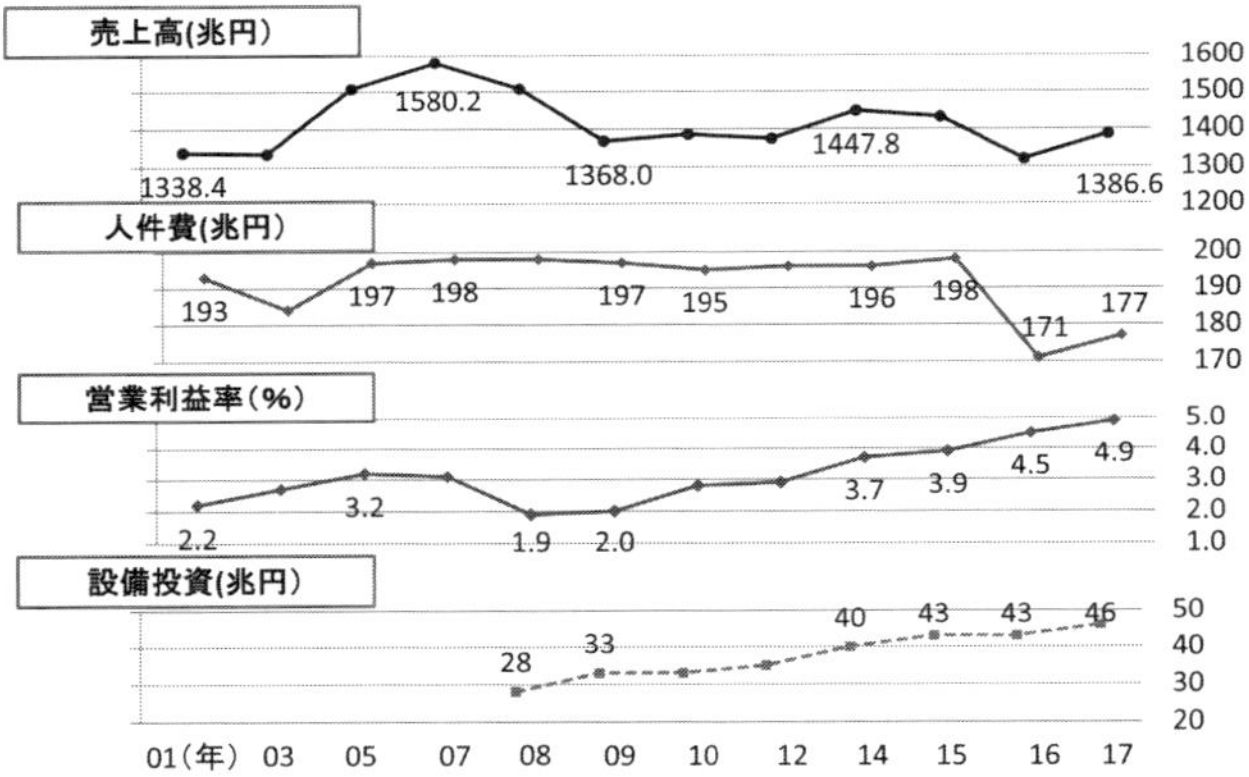

図表 7-2-1　法人企業統計調査（全産業）
出典：財務総合研究所（2018）のデータを基に作成。

いる。

企業の業績を概観する。以下は、財務省が毎年全国の大中小企業を対象に実施している「法人企業調査」の分析報告書（財務総合研究所）のデータ（01〜17）を基に構成している。

全産業の業績（図表7-2-1）。日本企業の売上高は01年以降の17年間を通して、上下変動をしつつ、僅か数％の成長に留まった。停滞が続いたと言える。07年の売上高が最大で、01年対比で18％増、プラス242兆円を記録した。10年代では14年の売上高1448兆円が最大で01年対比で8％強の増加、金額でプラス110兆円の増加である。

売上高の伸びが牛歩を続けた17年間、人件費をほとんど増やすことなく、設備投資は着実に増やした。設備投資で生産性を高めて製造原価を下げ、そして、営業利益率を倍増した。内部留保（利益剰余金・資本準備金）も大きく積みあげた。

08年にリーマンショックがあり、それに続く急激な円高で急速に景気後退したせいで、売上高が低迷したと説明される。たしかに円対ドルは、06年の116円から10年には88円に、12年にはさらに80円まで上昇した。筆者は、為替要因を否定はしないが、その要因を乗り越えるだけの顧客価値創造能力の不足とそのGID（グローバリゼーション・イノベーション・ダイバーシティ）競争力が不足していたからだと考えている。

人件費は、05年の197兆円から15年の198兆円に1兆円増加するまでの10年間、減ることはあっても増えることはなかった。設備投資額は着実に増加した。08年の28兆円から17年には46兆円に増加した。原価低減に有効だったと考えられる。また、ICT（情報通信技術）投資などで非熟練労働者や中間層サラリーマンなどの所得が減った。ICTを活用して非正規社員が低賃金で彼らの仕事を代行したからだ。営業利益率は、01年の2・2％から17年の4・9％まで、08〜09年の1・9〜2・0％を除いて、着実に上昇した。

全産業の人件費がほぼ増えることなく推移した理由を、総務省の労働力調査によって推理することができる。1988年から2018年2月時点までの30年間の企業の社員数は、正規社員が3400万人前後でほぼ一定だった。同期間の非正規社員数は817万人から2120万人に約2・7倍増加した。非正規社員の全雇用者に占める割合は19％から38％に

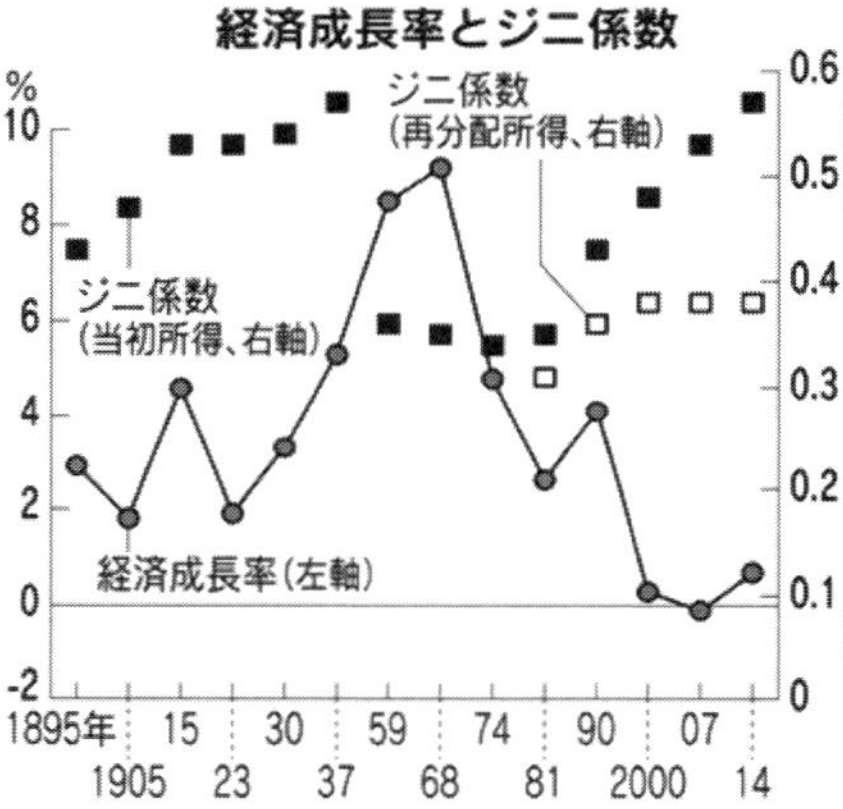

図表7-2-2　経済成長率とジニ係数
出典：日本経済新聞 2018年8月8日

高まった。正規社員の人数と昇給を抑え、給与の低い非正規社員で必要な追加労働力を確保した。こうして、製造業は人件費全体を下げ、非製造業は人件費全体の上昇を緩やかに保ってきた。

90年代以降の日本では、就業者が正規社員の勝ち組と非正規社員の負け組に二分化し、所得格差が顕著になった（図表7-2-2）。その間少子高齢化が進行した。所得のジニ係数は不平等の方向へ、0・6近くまでに大きく上昇した（14年度で0・570）。年金・医療・介護などの社会保障を加えた再分配所得でジニ係数は0・4未満（0・376）にとどまっている。しかし所得の再分配は高齢者が主要な対象で、勤労者の所得格差の縮小にはそれほど役立ってはいないのではないか。OECD（2014）の数値では、平均値が0・318で、日本は16位の0・33である。G7国で日本より不平等なのはアメリカとイギリス、より平等なのはイタリア、カナダ、フランス、ドイツである。

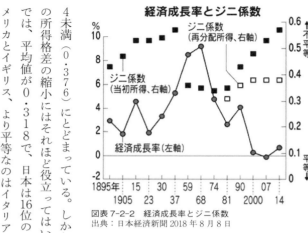

一方では国が負担する社会保障費（16年度48兆円弱、全体の35〜36％）は急膨張を続けている。国の予算の40数％が社会保障費であり、その財源は国債など国の借金である。借金の規模は、18年の直近でＧＤＰの２・36倍、先進国では最悪の水準である。

②製造業の業績。売上高は、01年の３８３兆円から17年の３９８兆円まで、16年間で15兆円の増加に留まった。リーマンショックの前年、07年には４７２兆円となり、01年からプラス90兆円の急成長を記録した。その後09年から17年までの８年間はほぼ３８０〜３９０兆円台に低迷している。企業は円高に対応して標準品の生産基地を、主として中国を含むアジアに移転したために、国内の製造業の空洞化が進行した。

製造業の人件費は長期的に減少し続けた。01年の64兆円から17年には55兆円まで９兆円の減少である。最高の売上高（４７２兆円）を記録した07年には人件費は60兆円を回復したが、その後は減少するばかりだった。

設備投資額は09年以降の数年間は11兆円台だったが、13年以降上昇に転じて17年には16兆円となり、リーマンショック前の水準に戻っている。為替が１１０円台で大きな変動がなく、国内生産を拡大しても輸出収益性が高まってきたためと考えられる。

営業利益率は、リーマンショック時（08〜09年）を除いて上昇を続け、17年には５・６％まで高まった。01年の２・７％から2倍超の上昇である。

人件費を据え置いてICT技術などの設備投資を緩やかに増やしつつ、収益性を倍増させた。08〜09年は配当金に充当するために10兆円の内部留保を切り崩したが、その後3年で取り崩しの穴埋めを終え、以降は内部留保を積み増した。07〜17年の11年間で内部留保の積み増しは累計23兆2000億円である。

③非製造業の業績。非製造業に含まれるのは、建設・小売・サービスなどの業種である。売上高は製造業の2・5倍超の規模。07年の1108兆円が最大で、対01年でプラス16％である。その後は980兆円台を上下し14年に1043兆円へ増加した（対01年でプラス9％）。

08年以降、売上高の上昇は緩やかだが、人件費の上昇を抑えて設備投資を増やし、営業利益率を2・8％から4・6％まで高めた。内部留保は、09年に配当に充てるために9800億円を切り崩したが、07年から17年の11年間で、累計で67兆円強を積み増した。

2　日本経済のグローバル影響力は半減した

†名目GDPの規模は世界3位だが……

2017年の日本経済の規模（GDPドルで世界3位）を主要諸国との比較で相対的に位置づ

1990年			2017年				
名目GDP	順位		名目GDP	順位	拡大規模	購買力平価	順位
22,428	全世界		79,764	全世界	×3.56倍	－	全世界
5,980	1	アメリカ	19,390	1	×3.24倍	19,391	2
399	11	中国	12,015	2	×30.11倍	23,159	1
3,133	**2**	**日本**	**4,872**	**3**	**×1.56倍**	**5,429**	**4**
1,592	3	ドイツ	3,685	4	×2.3倍	4,171	5
1,193	5	イギリス	2,625	5	×2.2倍	2,914	9
327	12	インド	2,611	6	×7.98倍	9,459	3
1,279	4	フランス	2,584	7	×2.0倍	2,836	10
279	16	韓国	1,538	11	×5.5倍	2,029	14
138	25	インドネシア	1,015	16		3,234	7
167	22	台湾	579	22		1,185	22
88	32	タイ	455	26		1,233	20
77	34	香港	342	34		455	43
39	48	シンガポール	324	37		527	38
46	45	マレーシア	315	38		931	26
49	41	フィリピン	313	39		876	29
6	77	ベトナム	220	46		647	35

図表 7-3　国際比較：各国の GDP (10 億ドル)
出典：IMF 統計（2018）データを基に作成。

けてみる（IMF、2018）。日本のGDPは、90〜17年の27年間で1・56倍成長し、4兆8720億ドルである（図表7-3）。同期間に世界全体の経済規模は3・56倍に拡大した。日本は世界の成長に大きく後れをとってしまった。世界経済の成長と歩を同じくしていたら、日本のGDPは、現在の中国に近い11兆1530億ドルになっていた計算である。

中国のGDPは日本の13%に相当する規模（90年）から、10年に日本を抜いて世界2位になった。17年には90年の30倍強まで成長して、日本の2・47倍の12兆1500億ドルである。日本のGDPの世界シェアは14%から6%に縮小し、中国のそれは14%に拡大した。アメリカは世界の4分の1に近い24強%を占める。日本は2017年も規模では世界3位の経済大国ではあるが、その世界でのマグニチュードは軽くなる一方である。

08年9月のリーマンショック後から17年の3月時点までの10年間の各国のGDP増加額でみると（田村秀男、2017）、中国は777兆円増加した（1ドル111・4円で換算）。アメリカは446兆円の増加だった。日本は僅か9・6兆円の増加で、EUは375兆円の大幅な減少だった。中国が最近10年間の世界の経済成長を最も大きく支えたのである。アジアの経済成長の牽引車としても中国が日本に取って代わった。日本経済が足踏みしている間に、中国との経済関係を拡大・深化した韓国、台湾、アセアン諸国などが急成長した。つまり、世界の富が中国、アメリカ、そしてアセアン諸国へ大きく集中して移転した。

経済の成長センターであるアジアで、日本企業の国際展開は拡大しているが、その成長力の取り込みがまだまだ不足している。

†購買力平価のGDP比較

生活レベルを実感できる購買力平価のGDP（2017）を比較すると、日本は4位に後退する。中国とアジアの中進国・新興国と言われる国々の躍進が目ざましい。中国が指数429（日本=100）で、アメリカ357を抜き世界1位で、日本の4・3倍弱の規模である。

インドが指数174で3位である。アセアン6は指数137で、豊かな消費市場に発展中である。

先進国よりも中進国・新興国のGDPが購買力平価（PPT）で大きく膨らむのは、現地通貨での生活必需品の実質購買力が、為替レートによるドル換算よりも強いからである。

為替の円・ドル換算で1ドル100円とする。アメリカでは1ドルで1個しか買えない商品と同じものが、日本では100円で2個買えるとする。円・ドルの交換レートは1ドル＝100円だが、100円には2ドルに相当する購買力がある。名目では1ドルだが、PPTでは2ドルである。中国の名目12兆1500億ドルは、1・83倍の23兆1590億ドルの購買力を持ち、アメリカの19兆3900億ドルよりも大きくなる。そのためPPTでは中国が世界最大の経済大国である。

†一人当たりのGDPは世界25位に後退した

1990年、**一人当たりの名目GDP**で日本2万5380ドル（指数100）はアメリカ(94)（23,914（÷）25,380）の上位にあった。世界で日本8位、アメリカ10位だった。他のG7国であるフランス(89)・イギリス(82)・ドイツ(79)はそれぞれ11位、15位、19位だった（図表7-4）。

1990年			2017年			
1人当GDP	順位		1人当GDP	順位	購買力平価	順位
23,914	10	アメリカ	59,501	8	59,501	12
12,766	27	シンガポール	57,713	9	93,905	4
13,281	26	香港	46,109	16	61,393	11
20,173	19	ドイツ	44,550	19	50,425	18
22,599	11	フランス	39,869	23	43,761	29
20,839	15	イギリス	39,734	24	44,118	28
25,380	**8**	**日本**	**38,440**	**25**	**42,832**	**30**
6,516	41	韓国	29,891	29	39,434	32
8,178	34	台湾	24,577	35	50,294	20
2,550	57	マレーシア	9,813	69	29,041	49
349	133	中国	8,643	74	16,660	81
1,571	77	タイ	6,591	80	17,856	74
771	104	インドネシア	3,876	117	12,377	99
806	103	フィリピン	2,976	128	8,315	120
98	148	ベトナム	2,354	135	6,913	128
385	128	インド	1,983	142	7,183	125

図表 7-4　国際比較：各国の GDP ／ 1 人当り (単位：ドル)
出典：IMF 統計（2018）データを基に作成。

かつてアジアの4小龍と言われた当時の香港・シンガポール・台湾・韓国は中進国の位置づけで、指数は20台〜50台だった。東南アジア諸国の指数は10以下で新興国だった。

13億人を超える人口を抱えるインドと中国は、一人当たりの指数は1〜1・5のレベルだった。日本人一人がインド人や中国人100人分のGDPを稼いでいた計算である。

27年後の17年には、人類史上最大の新興国・中国が出現した。規模では世界2位だが、一人当たりはまだ日本の5分の1のレベル（指数22）で世界74位である。90年の日本（100）と韓国（26）の一人当たりGDP指数の位置関係と同じレベルである。アメリカが日本を抜き返して指数155となり、世界8位。日本は25位に後退した。

新興国だったシンガポールは指数150に躍進し、日本の上位に登り、アメリカに次いで世界9位の一人当たりの名目購買力を手に入れた。ドイツ・フランス・イギリスのG7国も日本を越えた。韓国が指数78に上昇して29位となり、日本に肉薄している。韓国は一人当たりの購買力で先進国入り寸前である。

中国の指数22は、マレーシア(26)に近く、タイ(17)、インドネシア(10)のレベルは越えた。インドの成長(15)は緩やかである。

2017年の**一人当たりのPPT(購買力平価)のGDP**でみると、一段とアジア勢の躍進が際立つ。

日本は4万2832ドル(指数100)で世界30位だ。アジアの4小龍の3カ国・地域に追い抜かれ、韓国には後一歩まで追いつかれている。シンガポールが世界4位の購買力をもち、香港は11位、そして、台湾は20位である。韓国が32位である。日本と韓国の差はもうほとんどない。中国は39、日本の5分の2のレベルである。

アメリカは12位。ドイツ・イギリス・フランスはいずれも日本の上位にあり、100を超えている。

日本より下位の国では、マレーシアの指数68、タイ42、インドネシア29、インド17の順である。いずれの国も、PPTのGDPが名目値のGDPよりも格段に増える。

大野健一（2017）は、マディソン（2000）のデータを使って、アメリカを100として一人あたりのPPTのGDPで日本は、16年にはシンガポール・香港・台湾はもとより、韓国にも追い抜かれると予測していた。実際に17年時点で、上記3カ国・地域が日本を超え、韓国は日本のすぐ後ろにまで迫っている。

高い購買力を持ったこれらの国の人々が、観光客として日本を訪れ、日本の経済にテコ入れしてくれている。17年の訪日観光客数2870万人（対前年プラス19％）の84％強が、中国・韓国・台湾などの東アジアと東南アジアの国々の人たちで占められた（日本政府観光局、2018）。同年のインバウンド消費額4・4兆円の80％が、上記の国々からの観光客による（国土交通省、2018）。世界最先端の機能美をもつ日本（主として東京とその周辺）、2000年超も続く歴史・伝統の成熟美を持つ日本（主として京都・奈良）、アジアとの文化的親近感が強い日本（主として大阪・神戸）の3つの日本の美の鼎立に彼らは魅せられている。

3 日本企業の海外展開は、低収益で低成長である

	残高（$10億）			収益率(%)		
	2014(年)	2015	2016	2014	2015	2016
日本	**1,152**	**1,226**	**1,400**	**8.7**	**7.7**	**6.9**
アメリカ	6,225	6,005	6,383	7.6	7.3	7.0
香港	1,450	1,531	1,527	8.3	7.9	7.7
イギリス	1,682	1,558	1,443	7.3	6.1	5.4
ドイツ	1,384	1,376	1,365	7.3	6.1	6.2
中国	883	1,098	1,281	–	–	–
フランス	1,294	1,255	1,259	6.4	5.9	6.1
オランダ	1,045	1,117	1,220	26.6	20.0	18.2
カナダ	1,089	1,074	1,219	4.3	3.7	3.4
スイス	1,085	1,129	1,131	8.9	8.6	7.9

図表 7-5　海外直接投資残高（世界 TOP10 カ国）
出典：国際貿易投資研究所（2018）データを基に作成。

†低収益・低成長の原因

日本の海外直接投資の残高約１・４兆ドル（２０１６）は、アメリカ・香港・イギリスに次いで世界４位の規模である（国際貿易投資研究所、２０１８）。10年前対比で２・８倍、５年前対比で１・５倍である。日本企業の海外依存が拡大している証拠である。

直接投資の収益率（10〜13年の平均）（内閣府、２０１６）ではアメリカの８・３％が最も高く、イギリスは７・５％、日本は６・９％である。過去３年間（14〜16年）の日本の収益率は図表７-５で示しているように、８・７％から７・７％へ、さらに６・９％へと減少している。

日本の投資先は２０１７末残高（日本貿易振興会、２０１９）で、アジアが28％、アメリカが32％、西欧が26％である。投資先の直接投資収益率（三和元、２０１８）では、２０１４年で、アジアが10・１％と高く、アメリカ7・0％と欧州6・5％での収益率は低い。アメリカと欧州での収益性の改善が課題だが、収益率が低いのは、日本企業が提供する顧客価値の競争力が相対的に弱いためなのだから、欧米企業との競争に勝ち抜けるような顧客価値とマーケティングの革新が不可欠だろう。

また、『通商白書』（2015、219頁）によると、06年から13年までの日本企業の海外の売上高成長率の平均値は3・6％、営業利益成長率は2・7％、売上高営業利益率（13年のみ）は6・6％。それぞれの指標で、アメリカ系企業、欧州系企業、アジア系企業の3割から5割までの水準に留まっている。日本企業の海外展開の低収益と低成長の原因は、「機械などのモノの価値」の利益率が技術の標準化で低下していること、標準化された機械などのモノの価値でのGID競争力が弱まっていることにある。このことは、本書で繰り返し指摘してきた。

†高まる企業の海外市場依存度

一方では、企業の海外市場依存度は拡大を続けている。いくつかの機関による調査データをとりあげる（図表7-6）。

日本貿易振興会（ジェトロ）の調査（「世界貿易投資報告」2016）によると、上場企業（186社）の海外売上高比率は、2000年度の28・6％から15年度は58・3％に高まっている。業種別では、輸送機メーカー62・5％、電気機器メーカー53・6％、素材メーカー45・9％の海

1．ジェトロ(2016)(上場企業)

	00(年)	05	10	15
売上比率（%）	28.6	35.1	46.0	58.3

15年業種別：輸送機器62.5%、機械・電気53.6%、素材・加工素材45.9%

2．通商白書(2015)(全業種)

	95(年)	00	05	10	11	12
売上比率（%）	15.6	20.8	27.5	28.1	27.3	29.5
経常利益比率（%）	10.1	15.1	25.0	44.4	47.7	31.7

3．国際協力銀行(2016)(製造業)

	02(年)	04	06	10	15	16
売上比率（%）	27.9	29.1	33.5	34.7	39.6	40.0
収益比率（%）	−	−	−	−	36.4	36.5

4．経産省・海外事業活動基本調査(海外進出企業ベース)

	90(年)	95	00	05	10	15
海外生産比率（%）	17.0	25.0	24.0	30.6	31.9	38.9

図表 7-6　日本企業海外売上高比率

外売上高比率が高い。それぞれの業種で日本を代表する企業の海外売上高が反映されている。海外売上高比率の増加は、日本からの輸出依存を下げ、現地での地産地消を拡大して達成している。もちろんその分だけ為替の影響が小さくなる。円高になるほど円ベースの利益は減少する。円安になると円ベースの利益は拡大する。

経産省（『通商白書』２０１５）のデータでは、日本企業の海外現地法人の売上高比率は、95年から12年までの17年間で15・6％から12年の29・5％に約倍増している。10年以降は海外で稼ぐ経常利益が40％を超えた（12年には減少したが）。海外での収益性が国内よりも高くなった。

国際協力銀行（「わが国製造企業の海外事業展開に関する調査報告」２０１６）による製造業６３７社のデータでみる。02年度から16年度までの14年間で、製造

		95(年)	00	05	10	16	対95
現地法人数	（社）	10,416	14,991	15,850	18,599	24,954	×2.4倍
アジア	**(%)**	**44**	**48**	**58**	**62**	**66**	
北米	(%)	25	22	18	15	13	
欧州	(%)	19	18	15	14	12	
従業員数	（万人）	233	345	436	499	559	×2.4倍
アジア	**(%)**	**55**	**59**	**70**	**71**	**70**	
北米	(%)	24	23	14	12	13	
欧州	(%)	13	12	10	10	13	
売上高	（兆円）	95	129	185	183	257	×2.7倍
アジア	**(%)**	**25**	**28**	**32**	**44**	**44**	
北米	(%)	38	43	36	29	34	
欧州	(%)	25	21	21	18	14	
経常利益	（兆円）	1.45	3.1	7.6	10.9	12.2	×8.4倍
アジア	**(%)**	**41**	**39**	**33**	**44**	**51**	
北米	(%)	23	44	32	16	23	
欧州	(%)	12	45	12	10	10	

図表 7-7　海外事業活動基本調査
出典：経産省各年度を基に作成。

業の海外売上高比率は27・9％から40・0％まで上昇し、収益の36・5％を稼ぎだしている。製造業の海外での収益比率は、売上高比率に見合っていない。

経産省の海外生産比率データによると、海外進出企業ベースで、日本企業の海外生産比率は、90年から15年までの15年間で17％から39％まで上昇した。

同じく経産省の「第47回海外事業活動基本調査」（2017）のデータ（図表7-7）では、海外進出企業ベースでの、海外での業績は95年から16年までの21年間で大きく拡大した。売上高は2・7倍、経常利益は8・4倍である。これまでの経営努力が利益増となって戻ってきている。95年から16年までの海外現地法人数と現地従業員数はそれぞれ2・4倍に増加した。

日本企業の海外事業はアジアが中心である。16年度の実績で、中国を含むアジアが、世界中の全現地法人数の66%、従業員数の70%、売上高の44%、経常利益の51%を占める。

北米の売上高と経常利益はそれぞれ、34%と23%を占める。現地法人数と従業員数は、全体の13%である。近年は北米の売上高と経常利益の比率が上昇している。北米での生産性が一段と高まっている。

アジア・北米・欧州の3地域の企業が計上している売上高の大部分は、現地と域内で達成されている。例えば、アジアの売上高の17%弱は日本向けで、日本市場の生産基地にもなっている実態が見える。ただし、日本への販売比率は緩やかに減少傾向を示している。

国内での売上成長が望めなくなった日本企業のグローバル展開は拡大しているが、上述したように、その成長性と利益性は欧米系企業だけでなく、中国系や韓国系企業に較べても低い。その間、日本企業の相対的なグローバル競争力は確実に低下している。日本企業の課題は、成長性を高め・利益性を高める価値創造をどのように実現するのか、これまでの構造的慣性から一刻も早く目覚め、危機意識をもって、GID競争に打ち勝つ「モノとコトの価値創造」に取り組まねばならないだろう。

4 経済・技術革新・人材、日本のグローバル競争力は低下している

†IMD世界競争力ランキングで25位に下降した

スイス・IMD（幹部教育に特化したビジネススクール）が毎年発表する「World Competitiveness Yearbook 2018」（世界競争力比較2018）で日本の競争力を見る。

18年、日本は61カ国中で、中国13位よりかなり下位で25位とある。17年と16年は26位だった。18年の日本25位は、経済成長性29位・政府の効率性42位・ビジネスの効率性25位・インフラ整備13位を合わせた総合順位である。政府の効率性の悪さ（岩盤規制など）が際立つ。規制が多いために、日本企業ばかりか海外企業にとっても日本はビジネスしづらい国である。ビジネスの効率性（投下資本に対する成長性や利益性など）のランクが意外に低いのは、「コトの価値創造」のイノベーションの後れが影響しているようだ。

88年から92年まで、「モノ造り世界一」時代の日本の総合ランキングは1位だった。隔世の感がある。その後は10位圏内で、1〜5位の間、そして6〜9位の間を前後したあと、20位圏に下がって現在に至っている。

18年の競争力トップ10には、アメリカ1位、オランダ4位、スイス5位、アジア勢では香港2位、シンガポール3位が入っている。どの国も一人当たりの名目GDPは4万ドル超から6万ドルのレンジで、日本の3万8000ドルよりも高い。つまり、一人当たりの付加価値生産性が日本よりも高いのだ。これらの国々は、コトの価値創造、なかんずくICTを活用した情報サービス産業や金融業などに強い。

11〜20位には、カナダ10位、中国13位、ドイツ15位、イギリス20位、台湾17位などが入っている。カナダ・ドイツ・イギリスは日本よりも一人当たりのGDPが高い。一人当たりGDPが小さい国は、13位の中国8640ドルと17位の台湾2万4600ドルだけである。

日本の競争力の低下は、日本が一人当たりの付加価値生産性が低い老大国になりつつあることと同義であると言えるのではないか。

別の競争力指標もある。国家の競争力評価は、その評価基準の取捨選択によって大きく上下に動くから注意が必要だ。WEF（世界経済フォーラム）の「世界競争力報告書2017〜2018」（the Global Competitiveness Report 2017〜2018）では、世界137カ国中で日本の競争力は9位とある。マクロ経済環境93位、高等教育の質23位などは低ランクだが、ビジネスの洗練度3位やイノベーション8位は高い。日本より上位の国々は、1位から順に、スイス、アメリカ、シンガポール、オランダ、ドイツ、香港、スウェーデン、イギリスである。

この報告書で指摘している日本の主要な問題点は、大きい順に、税金が高い、労働法規に制限が多い、技術の適応力が不十分、政府の効率が悪い、などが挙げられていて、政治や法律が経済活動、中でも企業活動の足かせになっている現状が見える。企業は一流だが、政治は三流と言われる所以であろう。

技術の適応力では、新技術を新製品開発や新事業開発に転換する創造力不足や企業のリスク・テイキングな投資不足が指摘できるだろう。

†世界イノベーション・ランキングで8位に後退した

WEF（2017）の世界イノベーション力ランキングによると、日本は08〜09年から15〜16年まで世界4〜5位だったが、16〜17年と17〜18年には8位に後退した。上位7カ国は、スイス、アメリカ、イスラエル、フィンランド、ドイツ、オランダ、スウェーデンの順である。企業の研究開発投資、研究者や技術者の数、特許の件数ではトップ・クラスだが、産学連携の弱さ、公的研究機関の質、技術の適応力、政府によるハイテク製品の調達などで上位国に後れをとっている。

全要素生産性（TFP）で日本とG7諸国を比較する（図表7-8）。全要素生産性では、労働力や資本（機械・設備）の投入だけでは説明できない生産性を、技術革新などによる生産性の変

- 経済成長に対する技術進歩の寄与を示す指標として用いられる全要素生産性（TFP）上昇率を見る。
- 米国及び英国のTFP上昇率は、90年代以降マイナスで推移したが、2011-16年はプラスに転じている。
- TFP指数の推移をみると、各国とも2007-09年はリーマンショックの影響で大きく落ち込んだが、米国は下落幅が比較的小さい。

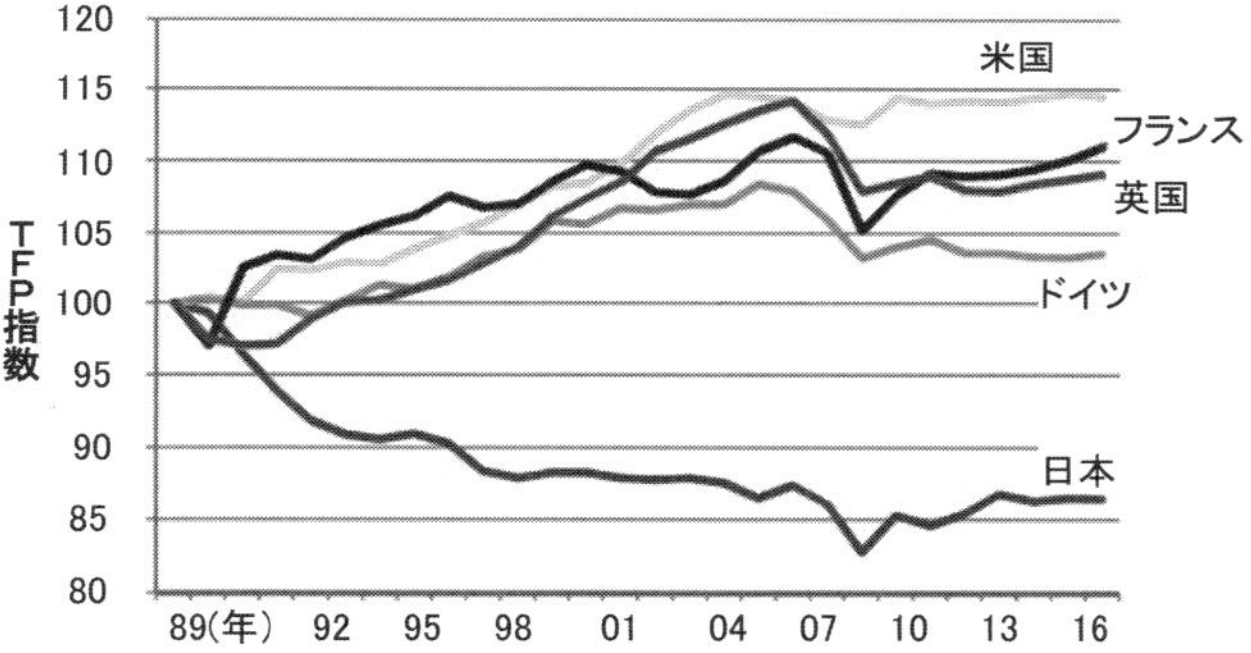

図表7-8　全要素生産性（TFP）の国際比較
出典：経産省　2018年6月12日アクセス

化を加味して説明する。日本は89年（＝100）以降、TFPがプラス成長でなくマイナスで推移した。G7諸国のTFPは2006年まで108〜115まで上昇し、08年のリーマンショックで大きく落ち込んだが、その後再上昇を続けている。

日本は09年以降にやっとプラスに転じているがG7諸国との差は大きいままである。日本の一人当たりのGDPの伸びが低迷しているのは、労働や資本の生産性が低いからではなく、技術革新が付加価値上昇にうまく適用されていない（技術の適応力が低い）からである。つまり、付加価値の高い新製品開発や新事業開発に繋がっていない。

†人材のグローバル競争力ランキングは31位に下がった

日本人（ビジネス人材）のグローバル競争力の一端をIMD（2017）の「世界人材ランキング」（IMD World Talent Ranking 2017）でみておきたい。

人材競争力の総合ランクは63カ国中31位で、過去13年間の最高位だった09年の23位から8位ランク後退した。12年の41位が最下位だった。年毎の変動に一喜一憂する必要はないが、過去10数年、日本人の人材力は世界で中間位くらいだとの評価は変わらない。G7国では、ドイツ8位、カナダ11位、アメリカ16位、イギリス21位、フランス27位、イタリア36位である。隣国である韓国と中国は、それぞれ39位と40位。

評価の中身をみる。

国内での人材育成力評価は18位で近年やや向上している。労働環境や動機づけでは22位で、こちらは14年の10位から大きく低下した。肝心のビジネス能力は48位でがくんと下がり、14年の36位から12ランクの後退である。

ビジネス能力の中身をさらに分析すると、国際経験63位・言語能力59位・有能な高級幹部58位・マネジメント教育53位、大学教育51位と63か国中で最下位かほぼ最下位である。ビジネス能力が低下し続けている日本人による企業経営のグローバル競争力が、「ファイト、業績をあげよう」の掛け声だけでそうたやすく高まるとは考えにくい。

日本企業の30〜40歳台の現役世代は、もっとも脂の乗り切った人たちなのだが、海外で働くのを避け、異文化の人たちと共生しながら競争するのが苦手で、ビジネスの能力や才能でのグローバル競争力が大変低いと言われ続けている。IMDの報告書はそれを間接的に裏付けているると言えるのではないか。このビジネス能力の「低さ」が少なくとも過去10年超も続いている。

質が伴わない大学教育。シュウ・ミンチュン（2017）が引用している世界銀行のデータでみると、日本の10年のデータで25歳以上の人口に占める大学など高等教育修了者（人的資源のストック）の比率は80％超、11〜13年間の高等教育の就学者率（人的資源のフロー）は61％超と、主要先進国で日本はトップ・クラスである。しかし、ビジネス能力のIMDでの世界ランク48位は極めて低い。つまり人口比での人的資源の数は多いが、質が全く伴っていないと解釈する。

日本の18歳人口は、92年の205万人から16年には約120万人にほぼ半減した。一方では、四年制大学の数は96年の576校から16年の777校に200校増加した。大学の教育の質の低下が叫ばれて久しいが、独自の特徴や強みを持たない名前だけの大学、疑似東大・京大、疑似早大・慶大を増やし続けた結果である。

大学教育はビジネス向けだけではもちろんない。しかし、ビジネス能力の基礎を教えるのも大学の大きな社会的使命である。

今必要なことは、教育の量的ではなく、質的転換である。そして大学教育の質的転換には、大学教員の質的転換が真っ先に必要である。ビジネス教育で言えば、国際経験なし、言語能力なし、経営経験なしで文献を読むだけの教員が、アメリカの研究者が書いたコトの価値創造やGID（グローバリゼーション・イノベーション・ダイバーシティ）の概念を棒読みして聞かせるだけの教育で、どんなビジネス能力が教えられるだろうか。

学力は高いが生産性（一人当たりのGDP）は低い日本、を示すデータがある。日本経済新聞（2018a）から要点を抜粋する。

「OECD加盟国の中高校世代の数学的・科学的リテラシーで日本は首位に立つ」と、同新聞は伝えている。しかし、その基礎学力が生産性に結びついていない。

スイス、アメリカ、フィンランド、オランダなどは、日本より数学の平均点は低いが生産性は高い。その理由として、これらの国々は、イノベーション力・技術の適応力などが日本より上位にあることをあげている。

既述したように、日本のイノベーションのランキングは、技術の適応力などが原因で上記の国々よりも低く8位である。全要素生産性も低い。技術力を付加価値の高い「コトの価値創造」中心の新製品や新事業の開発に適応できるようになるためには、創造力・想像力が豊かな人材の教育が欠かせない。

5　日本企業の研究開発投資の効率と効果は欧米より低い

†企業の研究開発の投資収益率が低いのが難点だ

ここでは技術イノベーションの効率と効果を掘り下げる。

日本企業の研究開発は、GDP比の研究開発投資で、アメリカや欧州企業に較べて一段と積極的だが、その成果が利益に結びつきにくいという分析結果がある（日本経済新聞、2017a）（図表7-9）。日本企業は対GDPの研究開発投資比率を、95年から14年まで2・6％から3・6％へ高めてきた。比率で言えば、同期間のアメリカ企業の2・4％から2・6％へ、ドイツ企業の2・1％から2・9％へ、に比べても大変高い。しかし、その積極的な研究開発投資は、アメリカやEU15カ国の企業に比べて利益にあまり結びついていない。つまり、投資収益率が低いのだ。とくに製造業での収益率が低い。

日本企業の製造・非製造を合わせた研究開発投資額の合計（04〜08年）は約60兆円で、営業利益（09〜13年）は約100兆円だった（投資収益率は1・7倍）。同時期、アメリカ企業はそれぞれ85兆円と240兆円だった（2・8倍）。EU15カ国の企業は65兆円と260兆円（4・0倍）

だった。

製造業でみると、日本企業は50兆円の研究開発投資に対して営業利益は60兆円だが（1・2倍）、アメリカ企業は40兆円に対して160兆円で遥かに強い利益獲得力を身につけている（4・0倍）。EU15カ国の企業は、日本企業よりも少ない30兆円の投資だが、160兆円の営業利益を稼いだ（5・3倍）。かつて「モノ造り世界一」だった日本企業の21世紀での投資収益

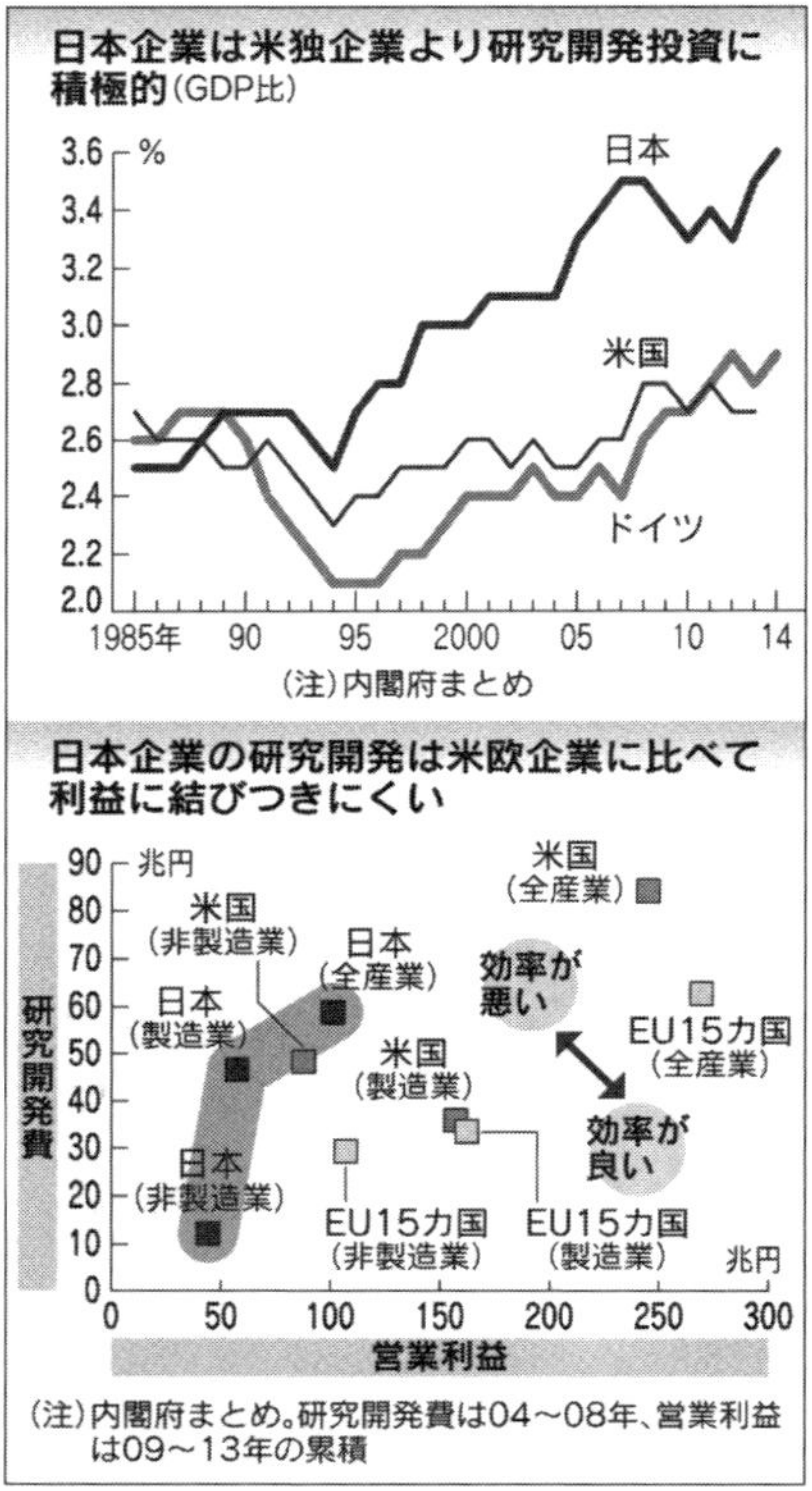

図表7-9　日本企業の研究開発投資は、利益に結びつきにくい
出典：日本経済新聞 2017年5月15日（朝刊）

率の低さが際立つ。

非製造業における日本企業の研究開発投資額は10兆円で、営業利益は50兆円。アメリカ企業は50兆円対80兆円、EU15ヵ国企業は30兆円対120兆円である。非製造業での投資収益率は高いが投資額は大きくない。

日本企業の研究開発投資効果の低さの理由について、日本経済新聞（同上記事）は次の4点を挙げている。①大企業による投資に偏っている。②投資の9割が既存製品・既存技術の改善・改良に偏っている。③短期で成果が出る投資が大部分で、中長期的な投資が少ない。④新技術・新市場開拓型のイノベーションへの投資をしない。

日本企業の研究開発の最大の問題は、第四次産業革命として、グローバルな研究開発競争が進行中であるABCD分野（人工知能・AI、ビッグデータ、クラウド、知識採掘・データマイニング）への投資が少ないことにある。すべて「コトの価値創造」の分野である。日本企業はこれらの分野で周回遅れていると言われている。

†日本には起業家の数が少ない

世界の隅ずみまでインターネットでつながり（IoT）、人工知能（AI）が人間の頭脳に取って代わろうとしている今日は、「パラダイム破壊型イノベーション」（山口栄一、2006）が次々と生じる大転換期だと言える。しかし日本には、研究開発に特化した起業家が少ない。中国には1億2000万人（人口比9％）、インドに8700万人（7％）、アメリカに2300万人（7％）の起業家がいるのに対して、日本にはわずか350万人（3％）しかいない（『日本経済新聞』、2017b）。

ベンチャーエンタープライズセンター（2016）によると、新製品開発や新事業開発などを目指すベンチャー企業への投資額の、日中米欧の4カ国・地域の国際比較では、11〜15年の累計で日本の投資額は6557億円で、圧倒的に少ない。同期間、アメリカは日本の35・5倍、中国は日本の12倍弱、欧州は日本の3・8倍投資した。

†技術革新の熱源がアメリカや中国より弱い

『日本経済新聞』（2014b）が、「技術革新の熱源」の国別比較を行っている。引用回数が多い学術論文数、発表された学術論文数、特許出願数、政府の研究開発投資、民間の研究開発投資の5つの指標で、日本の現状を100として主要国を評価した。日本の合計評価は500点である。

アメリカ2014点、中国697点、ドイツ513点、イギリス435点、韓国219点の順である。特許申請件数では日本、中国、アメリカが年間40万件台で肩を並べているが、アメリカは引用回数が多い論文数、学術論文数、政府の研究開発投資で、それぞれ日本の8・5倍、4・0倍、4・7倍高い。アメリカはイノベーションの源泉である熱い研究開発のマグマを体内に日本の4倍強も蓄えている。

18年も日本人のノーベル賞受賞（医学生理学賞）で国全体が沸いたが、技術大国の将来は明るくないという。

『日本経済新聞』（2018c）によれば、「世界で日本の科学技術の存在感が低下」している原因として、「予算の伸び悩み」「若い研究人材の減少」「短期的な成果を求める風潮」などがあげられている。その結果、科学技術の質をはかる指標である論文の引用数が減少している。04〜06年までの平均で、日本人による論文の引用数は4位で、アメリカ断トツ1位、イギリス2位、ドイツ3位に続いて4位だった。中国は5位だった。10年後の14〜16年の平均では、アメリカ断トツ1位は変わらないが、日本は9位に後退した。そして、中国が2位に躍進した。論文引用数のシェアでは、アメリカ27・4%で、中国が17・0%と続いた。日本はわずか2・9%である。

6　ダイバーシティでは世界最下位に近い

†日本は外国人が働きにくい国だ

いくつかの国際比較データがある。一つは、『日本経済新聞』（２０１４d）の「外国人 働きにくい日本」のグラフである。その中で要旨こう指摘されている。「労働力人口が減少している日本で、働き手を確保するために、外国人をもっと国内に呼び込むべきとの議論が高まっているが、日本の人口に占める外国人の比率は１・６％で、その数は２０７万人。外国人の受け入れは遅々として進んでいない」

アメリカの外国人数の人口比率は６・８％で日本の４倍を超える。外国人人口は２１０５万人である。アメリカの情報通信技術（ＩＣＴ）や人工知能技術（ＡＩ）のイノベーションがシリコン・バレーで移民によって担われているのは周知である。アメリカの他に、外国人の人口比率が高い国として、シンガポール（28・1％）、スイス（22・4％）、ドイツ（8・5％）、イタリア（8・0％）、イギリス（7・7％）、フランス（6・0％）がある。どれも日本よりもグローバル人材力が高い国々であり、イタリアとフランス以外は、日本よりも国家の競争力も強い。スイス、アメリカとドイツはイノベーション力でも日本より上位である。

†移民受け入れへの高く厚い心の壁がある

日本の労働人口の減少を移民によって補うのは、賛否以前に実現不可能に近いという議論がある（『文藝春秋』２０１７）。

座談会形式の特集記事から主要点を抽出する。

①過去20年間に減った生産人口は１０００万人、今後の40年間でさらに３０００万人減少する。１０００万人単位で外国人を受け入れるとしても、それだけの移民を出せる国は日本の近くにはない。

②あるとしたら、中東、アフリカ、インドだが、どこも日本とかなり文化距離が遠い。フィリピンやインドネシアは１００万人単位なら可能かもしれない。中国や韓国はこれから急速に人口オーナスになるので出せる国ではない。

③外国人労働者に対して「日本人化」を強いる企業が多い。外国人のグローバル人材は欲しいが、「権利を主張しないで働いてほしい」「サービス残業もしてほしい」では、有能な人材ほど日本で働きたがらないだろう。

④日本がオープンな社会に変わらなければならないという議論には賛成だが、移民は労働人

口減少の特効薬にはならない。

⑤単純労働者の受け入れは、人件費を下げ、経営のイノベーションを阻害して、経済成長にマイナスとなる。

一方では、人口減の中で経済成長を実現するこれといった決め手はないが、労働人口の減少以上に、一人当たりの生産性を高めるイノベーションを継ぎ目なく実現すれば経済成長は可能になる。理論的にはそうでも、そのイノベーションの実現にこれまでの20数年間四苦八苦してきたのが日本企業の現実である。

すぐにも問題解決が期待できる特効薬ではないが、有能な外国人労働者を受け入れて共生する物理的で精神的な異文化との共生の空間を、日本人自身が広げていかねばならないのではないか。知識はいくらでも海外から取り入れる柔軟性を発揮するが、外国人を取り入れる内へのグローバリゼーションの経験を日本人は積みあげていない。経験を先延ばしするほど、日本人の内向き志向が続くばかりである。

100年も前に、オーストリアの経済学者シュンペーターが「新結合がイノベーションの原動力になる」と言ったが、それを現代に翻訳すると、文化の異なる人間同士が一緒になって共通の目的に向かって議論の火花を散らすと一段と創造的な革新が生まれ、それが今までにない新事業・新製品・新サービスを開発する力が強まるということだろう。日本社会・日本企業が四半世紀近く停滞している理由の大きな一つが、同質な日本人だけがいくら頑張ってもなかなか「破壊的イノベーション」（クリステンセン）が起こせない、精神的な隘路にはまり込んでいるせいだとの議論が続いている。移民による異質な文化との共生と衝突の刺激が隘路からの脱出に効果的ではないか。

『日本経済新聞』が実施した世論調査（2018d）によると、「人手不足の分野での外国人労働者の受け入れ拡大について賛成が54％と半数を上回った。外国人労働者の日本での永住に関しても賛成が54％にのぼり、反対の34％を上回った」。18〜29歳と年齢が低いほど賛成意見が多かった。政府が実施しようとしている外国人労働者の受け入れ拡大政策に対し、若い日本人ほど積極的になりつつあるようだ。移民受け入れに対する否定的な感情とは別に、労働力不足への当面のソリューションの一つとして、受け入れるということだろうか。

『日本経済新聞』（2018e）によると、政府の方針は単純労働を含む外国人労働者の受け入れ拡大で、在留資格は一定の技能を持った「特定技能1号」資格と熟練した技能を持った「特定技能2号」資格の所有者である。在留期間はそれぞれ「5年」と「更新可能」である。「特定技能2号」の資格者は永住にも道が開けるという。1号で対象とする業種は、建設・造船・自動車整備・農業・漁業・外食など14業種である。

両方の資格者での受け入れ人数の政府試算は、今後5年間で最大34万5000人とされている。一方では、2019年度からの5年間で、140万人の労働力が不足すると想定されている。

†男女の平等、経済と政治の分野で世界最下位と評価された

男女の平等さを0から1までに指数化して国際比較したデータをみる(『日本経済新聞』、2014c)。経済・教育・健康・政治の四つの指標から分析している。経済では、管理職比率・就業率・同一労働同一賃金を男性と比較している。健康では健康寿命、政治では国会議員に占める比率の男性との比較である。

日本女性の男女平等指標は0・650(男性1・0)で、世界136カ国中105位。教育と健康は男性とほぼ同じだが、経済が0・584、そして政治が0・060だった。ちなみにお隣の韓国は0・635で111位だった。中国は0・691で69位。儒教文明(男尊女卑)が色濃く残ると言われる東アジアの3国での結果である。

アイスランド0・873、フィンランド0・842、ノルウェー0・842がトップ3で、以下6位フィリピン0・783、14位ドイツ0・758、18位イギリス0・744、23位アメリカ0・739である。

日本は女性の能力や才能を政治や経済に生かし切れておらず、宝の持ち腐れ状態である。労

働人口の減少の解決策の有力な一つが女性の活用にある。移民受け入れの議論がイエスかノーに集約するかどうか不明だが、それとは別に、女性をさらに活用する社会への転換がもう一つの緊急の課題ではないか。

†DI企業の世界トップ100社の内日本企業は5社だけ

トムソン・ロイター（2016）が発表した、ダイバーシティとインクルージョン企業（D&Iインデックス）の世界トップ100社の中に、日本企業が5社含まれている。アステラス製薬5位、資生堂45位、花王83位、第一三共83位、キヤノン95位である。

トムソン・ロイターによると、「『多様性』『受容性』『人材開発』『悪評（メディアでの論争・物議の頻度）』の4つの基本部門を構成する24の評価ポイントによって、職場でのダイバーシティ（多様性）とインクルージョン（受容性）が最も進んでいる世界の企業上位100社を選出した」。「多様性」は女性比率・女性の管理職比率などで測定し、「受容性」はLGBTや障害者、柔軟な労働時間などの指標を使う。「人材開発」では従業員教育やキャリア開発などを対象にする。「悪評」ではこの分野に関するネガティブ報道の数を測定する。

そしてD&Iインデックスは、「金融プロフェッショナルの投資行動において企業の長期的な成長と機会を見極めるための理解を深める」のに役立つと述べている。

7　世界は日本に好意を持っている

アメリカとイギリスで実施されている、いくつかの指標での国際比較分析で、日本は世界最上位の評価を受けている。経済のフローである成長力は弱いが、ストックである豊かさや信頼感の蓄積が大きい。最先端の科学技術水準はトップ・レベルで、歴史・伝統・文化が2000年近くも重層的に積み重ねられて成熟し、両者がバランスよく両立している。これらの要素が日本への高い好意度評価に繋がっている。

日本が世界中で（中国と韓国を別にして）好意を持たれているのは、日本企業のグローバル展開にとっての追い風である。一方では、中国と韓国で、好意度がネガティブという逆風の中で、日本企業が活躍しているのも事実である。ある特定製品分野での日本企業の製品の顧客満足度も高い。両国で活動している日本企業の並々ならぬ経営努力の結果である。

また、日本はこれほどまでに世界から好まれていながら、本章で見てきたように、日本企業のかつてのモノ造り世界一のポジションは韓国勢や中国勢に侵食されているし、コトの価値創りでのGID（グローバリゼーション・イノベーション・ダイバーシティ）競争力はなかなか高まらないのが現実だ。

†世界最高の国家ランキングで日本は5位

アメリカの『USニューズ&ワールド・レポート(US News & World Report)』による「2018年世界最高の国家ランキング」で、日本は世界5位。日本より上位の4カ国は、スイス1位、カナダ2位、ドイツ2位、イギリス4位である。日本に続くのはトップ10以内で、スウェーデン、オーストラリア、アメリカ、フランス、オランダである。中国は20位、韓国は22位の評価だ。総合点でスイスを10点満点として、日本は9・5点だ。国の評価項目は、国家の影響力、市民意識、文化水準、ビジネスの容易性、伝統文化資産、発展の可能性、操業環境、国力、生活の質など9項目。各項目の評価点を総合して計算している。

同誌のもう一つ別の「2018年世界で最も影響力がある国ランキング」のトップ10では、日本は7位。1位から6位には、アメリカ、ロシア、イギリス、中国、ドイツ、フランスがランクされている。ドイツと日本以外は全て国連安保理の常任理事国・第二次大戦の戦勝国である。逆に敗戦国では、ドイツ5位、日本7位、イタリア10位がランクインしている。日本の高評価の理由として、世界トップ・レベルの教育水準や科学技術力、そして長い歴史・伝統と西欧文明との融合があげられている。

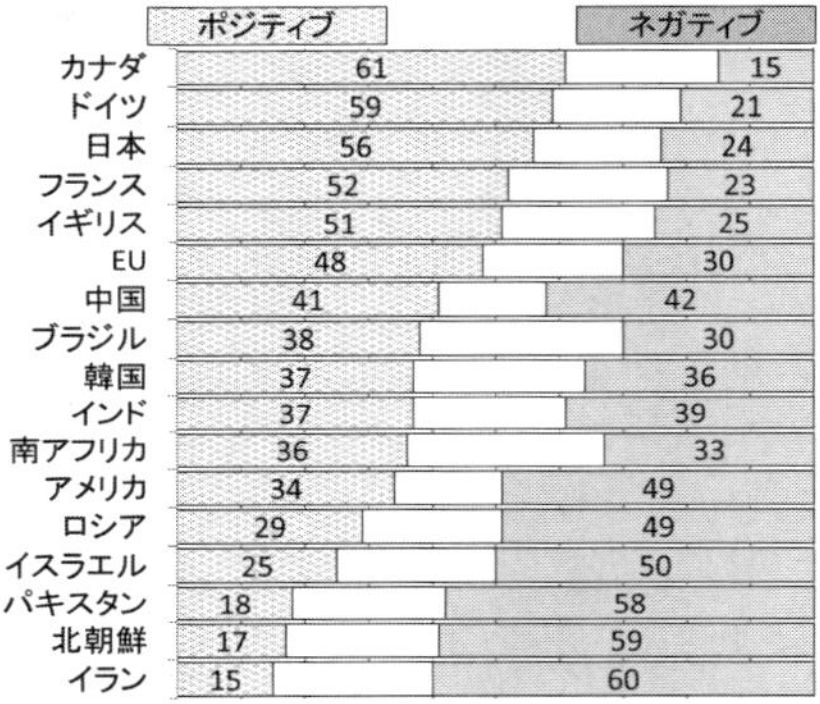

14年からポジティブに変化	14年からネガティブに変化
5	-1
1	1
6	-4
4	-1
-4	2
3	0
-2	2
-6	2
-1	1
-1	0
-3	0
-5	6
-1	1
2	-1
2	-2
-1	3
-1	0

図表 7-10-1　世界に与える影響力の国際比較（2014 年～17 年の平均）
出典：ＢＢＣ世界世論調査 2017

†世界にプラスの影響を与える国ランキングで日本は3位

イギリスのＢＢＣが毎年実施している世界世論調査「ＢＢＣ世界世論調査２０１７」で、17年に日本は「世界にプラスの影響力を与えている」国として調査対象国18カ国中で3位の評価を受けている（図表7-10-1）。日本の他にトップ5のポジティブ評価を受けた国は、カナダ1位、ドイツ2位、フランス4位、イギリス5位で、多少の順位の変動はあっても、この5カ国がこの数年トップ5を占めている。そして２０１４年以来、日本へのポジティブ評価は56％までプラス6％ポイント上昇し、ネガティブなそれは4％ポイント減った。

日本へのポジティブ評価（２０１７）が高いのは、北米・南米、西欧・アフリカ、東南アジアの

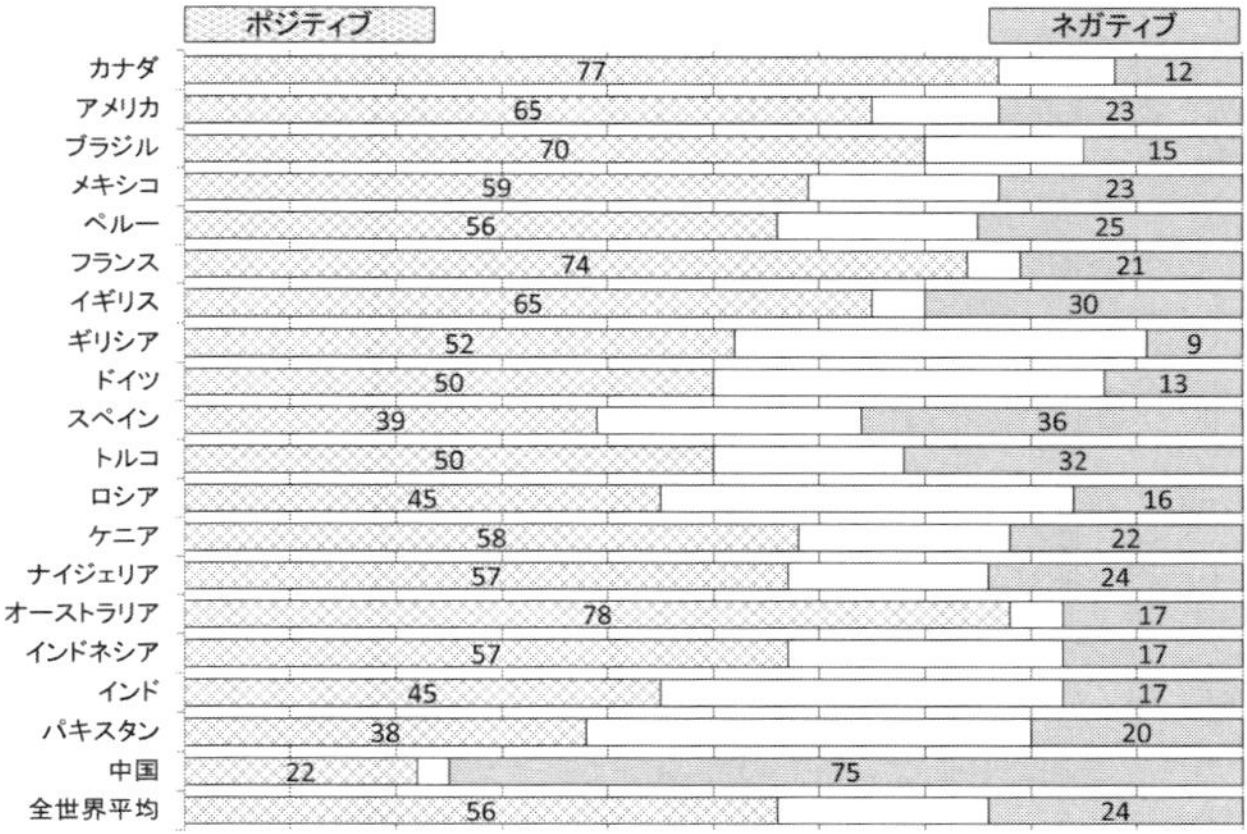

図表 7-10-2　日本の影響力（各国の評価：2017 年）
出典：ＢＢＣ世界世論調査 2017

国々である（図表7-10-2）。とくに、カナダ、アメリカ、ブラジル、フランス、イギリス、ケニア、ナイジェリア、オーストラリア、インドネシアネのポジティブ評価が高い。中国の日本へのネガティブ評価（75％）が突出している。

２０１４年の詳しいデータを見ると、日本人が見る自国へのポジティブ評価「日本は世界にポジティブな影響力を与えている」は50％で、ネガティブ評価「日本は世界にネガティブな影響を与えている」は6％に留まっている。日本人自身による自国へのポジティブ評価は控えめだ。さすがにネガティブは低い。残り44％は「どちらともいえない」で、その中身は「分からない」「考えたことがない」「関心がない」などだと推測する。

日本を除く他の21カ国による日本への2014年の平均評価は、ポジティブ48%とネガティブ29%だ。日本の「ポジティブな影響力」評価は、日本人（50%）と世界の人たち（48%）とで、ほぼ一致する。日本へのネガティブ評価が高いのは、中国人90%、韓国人79%、ドイツ人46%である。

†日本はASEAN諸国から最も強く信頼されている

日本の外務省が2014年、ラオス・カンボジア・ブルネイを除くASEAN7ヵ国で実施した「ASEAN地域7ヵ国における対日世論調査結果」が公表されている。

「自国にとって最も信頼できる国」「自国の現在と将来の重要なパートナー国」の2項目についてデータをみる。両項目共に、日本が最も信頼できる国であり、現在と将来のもっとも重要なパートナー国だとの回答を得ている。

「自国にとって最も信頼できる国（11ヵ国から一つ選択）」の回答率では、日本33%、アメリカ16%、イギリス6%がトップ3。中国は5位で5%、韓国は9位で2%だった。

「自国の現在と将来の重要なパートナー国（複数選択）」の回答では、「現在のパートナー」で日本65%、中国48%、アメリカ47%、韓国37%がトップ4である。日本とアメリカは信頼できかつ重要なパートナーで、中国と韓国は信頼度は中位―下位だがパートナーとしての重要度は高い。「将来のパートナー」として日本は60%、中国43%、アメリカ40%、韓国35%である。

8　企業の盛衰とその理由を考える

日本企業の寿命は、83〜13年の30年間の倒産件数の分析で、平均34・9年である（宇賀神宰司、2014）。

なぜ企業に寿命があるのか。ある文明システム（政治・経済・社会文化・科学技術）の中で成功した企業は、その成功体験に固執して構造的な慣性に陥って危機意識を持たなくなり、文明システムが変化しても、変化に適応した経営の変革をおこしづらくなる・おこせなくなるからだと言われる。

GID（グローバリゼーション・イノベーション・ダイバーシティ）の3軸に沿って考える。これまで見てきたように、GID競争が企業経営の全てで進行している。企業は国内外で文明システムの変化を内部化し、経営の5要素の全分野でGIDを進化させて、持続性ある競争力を保っていかなければならなくなった。持続性ある競争力の強弱・有無が企業の寿命を左右する。

『日本経済新聞』（2014a）による、13年12月現在の、日本とアメリカの時価総額上位300社の設立時期の集計がある。1910年代以前の日本の産業革命期・近代産業勃興期に設立された100年超企業は、新日鉄住金、東芝、日立など61社（20％）である。経済恐慌から満州事変・日中戦争に至る1920～30年代の設立は三菱電機、トヨタ、日産、パナソニック、キヤノンなど72社（24％）。1945年から高度成長期が始まった60年代までの設立はソニー、ホンダ、デンソー、ファーストリテイリングなど118社（42％）。70年代以降の設立企業は日本電産、キーエンス、ファナック、ソフトバンク、NTTドコモなど46社（15％）である。

日米の企業を同じ設立年代で比較する。先ず1910年代～50年代の50年間である。同時期に設立された日本企業は199社でアメリカ企業は67社に過ぎない。日本の企業価値がこれらの企業（日立、パナソニック、トヨタ、ホンダ、ソニーなどの製造業）の「モノの価値造り」に依存していることが分かる。次に1960年代～2000年代の50年間でみると、日本企業は62社に対しアメリカ企業は123社にのぼる。GAFA（グーグル、アップル、フェイスブック、アマゾン）とマイクロソフトは60年代以降に設立された。「モノの価値造り」で80年代に日本企業に後れを取ったアメリカが、GAFAを代表に多くの「コトの価値創り」企業を生み出して、ICT（情報通信技術）社会への転換で世界をリードしている。

アメリカとの比較で、日本の長寿企業の事業転換や競争力強化がなかなか進まない一方で、新規開業率や新興企業の成長率が低い事実が指摘できる。日本には今でも、輸送機・電気・機

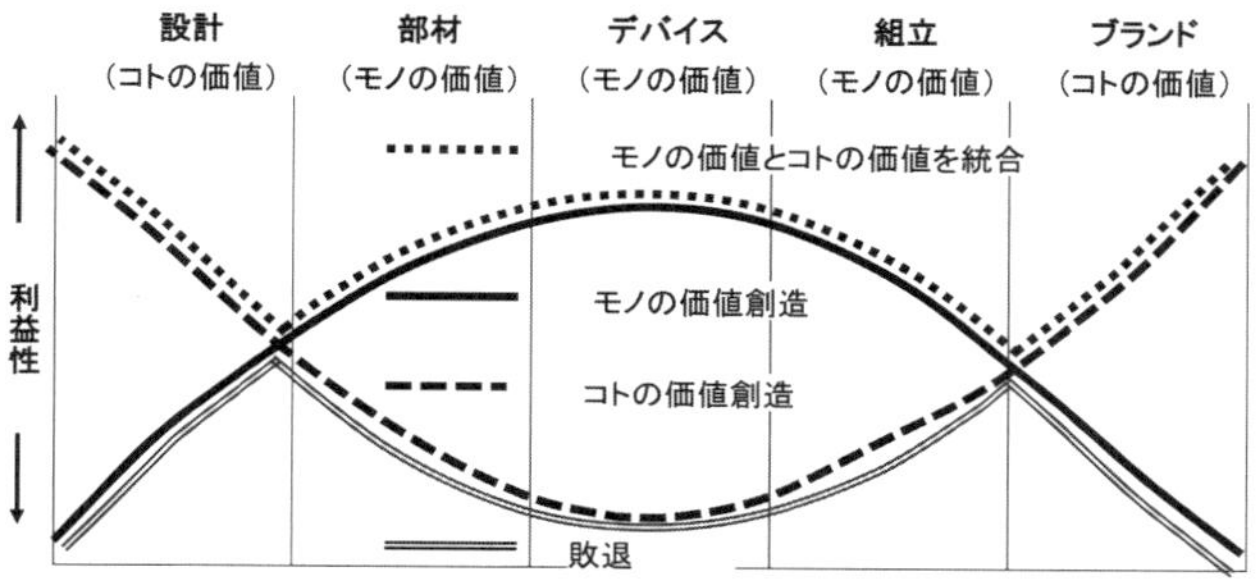

図表7-11　バリュウチェーン（価値連鎖）：モノの価値とコトの価値

械・金属など「モノの価値造り」のグローバル企業が多く、ICT関連で世界を先導する「コト価値創り」の企業は生まれていない。今日までの日本企業には、総じてコト価値創造のためにGIDを進化させる力が不足していると言えるだろう。

†利益創造の価値連鎖（VC）と供給網（SC）を考える

日本企業がモノの価値創造で世界一になった1980年代の価値連鎖は、図表7-11の「モノの価値創造」カーブ（さむらいカーブ）のように、「部材→デバイス→組立」の製造プロセスで、技術の優位性を梃に機能・性能の差別優位性という顧客価値を造りこんだ。モノ造りの技術力と熟練工の匠の技などが付加価値を生み出した。家電・自動車などの機械器具の分野である。利益の源泉がこのプロセスにあった。

90年代以降の「コトの価値創造」カーブ（スマイル・カーブ）では、技術が標準化し、デジタル家電ではモジュール化が進み匠の技が不要になった。製造プロセスは中国や東南アジアで最小コストのファウンドリやOEMでまかない、利益の源泉は設計（デザイン）と言われるプラットフォーム創りと、ブランド・イメージ創りに移行した。GAFAやマイクロソフトの価値連鎖である。日本のデジタル家電メーカーは、この新しい価値連鎖の構築に後れ、アップル、サムスンやLGに次々と敗退した（Mカーブ）。自動車も「モノ造り価値創造」の代表だが、敗退はしなかった。その理由は後述する。

21世紀の「コトの価値創造」は、さらに進化して、「モノの価値」と「コトの価値」を統合した価値連鎖（Wカーブ）の競争になっている。その先行企業がGAFAであり、自動車産業の今日の世界のリーダーたちが繰り広げているCASE（つながる車コネクテッドカー、自動運転、シェアリング、電動化）での先陣争いである。

90年代から現在までの、日本企業の顧客価値創造の盛衰を大きく3分類して考える。「変わる企業」「変わらない企業」「ICTとコトの価値創造で成功した企業」である。

†変わる企業

「モノの価値創造」と「コトの価値創造」で切れ目のないGIDを実行して競争力を高め世界をリードしている企業群。トヨタ・グループ、日産（ルノーをカウントしない、以下同じ）、ホンダなどで、小型量販車で世界をリードし、HV（ハイブリッド車）やFCV（燃料電池車）などの環境対応車では技術開発とそのグローバル提携戦略で先頭を走っている。つまり、モノの価値とコトの価値の両方を統合して現在世界をリードしている。一方では世界の大勢は、EV（電気自動車）が次の主流になる方向に動いていて、日本勢は出遅れ気味である。中でもトヨタはこれまでHVとFCVに注力していたが、EVでの遅れを取り戻すことに舵をきった。

自動車も「モノの価値造り」だが、「部材→デバイス→組立」のプロセスで、技術の標準化、部品・デバイスのモジュール化がなかなかできない。また製造プロセスで付加価値を造り込むには、匠の技ともいえる組立現場の熟練工による摺合《すりあわ》せ技術が必要である。コスト競争力も欠かせない。そして自動車自身がICT技術をどんどん取り入れている。自動車はだから、「モノ造り」単独ではなく、「モノ造りとコト創りを統合させた」価値創造（Wカーブ）だと言える。

過去10年以上日本4社は、販売台数で世界のトップ10の地位を維持している。日本車主要メーカー9社（トヨタ・日産・ホンダ・スズキ・マツダ・スバル・三菱・いすず・日野）を合わせると、世界で30％超のシェアを占め、出身国別ランキングでは1位である。シェアの算出は、OICA（国際自動車工業連合会）による2017年の世界の総自動車販売台数9680万台強を分母にしている。

2017年、上位4社合計の国内外の販売台数比率は、各社のホームページで集計すると、ざっと20％対80％で、利益も圧倒的に海外依存である。トヨタ、日産、ホンダ3社合計の生産台数比率は国内28％対海外72％。その内、トヨタの国産比率は40％、日産とホンダの国産比率は16〜17％である。

トヨタの国産比率が高い理由は次のようにまとめられる。今後の技術開発や環境対応車の開発を日本のマザー工場で中心的に行う、そのためには国内に量産体制が整っている必要がある、そして国内の部品・部材メーカーなど関連産業への配慮、そして雇用の安定である。

世界の自動車産業は今、「100年に1度の変革」の時期を迎えている。動力がエンジンからモーターへ、エネルギーがガソリンから電気や水素へ、そしてAI技術による完全自動運転車へ、などの大変革である。つまり、自動車産業はモビリティ産業への進化・転換が進行中で、ICT企業との直接・間接の競争・協業が拡大している。この進化・転換を総力戦で内部化して、新たな競争力を獲得した自動車メーカーが近い将来はグローバル市場でのリーダーになるだろう。あるいは、電気自動車（EV）、燃料電池車（FCV）、自動運転車（SDC）が鼎立し、それぞれに特化した自動車メーカーが競争しているだろうか。10年後、世界のリーダーとして日本車メーカーが何社残っているだろうか。

『日本経済新聞』（2018b）によると、日本車メーカーもCASE（つながる車・コネクテッドカー、自動運転、シェアリング、電動化）への取り組みを積極的に始めている。

自動運転技術の開発競争で日本勢は現在、アメリカ勢に後れをとっている。トヨタは、キャッチアップに懸命だ。ソフトバンク・グループが筆頭株主になったアメリカのウーバーに出資して共同開発中である。ホンダは、グーグル系のウェイモ社と共同開発中でかつ、GMの自動運転子会社に出資していて、トヨタの一歩先にいる（『日本経済新聞』2019a）。日産は2019年2月現在、日産・ルノー・三菱連合としてウェイモ社との提携に入る交渉中とされる（『日本経済新聞』2019b）。自動運転技術のデファクトスタンダード（事実上の標準）の確立はまだ先のことだから、日本勢はこれからの巻き返しに必死にならざるを得ない。

†変わらない企業

モノの価値創造（薄型テレビなど）のGIDに敗退して、消費者向けデジタル家電から業務用に事業転換して再建途上にいる企業群で、パナソニック、ソニー、シャープ、東芝（不正経営も深刻）などを含む。これらのデジタル家電の日本企業は例外なく、「モノの価値創造」での失敗「Mカーブ」を描いて敗北した。2000年代初期〜中期にかけてのことである。液晶テレビやスマートフォンでのグローバル競争に敗れ、復活の見込みは当面、全くない。なかでも海外市場で衰退している。

液晶テレビで日本企業は、1900年代までの、家電王国と言われたアナログ家電時代の成功体験が大きすぎで構造的な「慣性」に陥った。技術先行の過信から抜けきれず韓国勢の技術習得能力を侮り、現地目線での顧客価値の創造や東アジアにまたがるクロス・ボーダーの価値連鎖網（VC）と供給連鎖網（SC）の構築競争にも遅れた。「戦略は敵対する意志の不断の相互作用である」（野中郁次郎ほか、2005、34頁）という戦略論に沿って言えば、日本企業は韓国企業の敵対戦略から学ばなかったから敗退したといえるだろう。

スマートフォンでは、それまでの携帯電話でNTTドコモなどガラケーに固執した大手通信会社に規格から販売まで頼っていたために、国内外市場の開拓をアップルやサムスンに先行されて出遅れてしまった。スマホのGID競争では現在、アップルやサムスンはすでに雲の上の存在で及びようがなく、両社を追随している中国企業の背中もますます遠のいていくばかりだ。

日本勢は自滅ともいえる敗北をした。その根底に、繰り返すが「過去の大成功の経験から抜け切れない強い構造的慣性」が働き、競争相手の戦略転換に対する「危機意識」を持つことなく、これまで通りに、「個別合理的でしかない」技術優位性の保持と、その優位性を担保する国内での垂直統合戦略に固執した強い企業意思が働いていた。

あまつさえ、国内に世界最大のパネル生産工場を、シャープ（液晶パネル）は2009年に4200億をかけて竣工させ、パナソニック（プラズマ・パネル）は2007年までに5500

億円をかけて完成させた。いずれも過剰投資であり、韓国勢よりも高コストのパネルを生産した。工場の完成時には世界中で、液晶テレビはすでに韓国勢の優位が拡大中であり、プラズマ・テレビは液晶テレビに敗退していた。パナソニックはその後素早くプラズマ・テレビから撤退し、液晶テレビ一本に集中したが、時すでに遅しだった。

薄型テレビの敗退を正確に予測していた中堅幹部や一般社員が両社にいたはずである。しかし彼らの声や意見が有効に採用されることはなかった。大多数の社員は個別合理的に、会社の不敗神話と巻き返し戦略の成功を信じて働くしかなかったろう。

不思議なことに、両社にこの敗退の責任をとった最高経営者は一人もいなかった。しかも、両社はそれぞれ数千人もの社員を業績不振・リストラで退職させている。シャープは台湾企業に買収され、パナソニックやソニーは消費者向けのデジタル家電から業務用に事業転換して、それぞれ再建途上にある。東芝は不正経理などで自滅し、会社を切売り・縮小して辛うじて生きながらえている。

以上の記述を業績データで補完しておきたい。ソニーとパナソニックの日本を代表するデジタル家電企業と、アップルとサムスンという世界の二大デジタル家電企業との、07年から17年までの業績比較である。

ソニーとパナソニックの売上高は2007年、過去最高の7兆円前後だった。同年のサムスンの売上高は11兆円で、利益はソニーとパナソニックそれぞれの倍以上を稼いでいた。サムスンは半導体で稼ぎ、薄型テレビで日本勢を追い抜き、携帯電話では断トツの世界一だった。アップルが同年にスマホ（iPhone）を発売した。

その後の10年間、アップルは破竹の勢いで売上高を伸ばし、サムスンもスマホで追撃して、アップルとサムスンの二強時代が現出した。ソニーとパナソニックは敗退し、取り残されて、売上高７兆円前後のままで低迷し、巨額の赤字を垂れ流し続けた。

17年の４社の業績を比較する。トップのアップルの売上高は23兆円で最終利益は４兆円である。サムスンは21兆円の売上高で最終利益は３兆円強だ。ソニーとパナソニックは、Ｂ２ＣからＢ２Ｂ中心へと事業構造の転換を余儀なくされてそれぞれ、売上高は８兆円と７・５兆円、最終利益は４０００億円と２０００億円前後である。文字通り２強と２弱に分かれてしまった。

今後、２強であるアップルとサムスンは業績の低下に苦しむことだろう。スマホのソフトとハードの両方の技術が標準化している現在、プラットフォームやブランドの開発コストがかからない中国勢の華為《ファーウェイ》、Ｖｉｖｏ《ビボ》、小米《シャオミ》などの低価格品の攻勢で、中国市場はもとより広くアジア全域で、２強は急速にシェアを失い中である。中国勢の製品は、２強のブランド価値の優位性をもってしてもカバーしきれないほどの低価格でかつ、２強の機能・性能とほぼ同等である。

†失敗の歴史を繰り返さないために

日本のデジタル家電メーカーの2000年代初頭からの、韓国勢やアメリカ勢への敗退とその理由の分析を通して筆者は、「この道はいつか来た道」、アジア太平洋戦争に敗退した日本軍がたどった道を想起した。デジタル家電メーカーの敗退のパターンと日本軍の敗退のそれとが、組織経営（運営）の失敗の根本原因の同質性という同根で繫がっているのではないかと考えたのだ。

日本のデジタル家電メーカーには、アップルやサムスンなどの価値連鎖・供給連鎖の転換を素早く感知する能力（アジリティ Agility）、転換に適応して、あるいは先行的に、それまでの自己を否定した自己変革をする能力（トランスフォーメーション Transformation）、そして、新たに競争戦略を構築する能力（ダイナミック・ケイパビリティ Dynamic Capabilities）が不十分だった。それが、当時の日本軍と二重写しになって見える。

戸部・寺本ほか（1991）によると、日本軍は、日露戦争の勝利という大成功が組織の構造的慣性を生み、そのためアジア太平洋戦争の最後の最後まで、アメリカ軍の組織と戦略の大転換に直面してもなお組織の変革・基本的な戦略転換ができなかった。あまつさえ日本本土での最終決戦・一億人総玉砕、つまり日本国が滅ぶまで戦う作戦さえも実行しようとしていた。「日本軍には本来の合理的組織となじまない特性があり、それが組織的欠陥となって、大東亜戦争での失敗を導いたと見ることができる」(同上書、24頁)。その組織的特性とは、明らかな物理的劣勢のもとでも、非現実的で無理な、不条理な作戦を強行させたこと。しかも輜重《しちょう》の支援も無くである。戦闘で死亡した兵士の数よりも、軍に支援を断たれて飢餓と疫病で死んだ兵士の数が多かった(吉田裕、2017)という無残な死を強要した。彼らの屍を南太平洋の島々と海戦の海にうち捨てた。この無残・狂気ともいえる人命無視はなぜ起きたのか。

日露戦争で勝利した二大作戦。陸軍は203高地での白兵銃剣主義と海軍は日本海海戦での大艦巨砲主義で、両軍ともに人命軽視・将兵の使い捨てが、それぞれの勝利の方程式と信じられた。陸軍と海軍の連携のなさ、協力関係のなさも最後まで解消されなかった。両軍ともに、力が尽きても最後には神がかり的な精神主義だけを強制して玉砕させる。それが日本軍の戦略思想・文化になった。

アジア太平洋戦争でアメリカ軍は、重火力と航空機重視の陸軍、航空母艦を中心にした航空機攻撃主体の海軍、水陸を統合した海兵隊、そして、状況により柔軟に陸・海・海兵隊を統合した戦略で日本軍を圧倒した。日本軍は人力・馬力中心で人命軽視、アメリカ軍は火力・機械中心で人命尊重だった。日本軍の戦没者310万人、アメリカ軍の戦没者は最大で10万人、その違いの大きさが日本軍の作戦の全てを物語っているだろう。

日本軍は、アメリカ軍が真珠湾での打撃を乗り越えて戦略の大転換をしたことから一切学ぶことをせず、明治時代のマインドセットを持ち続け、危機感を持って目覚めることもなかった（アジリティ能力の欠如）。そのマインドセットを否定して自己変革して近代戦に備えるべきだと、最後の最後まで気づきもしなかった（トランスフォーメンション能力の欠如）。それが日本軍敗退の最大の原因（ダイナミックケイパビリティの欠如）だと分析されている。今でもなお日本軍が敗北したのは、日本軍の暗号通信がアメリカ軍に解読されて、日本の戦略の先回りをされたからだと、戦術次元の原因に日本軍の敗北の理由を矮小化した議論がまかり通っている。

当時の日本人はどう考えて戦争に賛同し協力したのだろうか。政治や軍の指導者の多くが日本は負けると分かっていたという。しかし国民には、戦争の勝敗への合理的・客観的な情報ではなく、日本が勝つという都合の良い情報しか与えられていなかった。反対するに足る情報はなかったし、その選択肢もなかっただろう。一切の批判・反対を許されない全体主義だった。反対し非国民として排撃されるコスト・犠牲はあまりにも大きかった。だから賛成することが日本人の個別合理的な選択だったと言えるのではないか。以上は、近年の新制度派経済学の取引コスト理論（菊澤、前掲書）からの推論である。

†ICTとコトの価値創造で成功した企業

ソフトバンク、NTTドコモなどは、国内市場でのGIDは進んでいるが、国外でのGIDは発展途上である。明らかなことは、コトの価値創造で世界をリードする企業は今日現在、日本からは生まれていない。

GAFAとマイクロソフトが、それぞれの分野で世界を席巻しているが、全てアメリカ発である。そして世界の時価総額ランキングでは、トップ10の上から6位までに上記5社がランクインしている（2018年9月末日時点）。

以下はギャロウェイ（2018）を参考にして記述する。

グーグルは、言ってみれば電子百科事典であるが、百科事典をはるかに越える情報・知識の宝庫である。即時性と最新性にも優れ、誰にも聞けない秘密の質問にも答えてくれる、現代人に不可欠なツールである。

アップルはICT社会を代表するアイコンであり、コトの価値創造のパイオニアである。アップルを持つことで人は自由になる。社会の歯車でない自分を持てる。自分の意のままに様々な問題・疑問を解決する。グーグル・アマゾン・フェイスブックが提供するコトの価値はすべて、アップルのツールを通して手に入れる。

フェイスブックは、全世界で12億人が毎日利用し、人と人をつなげ（関係性価値）、ライフスタイルを作り、経験を疑似共有する（シェアリング）。人類史上で最も成功した企業だとされている。

アマゾンは、あらゆる小売業を網羅して、ますます巨大化している。そして、世界中で既存の小売業を次々と敗者にしている。物流のインフラも支配しつつある。

本節を通して、企業の持続性には、現在の本業（ガソリン自動車とか薄型テレビ）の衰退を防ぐためにも、モノ造りとコト創りのGID競争力を強化するだけでなく、産業自体（日本の戦後の繊維、鉄鋼、造船、半導体、薄型テレビなど）が国際競争力を失うような変化に対応して新産業を創造し、そのGID競争力を進化させる力も必要であるとの教訓が取り出せる。「GID競争力の進化を継続できる企業だけが生き残る」という箴言には時代を超えた普遍性がある。

9 経済と企業の課題

文明システムが大転換して、1980年代までの産業社会（モノの価値造り）から90年代以降はICT社会（コトの価値造り）へ移行した。そして、モノとコトの両方のGID（グローバリゼーション・イノベーション・ダイバーシティ）競争の時代になった。とくにコトの価値では、全てのものがインターネットでつながるIoT、人間の頭脳を代替する人工知能（AI）・ビッグデータ解析によるサービス開発・クラウド・データマイニングなどが、その巨大な影響力を全世界に及ぼしている。こういった世界に普遍な「コトの顧客価値創造」の競争にうち勝っていかねばならない。

文明システムの大転換を企業はGIDの3軸に沿って内部化し競争力を高める。GIDへの進化論のような適者生存能力が、今日の企業の競争力だと言える。90年からの四半世紀の間、日本企業の多くはコトの価値造りのGID競争で、守・破・離の進化を競争的に実現していないために、その国際競争力は後退していると認識されている。このままでは、日本企業は世界のこの潮流にますます遅れるばかりではないだろうか。

経団連（2015）は、このことを日本の危機と捉え、『豊かで活力ある日本』の再生」の実現には、企業が研究開発・技術開発・新産業新事業開発で変革を実現させて競争力を回復し、国内外で持続的に成長することが不可欠であると提言した。経団連はさらに、日本を再生させるには日本人の「意識・社会通念」の変革も必要だとしながら、意識・社会通念の中身に触れておらず、変革の具体的な提言はしていない。日本人の意識・社会通念の変革と企業の変革は、唇歯輔車の関係または表裏一体で不可分であると認識しているはずで、今後「意識・社会通念」の分野の変革にも、具体的な提言とその実現に向けての積極的な協力が期待される。

筆者は日本の再生のためには、日本人「らしい・ならでは」の思想の再定義が必要だと考えている。国をあげてオープンな議論が行われ、今日の文明システムに適応する21世紀の日本人の思想が紡ぎだされなければいけない。

コトの価値造りの競争力とそのGID競争力が現状のレベルのままで、日本経済が再び21世紀に、80年代までがそうであったように、世界の主役・模範となるような成長軌道に乗る可能性はほとんどゼロに近いのではないか。これまでの分析を通して得られた認識である。

日本は規模では今なお世界3位の経済大国だが、一人当たりの生産性（一人当たりのGDP2017）では名目で25位、購買力平価では30位で、実質的に中堅国のレベルである。今後のますますの人口減少は確実で、しかも生産性はずるずると低下する可能性が大きいので、経済規模でもやがて中堅国に後退するだろう。IMF（2018）は、日本経済の規模が2030年までに現在の3分の2に縮小するとさえ予測している。

残された時間は少ない。

終章　「新和魂グローバル最適経営」の提案

1　現状認識

†問題を正しく同定する

日本経済と日本企業は、大きな問題を抱えている。問題とは、望ましい目標や目的に対して実際の成果や現状が下回っている状態のことである。問題が正しく同定されると、今後の成果や改善の機会が正しく発見されやすくなる。問題の原因を明らかにし、その解決策を構築して実行に移す。これが経済合理的な知性の営為である。

しかし、知性の営為には限界がある・限界合理的である。人間は100%合理的にはなれないし、完全に未来を見通すことはできないからだ。限界のある「知性」の営為を機能させ、解決策を構築し実行する意思決定をするには、その「意欲」を駆動させる哲学がその根底になければいけない。解決策を構築しそれを実践して企業の持続的成長を達成することは「善であり正義である」、という価値観（信念）を支える哲学である。

経営学では、企業の最終意思決定は、ＣＥＯ・最高経営責任者（日本では、代表取締役社長の呼称が一般的）を中心にしたトップ経営者の最大機能の一つである。意思決定に至るプロセスで最も大切なステップは、企業が抱える「問題」、ないしは企業の業績向上・持続性維持の「機会」を明確・正確に同定することとされている。

問題が解決できない理由の大半は、問題（機会）が正しく同定されなかった場合に起きる。経営者や組織全体が、問題を正しく問題として認識できない構造的慣性や危機意識の欠如などがその原因とされる。経営者や組織全体のマインドセットが固定してしまい、自己変革ができなくなってしまうからだ。

問題を正しく同定するには、往々にして、現在の自己を否定・解体するような変革をする覚悟が求められる。それを怠り結果として、間違って定義された問題の解決に向けて、どんな解決策を講じても真の解決にならない。経営者の役割は問題を解決することとされているが、それよりもはるかに大切な役割は、問題を正しく同定することである。

日本経済と日本企業が過去四半世紀を超える間にたどった軌跡は、上で述べた経済合理的な知的営為が効果的・効率的に機能していない、そのため望ましい成長と収益の成果が得られていないことを示している。しかし、だからと言って、「日本はもうだめだ」論に与することはない。

日本人はこれまでの歴史を通して、経済合理的な知的営為の能力を発揮し、「善と正義を実現する」価値観に支えられて、失敗を繰り返してきたが、失敗に勝る多くの成功を収め危機を乗り越えてきた。その成功体験を十分に蓄積しておりながら、１９９０年初頭のバブル崩壊以来今日まで、世界の中で日本経済の成長だけが長期低迷し、多くの日本企業はグローバル競争で欧米企業ばかりでなく、韓国や中国の企業に較べても、成長性と利益性で後れをとっているのはなぜなのか。「問題を正しく同定し、その原因を明らかにして、解決戦略をたてて実行に移す」のサイクルで、日本人の知的営為がうまく機能してこなかった理由はなにか。

最大の理由は、とくに90年以降に、日本人「らしい・ならでは」の思想とその申し子である経営哲学が劣化したことにあると仮説して、第6章と第7章でその検証を試みてきた。終章では、21世紀の経営哲学「新和魂グローバル最適経営」のコンセプトを提案したい。その哲学が21世紀の経済と企業のＧＩＤ競争力の復活を実現する日本人の「意欲」をインスパイア（奮い立たせる）することを願っている。

図表終-1　塚本喜左衛門家に伝わる「三代の鑑」
出典：ツカキグループ塚本喜左衛門氏の了承を得て掲載

†日本の現状が「長者三代の鑑」に重なる

戦後70年間の日本と日本人が、近江商人・塚本喜左衛門家（現在は六代目）に伝わる掛け軸「長者三代の鑑」の絵と重ね合わさって見える。その絵は「謙虚に精進し、勤勉質素であれ」（どりむ社編、２０１６）から外れた商家の盛衰と崩壊を描きだしている（図表終-1）。

掛け軸には下段から中段へ、そして上段へと商家三代の盛衰が描かれている。下段には初代が夫婦で汗水流して懸命に働いて長者になるまでの姿が描かれている。中段にはその心と実践を受け継がないまま、初代が残した資産を浪費する二代目が客を招いて茶の湯三昧に暮らす様子が描かれている。上段では家業がつぶれて尾羽打ち枯らした三代目が犬に吠えつかれている。「三代の鑑」になぞらえて言えば、現在の日本経済の停滞を、三代目に当たるポスト戦後世代が味わっている。ポスト戦後世代はこのまま「ゆでガエル」で終わるのか、飛び出してコトの価値創造のＧＩＤ（グローバリゼーション・イノベーション・ダイバーシティ）競争に挑むのかの選択を迫られている。

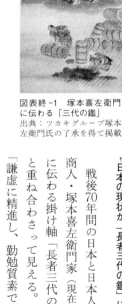

2 「和魂商才」の継承を――トップ経営者のメッセージ

トップ経営者がそれぞれの「和魂商才」を開示している。『日経ビジネス』（2014）の特集「遺言　日本の未来へ」で、未来を拓く人たちへのメッセージ、が掲載された。

トップ経営者は、本書で論じてきた日本人「らしい・ならでは」の思想の「宗教性・倫理道徳性・世界観」の「不易」を、未来を拓く人たちが継承してくれることを強く望んでいる。「昔」に戻れと言っているのではなく、日本人の思想の「不易」を受け継ぎ、「構造的慣性」から脱し、「危機意識」をもって今日から明日へ、世のため・人のための仕事に取り組む「経営哲学」を持ってほしいと言っている。

以下は、当該特集に登場した経営者の発言の要旨を、筆者が編集して、いくつかのタイトル別にまとめたものである。

「ことを為す」には国家や社会や国家に貢献するという志、正しい生き方が大切だ。

「逆境の中にあっても悔しさをばねにしてやる気をおこす。社会や国家に貢献するため正しく生きる。自分が先ず勉強し働く」（鈴木修、スズキ）。「不惜身命、天命感謝、天衣無縫。生まれた時代や境遇は、天から与えられた運命。感謝して身命を惜しまず精いっぱいやるしかない」

（清水信次、ライフコーポレーション）。「個人の権利ばかりが重視されるようになった。公徳心とか公共の利益を明示的に教えるべき。経済人が国家のために自分のパブリックな面を差し出すのは当然」（宮内義彦、オリックス）。

文明システムの変化に適応して、企業も自分も変革しなければ、持続できないし大切なものも守れない。

「何が大切かは、その時代じゃないと分からない。大切なことは時代・今起きていることにしっかりと向き合うこと。感度が大切。その先に本質的な変化をとらえる」（鈴木敏文、セブン&アイ・ホールディングス）。「多様性のある場があれば、そこで異質の才能がぶつかり合う『共創』によるイノベーションを起こすことができる」（佐々木正、シャープ）。

人間のやり抜く精神力とセレンディピティを大切にしたコトの創造力が、ゼロから1をつくる価値創造の大きな部分を占めている。技術一辺倒のモノ造りは危うい。

「勤勉と創造力を実際の商品で証明する。欧米に学んでどう追いつくかを考えることが日本再生の第一歩。今あるモノはこれでいいのか、常に危機感を持って問い直す」（樫尾幸雄、カシオ計算機）。「セレンディピティ（ひらめき）で社会貢献する。商品は効果や機能が大事だけど、人の心を捉える半分はアート。モノを売ると同時にコトを売っている」（大塚正富、アース製薬）。「技術的なことだけが進化発展したら近代文明は危うい。人間の精神面の進化や豊かな人間性がなければ危なっかしい」（稲盛和夫、京セラ）。

先義後利の言行一致が人間の天命である。

稲盛和夫（1932〜　）は今日も、陽明学と禅のハイブリッド「先義後利」を説き続けている。稲盛は、周知のように京セラの創業者である。鹿児島県で生まれ育ったせいか陽明学徒・西郷隆盛を尊敬して成人したと、自伝で述べている。

稲盛がいう「義」は、天という絶対真理（正義）と自力で一体化する（大義を果たす）、つまり、敬天愛人を天命とし、自分にしかできない仕事を通じた言行一致で自己を磨く（即今、当処、自己を確かめる）ことだ。つまり、「実践を通して人としての大義を果たす」「使命感を持って生きる」という知行合一の経営哲学である。（稲盛和夫、2004、2009）。

「今の日本はあまりにも平穏で、日本人は安穏をむさぼっている。大義を忘れ、闘魂の精神を失っている」（『日経ビジネス』2013b）。昨今の「先利後義」の風潮を嘆く稲盛は、「盛和塾」で中小企業の若手経営者たちへ「先義後利」の伝道者となっている。

経営には仁や義を貫く勇気が必要だ。

富士フィルムホールディングスの会長・古森重隆（1939〜　）はサラリーマン経営者である。当該企業は、スマホの普及で本業の利益の7割を稼いでいたフィルム事業が無くなり、大胆な事業転換・多角化で復活した。その転換・多角化を指揮したのが古森である。その経営哲学は、『論語』の教えとか武士道精神の「不易」な倫理観を色濃く反映している。

以下は『日経ビジネス』（2013a）による。「経営は、真剣による斬りあい」と同じで、「経営者に負けは許されない。経営者の負けは会社の負けだ」。企業の持続とは勝ち続けることに他ならない。勝つためには、「経営に模範解答はないが、賢く・正しく判断してやり切る強さをもち、天下の正道で勝つ。社員や会社・社会を愛する力を梃にする」。仁や義を貫く勇が大切だ。そして、「私心をすて、人間として正しいことをする。常に自己変革を怠らない」「グローバル市場で戦い抜く勇気が必要だ。そうすればこの国は再び強くなる」

3 「新和魂グローバル最適経営」の経営哲学

問題を正しく同定して、解決策を構築し実践する「知性」。その知性を駆動させるのは「意欲」であるという。鈴木大拙（1972、114〜115頁）の言説に触発されて、「経営哲学」と「意欲」の関連を考える。

†日本人の霊性

鈴木は、人間精神の活動（心のはたらき）に四つの心理作用が働くと言う。感性・情性・意欲・知性である。「花は紅いと見、水は冷たいと感じる」のは人間の「感性」で、「紅い花は美しい、冷たい水は清々する」と価値づけるのは人間の「情性」である。「美しいものが欲しい、清々するのが好ましい」ので「それをわが手に収めようとする」のは「意欲」である。感性・情性・意欲と人間の精神活動を分別して考えるはたらきが「知性」である。四つの精神作用だけでは説明できないはたらきを「霊性」(Spirituality) と名づける。「花の紅さ、水の冷たさ」をその真実性において直観させる働き・その価値を認めるはたらきが霊性である。

鈴木を敷衍すると、「意欲」を持つには、「霊性」のはたらきが必要だ。霊性が意欲を駆動させ、知性が効果的にはたらく。

鈴木は「日本的霊性」が覚醒したのは鎌倉時代だという。浄土真宗が農民に、そして禅宗が武士に浸透するにつれて、日本民族の中にもともと存在していた霊性が顕現した。つまり、宗教意識の覚醒・宗教体験が日本的霊性の顕現をもたらした。大地に生きた親鸞による浄土真宗の絶対他力が、同じく大地に生きる農民の救済宗教として浸透し、また鎌倉武士 (出自は農民) による教外別伝《きょうげべつでん》(以心伝心の真理や悟りを得る) の禅宗への帰依が広まった時代である。

それ以来、日本的霊性は今日に至るまで脈々と続いている。どの民族・どの国民も、それぞれの「特殊な霊性」を自覚する。「霊性」は「普遍」だが、自覚のされ方が「特殊」である。日本的霊性は、日本人が日本の大地の**まこと**を感得して覚醒した「特殊」である。アメリカ的霊性はアメリカの大地のまことを感得して覚醒する。

アメリカの経営学会にＭＳＲ（経営《マネジメント》・霊性《スピリチュアリティ》・宗教《リリジョン》）という研究集団がある。その定義によると、霊性（スピリチュアリティ）は「宗教心、宗教の核になるもの、神と人との心理的つながりを指している。（中略）特定の教団にはコミットしないが、神的なものとのつながり感は大切にしている（中略）。いわば特定教団によらない、宗教性の感覚」（村山元理、２０１２、２２１頁）である。

現代の大多数の日本人は、鈴木が言う宗教体験をしていないから、彼が言う「日本人の霊性」を前提にはできない。しかし、日本人の宗教心は、仏や八百万の神々との心理的つながりを持っていて、村山が定義する霊性に近いのではないか（第6章2を参照）。つまり、アメリカ人は「信仰があるから宗教心がある人たち」であるのに対して、日本人は「信仰はないが宗教心がある人たち」である。アメリカでは「信仰」が社会関係資本で、日本では「宗教心」が社会関係資本であると言えるだろう。

アメリカの企業経営者やリーダーの大多数が敬虔なキリスト教徒であるのは周知である（ジョージ、２０１７）。日本人はどれほどの割合で敬虔な仏教徒と言えるのか。第6章のデータから推定すると相当少数だと思われる。しかし、大多数の日本人は宗教心を持っている。

以下では、神仏儒が習合した日本人の特殊な「宗教心」を今日の「日本人の霊性」と翻訳して論述する。「日本人の霊性」の成り立ちは特殊だが、その霊性が日本人「らしい・ならでは」の思想から経営哲学を紡ぎだすと考える。

†自己変革への「意欲」を駆動する経営哲学

どのようにして日本人は、第7章で検証した経済と企業の危機と言えるほどの多くの大きな課題（問題）を克服し、21世紀のコト価値創造のGID競争を勝ち抜くのか。それには、科学的・経済合理的な知性の働きが不可欠だ。しかし「知性」には限界がある。その限界合理的な知性を働かせるには、現代のグローバル文明システム（政治・経済・社会文化・技術）の急激な変化に適応した、あるいは、変化を先取りする、日本の特殊的でかつグローバルに普遍的な「経営哲学」を持った日本人の「意欲」が必要だ。日本の経済と企業の競争力を再生・復活させることが日本と日本人にとって「善・正義」であると認め、信じ、それを実現したいとする「意欲」を駆動する経営哲学である。

経営哲学が「コトの価値創造とそのGID競争に打ち勝つ戦略」を、経済合理的に構築し実践する知力を生かす頭脳の酸素となる。真実の現実（ICT社会でのコトの価値創りのGID競争力の後退）から日本が再生するために、その経営哲学を**「新和魂グローバル最適経営」**として提案したい。日本人に知力がないとは思えない。知力を「善で正義である価値」の実現に向かわせる「哲学」が不足している。実現途上での数々の失敗は避けられない。経営哲学は、失敗しても再度やり直す不撓不屈の精神の熱源でもある。

†「和魂」を再定義した「新和魂」

「新和魂」の定義は、かつての「和魂」に戻ることではない。戦前・戦中世代の日本人「らしい・ならでは」の思想の宗教性・倫理道徳性・世界観をそのまま復古するのではない。つまり、第6章「戦後、日本人の思想の変遷」で検証した現代の日本人の、あまりにも「かつて」の日本人「らしさ・ならでは」から隔絶した思想の劣化を頭から「だめだ」と否定するのでもない。かといって、日本人「らしい・ならでは」の「なさ」をそのままに、これから後の世代に継承することでもない。そのまま継承することに、筆者は強い危機感を持つ。日本人は、人口減によってではなく、思想の劣化によって、この地球上の極東という辺境に物理的にも思想的にも自らを押し込んで、その挙句に世界から孤立してしまうのではないかという危機感である。過去は変えられないが、未来は変えられる。

「ISM調査」と「NHK調査」から浮かびあがる現在の日本人の思想の平均像は、「宗教心が弱まり、自己的・利己的で、企業への忠誠心とか仕事への熱意を持たず、便宜的に日本が第一と言いながら国と自分の関係を真剣に考えるでもなく、外国人との共生を嫌がり、反対とは言わないまでも国内外でのグローバリゼーションやダイバーシティに消極的」である。こういった「やる気がなく」「危機意識をもたない」日本人ばかりが集う日本企業が、コトの価値創造のGID（グローバリゼーション・イノベーション・ダイバーシティ）競争に立ち向かえるだろうか。

戦前・戦中世代の日本人「らしい・ならでは」の思想と、現在の日本人の「らしい・ならでは」の思想は一見180度違うようだ。しかし、両者はどこかで良くも悪しくも連続しているはずである。歴史は連続して現代に至っているのだから、時代を超えた共通な・不易の部分があるに違いない。現代の日本人が、日本人の思想は「好ましからざる方向（流行）」に行き過ぎていると認識していること自体が、日本人の思想の「好ましい方向（不易）」を内心では模索していることの裏返しだと言えるのではないかと考える。

内閣府が1970年代から毎年実施している「社会意識に関する世論調査」（2017）では、日本人は近年、国や社会に対してかなりポジティブになっているとの集計結果が出ている。悲観ばかりする必要はないのかもしれない。①「国を愛する気持ちが強い」人の割合が2000年以降16年までに46％から56％に上昇している。②「国を愛する気持ちを育てる必要性がある」人が73～81％を占めていたが、2000年を境にして81％から73％に下がった。わざわざ育てなくても自律的に育っているということか。③90年代の初頭までは「個人志向」が強く50％強を占めていたが、その後「社会志向」が上昇し、17年には個人志向47％対社会志向40％と両者がかなり拮抗している。④「社会に貢献したいと思っている」人は、17年には65％まで上昇した。

「新和魂」とは、現在の文明システムに適応して、過去と現在を客観的に総括し、温故知新し、換骨脱胎して、現在から将来に向けて「心（mind and heart）を震わせ、意欲を湧かせ」「頭（knowledge）を機能させる、知力を働かせる」不易の、日本人「らしい・ならでは」の思想のことだと再定義したい。つまり、日本人の思想を、現在の文明システムに適応して、ＡＩ進化（守・破・離）させることだ。

日本人の思想はそれぞれの時代に自成的に、時代を超える「不易を通底し」、時代を反映した「流行を身にまとって」経路依存してきた。そして数々の危機と困難を克服してきた。現在の課題も克服できるはずである。そのためには、今日の時代の文明システムが求めているコトの価値創造でのＧＩＤ競争で守・破・離の進化をアップ・スパイラルに実行して、日本と日本企業の持続可能な未来を拓かなければならない。それを実行する主役は「新和魂」を持った日本人であると考える。

新和魂が再定義されるプロセスで、日本人の心の中に新和魂が自律的に育たなくてはならない。国から押しつけ、与えられるものではない。国の役割は、日本人自らが過去から現在までの「らしい・ならでは」の宗教観、倫理道徳観、世界観を自覚的に再定義したくなるような、心と頭の中の「情緒的・知的な空間」が広げられるように支援するだけでよい。一つには、小中高大の教育の中で段階的に、日本人の宗教観、倫理道徳観、哲学観の系譜を学び現代にどう生かしていくのか自由に討議できるようにするのが良いだろう。その前に討議をガイドリードできる教員をじっくりと養成する必要がある。そうすれば、現代の文明システムと整合する「新和魂」の再定義を求めて議論が百花繚乱するだろう。こうして、時代の特殊性、経路依存性、不易流行性に沿った日本人「らしい・ならでは」の新和魂を紡ぎだしたい。

4 「新和魂グローバル最適経営」の経営哲学が必要である

かく定義される新和魂が、企業のグローバル最適経営にエンゲージする日本人の覚悟と熱意、使命感とロマン、夢と志、想像力と創造力、知力と体力などの根源的な人間力を駆動する心と体のエンジンとなるだろう。

今日から将来にかけてのグローバル最適経営とは、企業がコトの価値創造の競争を勝ち抜くために、国内外の文明システムの変化に適応して、経営の5要素である企業の理念（存在理由）、企業文化（企業の個性）、経営資源（人材・情報・技術・設備・資金）、顧客価値創造プロセス（顧客価値形成、SC・VCなど）、組織（生産・マーケティング・財務・人事など）の全局面で、GID（グローバリゼーション・イノベーション・ダイバーシティ）競争を、国の内外で切れ目なく、アップ・スパイラルに、最適に勝ち抜いて、自社のグローバル業績を最大化することに他ならない。つまり、コトの価値創造のGID競争で、新たな守・破・離の進化をアップ・スパイラルに実現することだ。新和魂が、けっして涸れることのない泉のように、守・破・離の競争進化を実現する根源的な意欲を日本人に与え続けるだろう。

私たち日本人は、こういったグローバル最適経営のイメージを持ち、その実現に向けて歩を進めていかねばならないと思っている。

†普遍の優劣競争と特殊の影響力競争が同時に進行している

国の内外で世界に共通の普遍化が拡大し、国や民族の特殊化が強まり、両者がからみ合いながら同時に進行している。これが、GID（グローバリゼーション・イノベーション・ダイバーシティ）の競争である。標準化・均質化ではない現代のGIDの競争である。はなから普遍を体現している特定の国はないし、民族もいない。全ての国や民族は特殊であり独自である。そして普遍を発信する。

ある国・ある民族が生む特殊・独自の文化の成果である科学や技術、経済合理性の発明や発見がグローバルにシェアされて普遍・文明となる。誰でも参加できる文明は進化する。文明は優劣を競う。普遍の評価基準は客観評価であるからだ。その文明の優劣競争は今、「モノの価値造り」から「コトの価値創り」に転換している。「コトの価値創り」のGID競争の時代である。

普遍としてシェアされない部分が特殊・独自の文化である。文化は深化する。文化は特殊・独自で優劣はないが影響力を競う。どの国・どの民族の食文化や生活様式、精神性や美意識、国や民族のアイデンティティも特殊であり独自で、優劣はないが、好き嫌いの選択は受ける。日本人「らしい・ならでは」の思想は、他の国・他民族の「らしい・ならでは」の思想との影響力のGID競争に晒されている。

GIDの競争は、普遍と特殊、文明と文化のモザイク状態が国内外で同時進行し拡大しているさまを想定している。画一化の地球規模での拡大では決してない。

どの国・どの民族も普遍を発信できる。しかし、特殊（文化）を持たなければ普遍（文明）を発信できない。普遍を発信する文化ベースは特殊だからである。たとえば、「人類愛・ヒューマニティ」「正義」「礼節」「善悪の峻別」「信頼」は普遍価値であり、地球上の全ての人間がシェアする文明である。しかし、その普遍を発信する根源に、日本人は「神・仏・儒のメタ統合」という特殊な「らしい・ならでは」の思想があり、欧米人には「キリスト教」に基づいた特殊な「らしい・ならでは」の思想がベースにある。特殊を自己に内部化し、普遍を帰納する。そうして知力と精神力を使って日本人も欧米人も世界に向けて普遍価値を発信してきた。

「クール・ジャパン」は特殊文化である。特殊が競争力となり、その発信力・影響力を「クール・アメリカ」や「クール・チャイナ」と競っている。日本人の歴史・伝統、美意識やライフスタイルに魅力を感じ、それを自分の思想としライフスタイルに取り入れる人々が世界中で増えている。

禅から生まれた和食や茶道がますます、多くの国々の人たちの精神性や食生活などのライフスタイルにインパクトを与えている。アニメのさまざまな妖怪・ポケットモンスターなどは、その源流は遠く古代の怨霊の観念や『往生要集』の地獄道・餓鬼道などにさかのぼると考えられるが、子供や若者の想像力をかきたてる。神道由来の「すがすがしく」「清潔感があり」「りんとしている」日本人タレントたちが奏でるＪ－ＰＯＰ文化も広がっている。

一方では「クール・ジャパン」を受け入れる国や民族は、必ずしも「日本人が日本の文化を当たり前のように受け入れている」のと同じコンテクストで受け入れるとは限らない。それぞれの国や民族の文化コンクストに翻訳して受け入れるケースがほとんどだ。「すし」をアメリカ人やフランス人はアボガドやフォアグラもネタにする「Sushi」として、「カップ・ラーメン」を欧米ではスープが中心の「Noodle Soup」として受け入れる。日本の「すし」よりも、むしろアメリカや中国の「Sushi」が「Japanese-style Cuisine（日本式料理）」として世界中で人気が高くなりつつある。日本人による現地食文化への適応もさることながら、各現地人による「日本食」の守・破・離（ＡＩ）進化＝現地食化と言えるのではないか。日本人も江戸期以来多くの舶来の食品を日本食化してきた。金平糖、カステラ、天ぷら、カレーライス、ラーメン、餃子など枚挙にいとまがない。それらの食が、日本食として世界に広がっている。

しかし日本の伝統的な食文化を、その正統性と特殊性を、しっかりと守ることも大切だ。その上で、文化のクロス・ポリネーション（相互受粉）を広げていくのが文化のグローバリゼーションだと思っている。

企業の「モノの価値」や「コトの価値」の創造競争も、特殊文化の上に花咲く普遍文明である。グローバルにシェアされる技術などの文明・普遍を内部化する能力、技術を顧客価値に転換する商品開発力、そして、その商品に特殊文化の意味や情緒を創り込むブランド開発力などが、国や企業の優劣を競う力と影響度を競う力を左右する。

文明・普遍の内部化能力が高い国や企業の競争力は一段と強く、国内外での成果をさらに高める。国や民族に特殊の文化価値（歴史・伝統・宗教・思想・文化）のポジティブな発信力や影響力が強い国や企業への顧客支持はますます強くなる。今日のＧＩＤ競争は「普遍な文明価値の優劣競争と、特殊な文化価値の影響力競争」が同時進行することだ。

†今日、アメリカ発の普遍が揺らいでいる

現実世界では1990年以降最近まで、アメリカとアメリカ企業が「普遍価値の優劣競争と特殊価値の発信力・影響力競争」を圧倒的に優位に進めてきた。多くの事業分野で、中でもICT分野で、アメリカ企業が世界のリーダーの役割を果たしてきた。

しかし2017年以降のアメリカは、保護主義的・排他的なアメリカ第一主義・反グローバリゼーションのスタンスを強めている。アメリカ国内ではICT分野のリーダーを始めそのことに反対する人たちも多い。

中国は近年、政経不可分で自由貿易を歪める（日本製品の不買とか韓国企業の締め出しなど）一方で、「普遍価値の競争」の自由と「特殊な文化価値の影響力競争」の自由の、世界の新たな盟主になろうとして存在感を高めている。しかしその実態は、中華主義の鎧を「一帯一路」の経済協力の衣で包みながら、世界中の新興国を自国の傘の中に囲い込むことだとの批判が高まっている。

日本はアメリカの傘の中で「普遍価値と特殊価値」の大国の一つに成長した。しかし、今後はどうか。アメリカと中国の「普遍と特殊」は並列しつつ、共存するだろうか、あるいはハンチントン（1998）が予測したように、両者の「普遍と特殊」は正面から衝突するのだろう

か。両者は今、コリジョン・コースを進んでいるようにも見える。

2018年には、アメリカが対中国への貿易戦争を仕掛け、相互に相手国からの輸入品に高い制裁関税・報復関税をかける応酬が始まった。アメリカは日本や欧州の同盟国からの輸入品に対しても高関税をちらつかせて自国に有利な貿易ルールを作ろうとしている。「普遍価値と特殊価値」の自由な貿易・競争が危機に瀕しつつあるように見える。米中関係は、貿易戦争を超えて、世界の文明システムのリーダーシップを握る覇権争いへの突入寸前に思える。21世紀の新冷戦がどうなるか・どこに行きつくのか、想像もつかない。

†日本文明の立ち位置

アメリカを筆頭に西欧文明は、**科学技術（×）資本主義（×）民主主義（×）一神教（不寛容の文化）の構造**を持つ。中国文明は、**科学技術（×）国家資本主義（×）共産主義（×）中華主義（不寛容の文化）**の構造を持つ。西欧文明と中国文明は互いに異質な部分が多いが、本質的には、その文明への挑戦者には極めて不寛容で報復や対決を辞さないという共通文化（自国文化中心主義＝中華主義）を持つ。しかし挑戦されない限り、つまり、レッド・ラインを越えてこない限り、どんな相手に対しても寛容で親切である。一方では、自国（中心）と他国（周辺）の序列意識は、西欧文明も中国文明も歴史上不変である。相手によってその発現の程度・強弱に違いはある。

アメリカも中国もそしてロシアも近年は、頻繁に互いへの不寛容さをあからさまにしているようだ。アメリカは、**科学技術（×）資本主義**で現在も世界最強だが、90年代までのように圧倒的な世界の覇者ではなくなった。中国は**科学技術（×）国家資本主義**の力をつけ、「中国の夢」を現実にする国家目標に向けて、アメリカへの挑戦者となった。国際政治の面では中国とロシアが地政学的な発言を強めアメリカに対抗している。中国の文明モデルがアメリカのそれを凌駕して、中国がアメリカを超える超大国になるとは思えないが、日本をはじめ西欧諸国やアジアの新興国は、米中露の三強国を天秤にかけながら、現在はアメリカへのフォロワー一辺倒ではなくなっている。

米中に較べて小さな日本文明は、**科学技術（×）資本主義（×）民主主義（×）神仏儒のメタ統合思想（寛容の文化）**の構造で、西欧文明を大いに取り込む一方で、寛容な神仏儒のメタ統合思想という特殊文化を持つ。他の文化を排斥するとかそれと対決するとかの歴史はほとんどない。しかし西欧文明や中国文明のように、グローバルな広がりはないと言われる（ハンチントン、前掲書）。

日本と日本企業は、これからの文明の多極主義の世界の中で、したたかなGID競争を繰り広げていかなければならないだろう。日本人の寛容で柔軟な神仏儒のメタ統合思想は、多極主義の中でその特殊性を一段と発揮して今後ますます世界に影響力を拡大する可能性があるのではないか。日本の文明が世界のリーダーになることはないだろうが、自国の普遍文明の競争力を高めつつ、特殊文化の発信力・影響力を磨きあげて、世界での存在感を高めることは十分可能ではないだろうか。そうすれば、アメリカの傘から離れることはなくても、中国、そして今後新たな大国に成長するインドやロシアの国々とも、ますます自律した「普遍価値と特殊価値」のGID競争を繰り広げられるはずである。

日本企業は国の内外で、普遍な文明価値の創造競争では、日本人・非日本人を問わずグローバル人間を自社の経営資源に取り込み・育て、ICT革命の急速な進行、コト価値の創造、クロスボーダーのSCとVCの構築などで、彼らをグローバル・ネットワークの価値創造プロセスのドライバーにできなければならない。

特殊な文化価値の創造競争では、日本人自身が、日本人「らしい、ならでは」の思想を再定義するのと同時並行で、異なった思想を持った人たちと共生し（ダイバーシティ）、相互に影響を深めるクロス・ポリネーション（文化の相互受粉）を高いレベルで実現しなければならない。そうすれば、これまで以上の「好ましい日本」を日本企業は製品やサービスに創りこめるだろう。反対にそうしなければ、独りよがりの「日本」を世界にまき散らすだけになってしまう。

†グローバル人間は、文明競争と文化競争に同時に取り組む人である

団体戦だけでなく個人戦でも、文明価値の優劣競争と文化価値の影響力競争の両方に同時に取り組む人がグローバル人間である。日本人のグローバル人間のプロファイリングを試みる。

他の国や民族のグローバル人間が真似のできない日本文化の「らしい・ならでは」の「香り」をコトの普遍的な価値に創りこみ、それを独自の差別優位な顧客価値としてうち出す人である。その顧客価値を他の国や民族の特殊な文化・特殊な嗜好に合わせて、スピーディに、そしてリスクを取って提案できる人である。

グローバル人間とは、それでいて、自国中心主義から自らを解き放ち自国相対主義を身につけている。自国相対主義は、自国の・自らの「らしい・ならでは」の思想を体現して初めて認識できる思想である。自国の・自らのアイデンティティ（思想）を持たずして、グローバル競争に参入するなかれ。

†グローバル最適経営を実践する

以下は拙著（2012）を参照している。

グローバル最適経営を目指す視点とは、普遍の文明と特殊の文化を世界中の国や市場に向け

て統合する能力を持ったグローバル人間が世界を一つのグローブ（Globe）と捉え、自国対外国ではなく、自国もグローブの一部であると認識し、そして、自社の経営の5要素をグローブの上に最適に配置・配分して、グローバル最適の持続的成長を実現することである。

グローバル最適経営は、世界中で「**自立、循環、持続**」の社会経済的な貢献をする。**自立は、**各国の事業は原則各国の市民が担う、各国市場で利益をあげる、その国の政府に税金を払う責任ある企業市民になることだ。**循環は、**たとえば、原材料の確保から最終消費に至るSC・VCの中で、それぞれの分野の現地の産業をパートナーにして事業モデルを創ること。そしてその国の輸出入でも重要な役割を果たすこと。**持続とは、**その自立と循環を継続して企業が各国に永住することである。

グローバル最適経営は国内外でのビジネスを最適化する。自国内で守・破・離の進化（AI進化）をして開発した製品やサービスを、各国に標準化・適応化移転するこれまでの国際経営マーケティングだけではなく、各国でその国の文明システムを内部化して守・破・離の進化（AI進化）を実現し、その国特殊の価値も開発する。そのために、研究開発・製品サービス開発・マーケティングなどの機能を、国や地域に最適な組み合わせで配置する。そこで獲得した国際競争力を第三国に横移転し、また、自国に縦移転してフィードバックし、国内でも一段と高いアップ・スパイラルなAI進化・発展を目指す。そして、それを再び各国に移転する。この複合したプラクティスの継続が、ＧＩＤ（グローバリゼーション、イノベーション、ダイバーシティ）競争を勝ち抜くグローバル最適経営として結実する。

補章　武士道と商人道は二項対立で捉えるべきか

終章まで書き終えた後に、紹介されて松尾匡『商人道ノス、メ』（２００９）を手に取った。福澤諭吉『学問ノス、メ』に倣ったタイトルに惹かれて通読した。本書のテーマとの関係性が強く、問題意識に大きな共通点がある一方で、歴史観・文明観に始まり、問題に対するアプローチを始め、問題の同定のしかた、問題解決の提案にいたるまで、私との違いが大きいと実感した。その違いがどこから来ているのかを勝手に推論するのは適当ではない。そこで、その違いを記録しておき、また本書の読者に「比較する視点」を提供するために、「補章」をしたためる。

松尾は理論経済学者で、当該書での関心領域は特定の学問領域では捉えられないほど幅広い。私の関心領域との共通性が高い経済思想・社会思想・企業経営に絞り込んで、私の考え方との違いを比較しておきたいと思う。本書の時代区分に沿って、松尾の本筋だと私が解釈した論点と、私の立ち位置の違いである。以下、松尾の言説に対するいかなる誤解も私の責任である。

松尾と私に共通する問題意識とは、「戦後日本の経済社会を成り立たせていた様々の特徴的なシステムが、現在いずれも行き詰まり、ドラスティックに変わってきた」「変化は良い方にではなく悪い方に向かっている」「日本人が歴史的に持っている・しかし現在は顕在していない良き社会関係・人間関係を顕在させなければいけない」である。私たちは二人とも「日本はもう駄目だ」論者ではない。

そして私の問題意識は、「企業経営の競争力の低下と企業経営の原理としての経営哲学の劣化とは相互に関連している」ことに向いている。そして「経営哲学の現代における再定義が企業競争力の向上に繫がる」と考えている。

1 「武士道と商人道は社会関係の二大原理」とする捉え方

†アプローチ①──武士道「身内集団原理」vs.商人道「開放個人主義原理」

松尾は、武士道を「身内集団原理」の、商人道を「開放個人主義原理」の、二項対立した社会関係の二大原理だと言う。

武士道での人間の行動は、自分以外の集団原理に従っているので、その行動は集団とは不可分である。つまり統治原理である。私もそう思っている。

武士道の源流の一つである儒教では、家族という集団の人間関係が核になり、家族の外へは疑似家族関係として同心円的に国家・天下にまで拡大する。身内原理の拡張である。うち（内）の家・うちの大学・うちの会社・わが国である。

幕府や藩の統治機構での人間関係は、五倫を支柱にした縦関係と横関係で形成される。組織内の上下関係の理は領主・上司への忠義であり、親子兄弟関係の孝・悌が拡張される。横関係の同僚は信頼でつながる。五倫を磨き、仁義礼智の徳を体現する。体制保守であり組織や家族関係は安定するが、やがて停滞をもたらすことが頻繁に起きる。これらの道徳が演繹的に人間関係を、例外を認めない枠に押し込めてしまうからである。枠にはまらない人間は排斥される。また枠を外れることなく、競争と自己変革を求める（体制内改革）が、それには多大の道徳エネルギーが必要である。誰でも競争と自己変革に取り組めるわけではない。

一方では、商人道は枠にはまらない自由で、自律的で、個人的な人間関係を求める。相互にウィン・ウィンで、自由な商業の実践を可能にするネットワーク型の人間関係である。商人道は、武士階級への強い対抗思想として形成された。政府（幕府や藩）に頼らず、自立した独立精神をもった個人主義である。しかし商人の自由は体制内での自由である。つまり市場の原理である。

自由な経済活動は必然的に拡大再生産を目指す。商人は現実の中から実践知を帰納し、それを再び現実に演繹し、そこからさらに新しい実践知を帰納する。帰納→演繹→帰納がアップ・スパイラルに継続する。革新であり進歩である一方で、拡大再生産は私利私欲に走り暴走する。

現実の商家はファミリービジネスで、主家と使用人の関係は武士階級と同じく忠義が基本である。家族関係の原則は武士階級と同じ孝・別・悌である。

松尾が言う身内関係と対外関係の原理は、人間が家族を中心に共同体を構成し、他の共同体との交流と交易を通じて、経済活動を始めた時から延々と続いて今日に至っている。目新しい原理ではなく、日本だけのものでもない。万国共通の原理である。しかし、その原理の実践方法と倫理のあらわれ方に民族の違いや時代の変化が影響する。いずれにしても二つの関係は表裏一体・相互補完的である。

江戸期の日本にはその原理が骨格になって、武士道と商人道が形成された。いずれも儒教や仏教から演繹した倫理道徳観であり、行動原理である。武士道にも商人道にも形式知としての体系だった教典はない。暗黙知の部分が大きい。一部は実践知として書き残されている。

†本当は相互補完関係にあった武士道と商人道

身内集団原理の武士道と開放個人主義原理の商人道の類型化については大筋賛成する。しかし、両者が二項対立していたという点については異存がある。歴史の事実として、封建制の下で武士と商人は、武士の身内集団原理の統治と商人の開放個人主義原理の経済活動を相互に補完し合い、仏教由来の正直・誠実・勤勉・倹約・禁欲など「善の」倫理道徳、そして儒教由来の忠義・誠実・公平・公正・礼節など「正義」の倫理道徳を共有していた。その根本は日本人「らしい・ならでは」の神・仏・儒のメタ統合思想であり、そこから派生した「武士道と商人道は一卵性双生児」だと考える。両者には、利を一切認めない「武士の理」と、利を認める「商人の理＝利」の違いがある。武士は商人の利に依存してその理を保つことができた。商人は武士の理を乗り越える利の正当性を発見した。

武士と商人は平和でダイナミックな文明システムを共同で構築したのだ。統治は緩やかに変化し、経済活動の勤勉革命は継ぎ目なく続いた。その延長上に近代があった。武士と商人が分裂して闘争をした歴史はない。

統治権を持った武士の「身内集団原理・統治原理」が一段と力を持ち、商人の「開放個人主義原理・市場原理」を押さえつける力学が働いた身分制度は厳しかったが、その厳しさを突き破って、商人の「市場原理」がますます拡大して経済発展が続いた。幕府や各藩の統治者は、建前は反商業主義でありながら、本音は商業主義を奨励した。商人が統治者を経済的に支えていたからだ。例えば幕府直轄地であった江戸・大坂・京での生産規模は大きく、成長も早かった。直轄地の生産が幕府の財政を支えた。加えて、直轄地を含む全国の生産物の物流と商流を担った豪商たちはこの三大都市に本拠を構えていて、幕府に巨額の運上金を払い続けた。幕府と商人のウィン・ウィンの関係ができあがっていたのである。

明治維新を招来した尊王開国と倒幕も商人の資金力が支えて実現した。商人は強制されたからではなく、一段と自由な経済活動ができる時代の到来を予測して協力したのだ。

武士道は、人口の7％しかいなかった武士という一部の支配者の道徳にすぎなかったと松尾は言う。それならば、商人道も最大で人口の6％を占めた商人だけの行動原理だったことになる。しかし、歴史の事実はその真逆だった。

武士道は確かに封建統治を安定させるための思想・作法として機能した。一方では、文を磨き武を鍛えて支配階級に相応しい「士」を生み出した。そして彼らの知力が体制内で緩やかな統治変革をもたらした。武士道の核である儒教は競争と変革を求めている。演繹的だけでなく帰納的でもある。しかし演繹と帰納の循環は商人に較べて緩やかだった。武士道の「文」の作法はやがて町人にも浸透した。

商人の経済活動は文明システムを近代に向けて大きく変化させた。当時の科学技術を始め学問の進歩は商人が主として仕掛け、その成果を経済に活かし、生産拡大と物流・商流の新しい技術やノウハウとして活用した。商人道の倫理道徳思想は商人の活動に一定の秩序と倫理をもたらした。商人の暴走（秩序の破壊）や過大な私利私欲の追求は頻発したが、目に余る商人は見せしめに財産を没収され、商業から追放された。

武士が目指す「理＝忠義」にも商人が目指す「理＝実利」にも、神仏儒をメタ統合した「社会の共通善と正義を目指す」倫理道徳という社会関係資本が等しく働いていた。

武士道と商人道は二項対立ではなく、忠義と実利の行動様式は異なるが日本人「らしい・ならでは」の思想を同根に持ち、人間関係を「善と正義」で律して、互いに認め合って役割分担し、両立していた。

そして武士と商人が唇歯輔車となって、幕末に近代の文明システムを招来した。政治の体制変革は武士が実践したが、その変革を効果的に支えたのは商人だった。日本には、フランスのようなブルジョア革命は起きなかったし、起こす必要がなかった。明治維新は政治革命ではなく王政復古・政治変革だった。

2　帝国日本期を「大義名分—逸脱手段」と捉えるアプローチ

†アプローチ②——武士道＝大義名分 vs. 商人道＝逸脱手段

松尾は明治維新から敗戦までの帝国日本は、身内集団原理（武士道）と開放個人主義原理（商人道）を、大義名分（主）と逸脱手段（従）の関係に置き換えた構図になっていた、と捉えているようだ。

政府は、身内集団原理が大義名分で、それを維持するために開放個人主義原理を、逸脱だが手段として認めたと松尾は言う。目的・身内集団原理が正しければ、手段・開放個人主義原理の逸脱は許される・正当化される。二つの原理を、統治者の正義の目的達成のための必要悪手段、という構図にしている。

日本は近代化（資本主義・議会制・植民地）するために、富国強兵・殖産興業を推し進めた。本格的な資本主義経済の発展が必要だ。政治では、武士だけの倫理であった身内集団倫理を国民に押し付けて統治したと松尾は言う。経済を強くするには開放個人主義原理を大いに活用しなければならない。倫理矛盾が起きる。そこで大義名分たる「富国強兵」（身内集団原理）を達成するための「手段」として、必要悪だが、倫理を捨象した開放個人主義原理・商人道を認め、それを正当化した（殖産興業）。私利私欲追求は目的のための逸脱した手段・必要悪として許される。松尾にとって、「士魂商才は、武士道が士魂（先義の倫理）、商人道が商才（後利）で、両者が統合された経営哲学である」とする理解とは無縁だったようである。

同じ論法で松尾は、日本の「戦争犯罪」を捉える。アジア太平洋戦争の「大東亜共栄」「五族協和」といった「美しい大義名分（内容は身内集団原理）」のために、日本軍によるアジアでの強姦・略奪・殺人などの行為が現場レベルの逸脱として扱われた。日米開戦の真珠湾攻撃でも、宣戦布告が遅れたのは、現場レベル（アメリカの日本大使館）の逸脱（大失策）だが、大使館員が処罰されることはなかった。日本側は、そのおかげで奇襲が成功したと思ったのだろう。「この図式のまさに象徴が天皇だった。（中略）天皇はあくまで平和を求め続けた美しい存在とされた。政府や軍部によるあらゆる愚行は天皇の真意を顧みない逸脱だった、という論理が受け入れられ続けたのである」（松尾、同上書、172頁）。

本来は正義の目的のためには正義の手段が必要だが、現場で手段は暴走する、そして歯止めが利かなくなる。すると、手段を見直す・変革させるのではなく、トカゲの尻尾のように切り捨てて目的を守る。目的が果たして正義だったかどうかの本質的な自己批判はあり得ない。明治維新後の日本はこの繰り返しだった、と松尾は断じている。

「悪」の大義名分を正当化するために、別の「悪」を利用したと言っているように聞こえる。つまり明治維新後の日本の、「身内集団原理」も「開放個人主義原理」も「悪」だったことになる。

ところで、「大東亜共栄」「五族協和」の大義名分を創り、侵略戦争を正当化し暴走して日本を破滅寸前にまで引っ張り込んだのは、身内集団原理の本家本元であった日本軍である。日本軍の自作自演で目的も手段も暴走した。また、松尾は不思議なことに、日清・日露戦争の「大義名分と逸脱手段」を論じていない。

私には、松尾の「大義名分─逸脱手段」の論理は無理筋に思える。

新渡戸が『武士道』で検証した「武士道の倫理性とキリスト教の倫理性の親和性・共通性」で世界の眼が日本に集まっただけでなく、武士道の倫理性を体現した日本人に対し世界は敬意を払った。明治の日本人の倫理性は当時の世界で普遍性を持っていた。また、渋澤は企業活動の「先義後利」「道徳経済合一主義」を実践して、その後継者を数多く育てた。約500の企業を興して産業資本主義の礎をつくった。

当時の日本にはマイナス面も多々あったが、こういったプラス面が一段と多かった。だから日本は進歩・進化を続けられたのだと思う。そして、大正時代までは世界で尊敬されていた。松尾は昭和の20年間の戦争時代がそうだったから、明治維新以来77年間の近代化の努力の全てを「不善・不義」一色だと言うのだろうか。

日清・日露戦争、アジア太平洋戦争についての私見は本書で既述したので、ここでは繰り返さない。

†帝国日本は「大義名分と逸脱手段」の構図では捉えられない

私は、帝国日本を「大義名分と逸脱手段」の構図では捉えていないし、捉えられるとも思っていない。その理由を以下に述べる。

帝国日本が、国家神道を国家の正統性の柱とし、天皇主権の朱子学的統治をしたのは事実だと思う。つまり**神道（×）朱子学的統治**であるが、それは少数の武士道の倫理を突然国民全体に押し付けたのではない。江戸期に多くの日本人が、とくに明治維新を招来した武士と彼らを資金面で支えた商人が、すでに神道（×）儒学（日本化した朱子学と陽明学）の一致思想を身につけていた。その延長で帝国日本の統治は、神道（×）朱子学的に実践され実現されたのだと考える。徳川の封建統治よりも天皇主権の神道（×）朱子学的統治の方が、日本人にとっては歴史的・思想的に正統だった。天皇主権の統治を復活させ、富国強兵・殖産興業で国力を高めるという国家のかたちは、近代化して欧米列強に追いつこうとした日本にとって、欧米列強が主導した帝国主義の文明システム下で、欧米列強に対抗する**正義・大義名分**だった。

軍隊・官庁・企業・学校などあらゆる組織が、神道（×）朱子学原理で運営された。国民は神道（×）朱子学の原則を受け入れ・刷り込まれて成人した。**産業資本主義も商業資本主義からの、科学技術の導入と産業革命を経た、文明の必然的進化だった。**

産業人は、一方では朱子学的な組織運営をしながら、他方では陽明学の思想で実利を追求した。福澤が啓蒙した西欧の合理主義・功利主義も実質的に陽明学の実利と通底している。その思想は江戸期の商人道とつながっているが、商人道を核にして国家への貢献と天皇主権の神道（×）朱子学的統治への忠誠という新しい義務と責任が加わった。福澤の慶應義塾での教育や渋澤栄一の経営実践がその代表例だろう。私はこれを福澤・渋澤に倣って「和魂商才」ならぬ**「士魂商才」**の経営哲学だと定義している。

この時代に、武士道と商人道を統合した思想の上に、国家（領土・国民・主権）の独立概念を理解し、西洋近代の科学技術と合理主義を身につけた近代日本人が陸続と登場した。彼らの出身階層は士農工商の全てに及んでいる。彼らはその志に従って、政治家・官僚・軍人・企業家になった。明治以降、武士道と商人道の区分けはふさわしくなくなった。両者は融合した。しかし集団主義志向と個人主義志向の濃淡の違いはあり、それは連綿と現在も続いている。

経営学的には、身内集団原理は「集団主義・ビーイング（Being）原理」で、開放個人主義原理は「個人主義・ドゥーイング(Doing)原理」の社会関係・人間関係として理解されている。両方を合わせて「空間のコンセプト」と言われる。二項対立ではなく、同一人間が持つ社会経済関係の「二つで一つ」の原理である。人をその可視的属性（身分・学歴・年齢など）によって判断するのがビーイング原則である。知力・実践力（科学知識・経験・意思決定・実践）によって評価するのがドゥーイング原則である。前者が組織の秩序を重視し安定を求める「保守」であるのに対して、後者は機能重視でネットワークでのダイナミズムを求める「革新」である。同一人間が必要に応じて「保守」と「革新」の濃淡を使いわける。

企業経営の利益を生む営業・マーケティングではドゥーイング原理（変化・革新）が重視される一方で、企業統治・管理では階層的なビーイング原理（安定・保守）が大切である。両社を統合させ最適化させる経営の原理・原則が経営哲学である。

帝国日本期に、時代の制約の中でも、現代経営学で言うビーイング原理とドゥーイング原理が有機的に組み合わされていたと推察する。でなければ帝国日本の経済の発展と産業社会の進化はなかっただろう。しかし、ビーイング原則が剛直的になると組織が停滞する。ドゥーイング原則を組み入れた組織運営が必要だ。一方では、ドゥーイング原則が行き過ぎると無秩序になる。ビーイング原則の秩序が必要だ。帝国日本期の、両方を統合・最適化する経営哲学が「士魂商才」である。保守でありつつ革新をアップ・スパイラルに継続することを求める哲学である。

3　現代は「開放個人主義原理（商人道）」の時代なのか

†アプローチ③――戦後社会の対立も武士道vs.商人道

松尾は戦後の70有余年を、私のように「民主日本期」「グローバル日本期」といった二つに時代区分をしていない。1990年代以降全世界で、モノ造りの産業社会からコト創りのICT社会への価値創造の大転換が進行中であることは意識されていないようだ。ここでは松尾に合わせて戦後70年間を現代として考える。

「戦後日本社会の中にあった本当の対立は、身内集団原理の価値観（武士道――引用者）**と開放個人主義原理の価値観**（商人道――引用者）**との対立だったのだ。これが五五年体制の正体である」**（同上書、226頁）**と松尾は言い切っている。**

その意味は、「身内集団原理」が政治的な保守《コンサーバティブ》派で停滞を、「開放個人主義原理」が政治的な革新《プログレッシブ》派で進歩を、の構図である。やはり二つの原理は二項対立で、私のような相互補完とか統合最適化とかの発想は、松尾にはないようだ。

しかし現実は、松尾が言う「身内集団原理」の政治的保守派が、「開放個人主義原理」を善・正義として企業の自由な活動を拡大して技術革新（守・破・離のイノベーション）をアップ・スパイラルに繰り返して経済成長を主導した。日本は戦後は通商国家に転換したのだ。「開放個人主義原理」の政治的革新派《プログレッシブ》は、経済成長に棹を指し、後ろ向きで「身内集団原理」の勢力争いを続け、1990年代末までにその経済社会的な存在意義は著しく低減した。革新派は結局、共産主義とか社会主義のソ連型・中国型の「身内集団原理」から自由にはなれなかった。時代の流れから後退するばかりだった。

松尾は、保守派も革新派も、両方の指導者たちが「身内集団原理」者たちだったので、（それに飽き足りない――筆者）大多数の日本人が「開放個人主義原理」を身につけて、「平和憲法を定着させ、高度経済成長をもたらす条件を作った」（松尾、同上書、227頁）と言う。

私は、松尾の主張に条件付きで賛成する。その条件とはこうである。

私の戦後史解釈では、日本の再建・経済回復と家族を守る使命を担った「大多数の日本人」とは、通商国家建設を実践した戦前戦中派とそのフォロワーたちである。通商は平和の営為である。私たち戦後派は、彼らの「身内集団原理」の思想で背筋をぴーんと伸ばした「解放個人主義原理」の経営指導で経済成長に参加した。松尾を含むポスト戦後派は経済成長の果実を味わって育った。「平和憲法を定着させ、高度経済成長をもたらす条件をつくった」のは、戦前

戦中世代で、戦後世代でもなければポスト戦後派でもさらさらない。

日本人は歴史的に「開放個人主義原理」で経済社会的な進化を続け、戦後も自発的にその進化を実現しようとした。そして経済大国になった。日本は「身内集団原理」の歴史・伝統を守りながら自成的に革新を続けた国家であり、一度もこのラインから外れたことはないし、他成的に根本からつくり変えられたこともない。戦後になって突然「開放個人主義原理」を発見したわけではないし、アメリカから与えられたのでもない。松尾が言う「保守派」（吉田茂など）が、日本の再軍備を強く求めたアメリカに平和憲法を盾にして抵抗して（高坂正尭、2017）、通商国家の道を自成的に選び取った。しかし、日本の安全・平和をアメリカの核の傘の下で確保した。日本は国土と国民を守る主権の半分をアメリカに委託したとも言えるのではないか。そしてアジア諸国は、戦後のそういう日本に安堵した。

この国の進化の根本原理は変わらないし、変わることはないと思う。封建日本期と現在までの400年間日本人は、政治の統治システムは大転換したが、先進的な町人（商人・職人・一部の農民）や産業人（企業家・経営者）が主導して、自成的に社会進化を続け、その成果として経済発展を続けてきた。日本人は今日よりも明日が一段と良くなると信じて生きてきた。松尾の言う「開放個人主義原理」は未来志向でもある。それが日本人「らしい・ならでは」の倫理道徳に支えられて、日本の400年に及ぶ経済・社会・文化の発展・進化を可能にした。

日本は過去400年来ずっと、世界の経済主要国の一つだった。創意工夫（変革と改善・改良）で経済成長を続けた。封建期の勤勉革命と帝国期の産業革命である。そして戦後の20数年間で守・破・離のＡＩ進化を続けて世界2位の経済大国にまで成長できた。本書で検証した通りである。

「身内集団原理」は時として自由や成長の足かせになったり、アジア諸国に多大な被害を与え、自国も滅ぼしてしまう寸前まで膨張したが、400年のスパンで見ると総じて国や社会の成り立ちを安定させたポジティブな面は評価したい。両原理のよくない面・悪い面はまだまだ多い。そのネガティブスも、残念だが、経路依存し不易流行する。ネガティブスを皆無にはできないが、ますます少なくする果敢な努力が必要だ。現在の日本は、「開放個人主義原理」が暴走して「身内集団原理」が矮小化され過ぎている。両方の行き過ぎを管理し最適化することが日本人の最大の課題である。

†「身内集団原理」の良さを復活させるには

松尾は戦後日本の経済社会システムが悪い方向にドラスティックに変化した理由をこう述べる。システムは「開放個人主義原理」に転換しているのに、頭の中は未だに「身内集団原理」から抜け切れないでいるからだと。

だから「開放個人主義原理」を意識的に顕在化して日本人全員の原理にすれば、良き「善と正義」の経済社会システムができる。過去に帰れとは言っていない。彼の認識は、経済成長を実現した過去もそれほど良くはなかったが、現在はもっと悪くなった、である。だから頭の中身を「開放個人主義原理」に変えれば、今よりも良くなるはずだと言っている。しかし、経済や経営の現実を踏まえての議論ではないし、「身内集団原理」の内容についても明らかにしていない抽象論の話である。

松尾の主張には、根本的な矛盾があると思う。システムが「開放個人主義原理」に転換していれば、つまり彼が言う「良い方向に」転換していれば、そのシステムを実現した日本人の「身内集団原理」の頭の中身も、「良い方向に」転換している、つまり「身内集団原理」から解放されているはずではないか。

本書の第6章と第7章の検証から、松尾の認識や主張に賛成できない諸点がデータを通して指摘できる。

日本人の思想（宗教観・倫理道徳観・世界観）は戦後70年で大きく「悪い・好ましくない」方向に変化した。第6章でのデータ解析の結果である。

戦後70年、確実に弱くなり続けてきた宗教観（信仰心など）や倫理道徳観（善・正義・責任感）、そして人間関係の希薄化などが際立っている。そして「個人主義やお金が一番」がますます強くなり、「自己犠牲の気持ちやモラル・マナーを守る気持ち」がどんどん弱くなっている。そして、自分と家族だけが大切だという孤立した世界に引きこもっている。社会関係資本の劣化を結果したのだ。

職場への愛着感や仕事のやる気の減退は直接企業の業績へのマイナス効果が指摘できる。1990年以降は日本人の、日本の経済力への自信喪失が際立っている。

松尾が絶対に守るべきという戦後民主主義、それが全ての個人に保証する「自由と平等」を私も支持するし、その延長線上にある現在の日本を大切にしていきたいと考える。しかし無条件に支持しているのではない。戦後70年間に日本人は、「自由と平等」の国内外での競争を勝ち抜いて経済的に豊かになった半面、社会関係資本の大切さを見失い孤立化してしまい、そのため現在では経済社会のシステムが不安定になっている。「自由は勝手気ままに、平等は成果の平等」になっている。血縁・地縁・運命共同体といった社会関係資本も劣化している。これらの事実と、戦前戦中世代が引き継いできた日本人の「らしい・ならでは」の思想という精神の鎹《かすがい》を取り外した、戦後教育を受けた日本人が大多数を占めている事実が相互に関連している。

経済・経営は1990年代初頭のバブル経済崩壊以来停滞を続けている。経済規模では依然として世界3位だが、その世界での比重（シェア）は過去27年間で半減した。一人当たりの経済力・生産性ではすでに中堅国の位置にある。

日本企業はその間、産業社会からICT社会のパラダイム転換への適応に後れ、とくに海外市場での競争では、欧米企業ばかりか中韓の企業の後塵を拝している。そのためかどうか、企業は売上の成長がままならない中、人件費を増やさない（正社員の給与を上げない・非正規社員を増やす）、単純作業のICT化投資を増やす、などの経営を強化して、利益を積みあげ企業防衛に熱心である。

松尾が言う「開放個人主義原理」は行き過ぎている。株主市場（至上）主義・短期利益志向・長期視点での投資をしない・素早いリストラ・終身雇用と年功序列の破壊が続き、日本的経営の強みだった人間尊重という「身内集団原理」の良さがなくなりつつある。このままでは日本人の思想は益々劣化する一方で、日本の経済・経営の競争力の弱体化が続くという悪しき下方サイクルに陥ってしまうのではないか。

「開放個人主義原理」を競争力の強化に差し向けるのには大賛成である。その原理のプラスをますます強めマイナスを最小化する、そして、「身内集団原理」の良さを復活させる、という両方を統合し最適化するには、その鎹《かすがい》である日本人の思想を再定義する必要がある（新和魂）。その先に、経済・経営の競争力を復活させる経営哲学「新和魂グローバル最適経営」を形成しなければならない。その経営哲学が、日本人の意欲を覚醒させ、企業のグローバル競争力を復活させるのに役立つと思っている。

あとがき

日本の経営哲学は、目には見えないが、経営者の心の中に確かに存在して企業経営の根幹を動かしている。「日本の」という「特殊」なアイデンティティを持ちつつ、「世界の」という「普遍」に通じている。そのプロファイルを、日本の文明システムの400年超の変化とともに経路依存してきた系譜として描き出す。そして、現在から将来への経営哲学を展望する。この課題に取り組むのが、私のめぐりあわせの役割だと決めて独学を続けた。その成果をこの度、新書として上梓することができた。

筑摩書房・松田健ちくま新書編集長のお力添えと、松田氏に橋渡しの労をとっていただいた京都大学・小倉紀蔵教授（東アジア哲学）のアドバイスのおかげである。感謝にたえない。小倉教授には、第1章の4「儒教から生まれた倫理道徳思想と統治思想」に貴重なご教示をいただいた。重ねてお礼を申しあげる。

擱筆した今、大きなテーマの入り口を開いてやっと中に一歩立ち入った思いでいる。この奥には深遠で広大な世界が待ち構えている。「特殊」は底なし沼のように深く、「普遍」は無限の宇宙のように広く、出口は見えない。その中を、道なき道をこれからも前に進んでいきたい。

日本の経営哲学を研究テーマに決めた経緯を書き留めておきたい。

私は1970年代後半から2000年代初頭にかけて、外資系コンサルティング企業のアジア地区CEOを務め、グローバルに事業展開している日本企業・欧米企業・韓国企業をクライアントにして、東京を拠点に韓国・中国・台湾・香港を含む東アジア、タイ・マレーシア・インドネシアを含む東南アジア、そしてアメリカとEU諸国を行き来し、各国の消費財市場へのマーケティング戦略立案を提供する仕事に従事した。2000年代初頭からは京都に拠点を移して、日本・韓国・中国の経営大学院で国際経営・国際マーケティングなどを講じて現在に至っている。その間、京都とその隣接地域の経済活性化や地域ブランド開発のお手伝いもしている。

企業への戦略提案や大学院での教育の現場では、企業経営とそのマーケティングの目標は「価値を創造する競争に勝つ」ことに尽きると語ってきた。企業に対しては、国内では全国シェアを高める、海外では地元企業やグローバル企業とのシェア争いに勝つことを目標に戦略提案をしてきたが、院生とは、経済合理的な経営マーケティング理論の知識と、それを応用した事例研究という経験知を双方向で討論している。

経営学と経営は似て非なるものである。経営学は過去に学び現在から将来を経済合理的に展望する。そして意思決定のシミュレーションをする。しかし教室での意思決定では、リアル市場での成果は得られない。経営も温故知新する。経営の意思決定は、未来の価値創造のために今日リスクを取って経営資源（資本）である「ヒト・モノ・金・技術」を投入することだ。リアル市場での成果責任を伴う。

経営学は経済合理的に意思決定するが、経営は経済合理性と直観（経験とカン）を統合して意思決定する。現実の経営では数字で表せない不確定要因を直観で取り扱う。

私は、日本人と異文化の人たちとを問わず、今日の意思決定者と明日の意思決定者たちと、一般論としての経営哲学（意思決定者の価値創造の義務と責任）を語り合ってきた。経営は、経済合理的な形式知（エピステーメ）と経験知やカンから生まれる直観・暗黙知（テクネ）を統合して競争戦略を立て、それを実践して目標・目的を達成する知的営為・実践知（フロネーシス）である。両者の統合を触媒するのが経営哲学だ。しかし、日本人「らしい・ならでは」のアイデンティティを踏まえた経営哲学を、それほど強くは意識していなかった。

日本の経営哲学に正面から取り組もうと思ったのは、東京から京都に拠点を移してからである。日本人の1200年超の歴史が多様に、そして、重層的に可視化されている京都には、数百年、あるいはそれ以上も続いている老舗が多い。東京に拠点を置いた大企業の高圧的な経営マーケティング（競争を勝ち抜く・成長と利益拡大志向）と、京都の老舗の物静かな経営マーケティング（同業者との和を大切に・緩やかな成長と生存利益志向）の鮮やかな対比に衝撃を受けた。

老舗はほぼ全てが家族・同族による所有と経営で、創業以来の遺訓・家訓を経営哲学として受け継いでいる。家業を継承する誇りや価値観を大切にした意思決定をする。社会に対して「善きこと、正義」を実践し、家族と家業を次代に継承・承継する。

老舗は、規模は大きくないが、従業員を大切にし、地域社会の人たちとの精神的な距離が近く、地域社会に不可欠な経済存在・社会存在・文化存在として信頼され続けている。革新を連続して伝統を守り、その企業「らしい・ならでは」の商品やサービスを提供している。京都はもちろん、全国の顧客がわざわざ京都まで出向いてその商品・サービスを喜んであがなう。老舗が日本の経営の原型を伝えているのではないか。

東京や大阪に本社を置く日本の大企業・上場企業（約5割は家族・同族による所有と経営、または所有のみ）も京都の老舗も、日本人「らしい・ならでは」のアイデンティティを通底して持ちながら、今では、経営マーケティングは正反対と言えるほど違う。同じ源流から、いつか・どこかで支流に別れて現在に至っているにちがいない。その流れをさかのぼっていけば日本人の原点である最初の一滴のしずくに行き当たる。反転して現在までゆっくりと丹念に流れ下れば、日本の経営哲学の再定義ができるかもしれない。企業の継続と家族の継承は表裏一体であることを忘れてはいけない。

日本経済と日本企業はこの30年近く、停滞を続けている。私自身がアジアや欧米で、業績を伸ばしている日本企業を誇りに思う一方で、残念ながらそれ以上に多くの日本企業の競争力の低下を目撃してきた。第7章の記述は私の実感でもある。

私にはもちろん、日本再生の具体的なシナリオを提示する能力はない。日本は１９８０年代まで世界をリードしたような経済成長を再現することはないだろう。しかし、平和で豊かな日本を保てるだけの経済の活力を、そして企業の競争力を回復する。そのために、「愛と信頼、前向きな向上心」を核にした家族関係を持ち、地域の人たちと繋がり協力し合う精神をもった日本人が、「善と正義」の経営哲学を取り戻す。その一助になりたいと思っている。読者諸氏のご叱正を賜りますように。

最後に妻で助手の麻矢にお礼を言いたい。執筆中、私の時間・空間をほぼ完全に開放してくれた。そして、最初の読者として、たびたび辛辣で効果的なアドバイスを提供してくれた。本書の図表も彼女が作成した。ありがとう。

平成31年4月10日　京都・山科上花山にて

林　廣茂

＊本書の原型は以下の5本の論文である。

林廣茂（２０１５）「日本の経営哲学の系譜――不易流行性・経路依存性・時代性」『事業承継』（Ｖｏｌ・４、２～32頁）一般社団法人事業承継学会。

Hayashi, Hiroshige（２０１６）「Japan's Management Philosophy for Business Sustainability」『事業承継』（Ｖｏｌ・５、２～17頁）一般社団法人事業承継学会。

Hayashi, Hiroshige（２０１６）Global Optimization Acumen with Neo-Japanese Spirit: Management Philosophy in the Age of Globalization. Proceedings of 33rd EAMSA（欧亜経営学会）2016 Annual Conference at International Business School Suzhou (IBSS) Xi-an Jiaotong-Liverpool University, Suzhou, China.

林廣茂（２０１７）「新和魂グローバル最適経営：グローバル日本の経営哲学」『事業承継』（Ｖｏｌ・６、２～16頁）一般社団法人事業承継学会。

林廣茂（２０１８）「新和魂とグローバル最適経営――グローバリゼーション・イノベーション・ダイバーシティの競争力を駆動する経営哲学」『事業承継』（Ｖｏｌ・７、54～１１６頁）一般社団法人事業承継学会。

5本の論文を8章立てに再構成し、大幅に加筆・修正した。序章、第1章、第5章は新たに書き下ろした。補章は、最終章を擱筆後に新たに書き下ろした。

参考文献

日本語

アベグレン、ジェームス・C（山岡洋一訳）（２００４）『日本の経営 新訳版』日本経済新聞社。

網野善彦（２００５）『日本の歴史をよみなおす（全）』ちくま学芸文庫。

網野善彦（２０１７）『日本中世に何が起きたか――都市と宗教と「資本主義」』角川文庫。

荒牧央・小林利行（２０１５）「世論調査でみる日本人の「戦後」――「戦後70年に関する意識調査」の結果から」『放送研究と調査』8月号、ＮＨＫ放送文化研究所。http://www.nhk.or.jp/bunken/research/yoron/pdf/20150801_4.pdf.（２０１７年7月12日アクセス）

石井淳蔵（２０１７）『中内㓛』ＰＨＰ研究所。

石田梅岩（足立栗園校訂）（２００７）『都鄙問答』岩波文庫。

一條和生（２０１７）『井深大』ＰＨＰ研究所。

伊藤高弘・窪田康平・大竹文雄（２０１７）「寺院・地蔵・神社の社会・経済的帰結：ソーシャル・キャピタルを通じた所得・幸福度・健康への影響」大阪大学社会経済研究所。https://papers.ssrn.com/sol3/papers. cfm?abstract_id=2945907.（２０１７年7月23日アクセス）

稲盛和夫（２００４）『生き方――人間として一番大切なこと』サンマーク出版。

稲盛和夫（２００９）『働き方――「なぜ働くのか」「いかに働くのか」』三笠書房。

猪瀬直樹（２０１０）『昭和16年夏の敗戦』中公文庫。

上山春平（１９７２）『神々の体系』中公文庫。

上山春平（１９７５）『続・神々の体系』中公文庫。

宇賀神宰司（２０１４）「徹底検証、会社の寿命」『日経ビジネス・オンライン』11月4日号。http://business.nikkeibp.co.jp/article/report/20131105/255496/?P=2.（２０１４年8月25日アクセス）

内村鑑三（2014）『代表的日本人』（鈴木範久訳）岩波文庫。

梅原猛（1981）『聖徳太子Ⅱ　憲法十七条』小学館。

海野福寿（1994）『日本の深層――縄文・蝦夷文化を探る』集英社文庫。

梅原猛（1992）『日本の歴史18　日清・日露戦争』集英社。

NHK放送文化研究所編（2015）『現代日本人の意識構造（第八版）』NHK出版。

沖田行司（2017）『日本国民をつくった教育』ミネルヴァ書房。

大野健一（2017）「経済教室　通貨危機20年迎えたアジア　成長が生む課題　各国共通　格差・高齢化　日本は範示せ」『日本経済新聞』2017年7月5日朝刊。

小倉紀蔵（2012a）『入門　朱子学と陽明学』ちくま新書。

小倉紀蔵（2012b）『朱子学化する日本近代』藤原書店。

賀川隆行（1992）『日本の歴史14　崩れゆく鎖国』集英社。

加護野忠男編・著（2016）『松下幸之助』PHP研究所。

加地伸行（1990）『儒教とは何か』中公新書。

亀井勝一郎（1974）『日本人の精神史　第一部・古代知識階級の形成』講談社文庫。

亀井勝一郎（1975）『日本人の精神史　第四部・室町芸術と民衆の心』講談社文庫。

苅部直（2017）『「維新革命」への道――「文明」を求めた十九世紀日本』新潮選書。

川勝平太（1997）『文明の海洋史観』中公叢書。

金谷治（訳注）（2013）『論語』岩波文庫。

神田千里（2016）『戦国と宗教』岩波新書。

菊澤研宗（2017）『組織の不条理――日本軍の失敗に学ぶ』中央公論新社。

橘川武郎（2017）『土光敏夫』PHP研究所。

ギャロウェイ、スコット（渡会圭子訳）（2018）『the four GAFA――四騎士が創り変えた世界』東洋経済新報社。

経済産業省（2015）『通商白書』。

経済産業省（2016）『通商白書』。

経済産業省（２０１８）「第47回海外事業活動基本調査概要」。

file:///C:/Users/HayashiHiroshige/Downloads/h29_1gaiyou_kaku％20(1).pdf（２０１８年８月４日アクセス）

国際貿易投資研究所（２０１８）「国際比較統計」。

http://www.iti.or.jp/stat/1-006.pdf（２０１８年５月21日アクセス）

国土交通省観光庁（２０１８）「訪日外国人消費動向調査」

http://www.mlit.go.jp/kankocho/siryou/toukei/syouhityousa.html（２０１８年８月９日アクセス）

経団連（２０１５）「『豊かで活力ある日本』の再生」。

http://www.keidanren.or.jp/en/policy/2015/vision.html（２０１６年４月16日アクセス）

源信（１９６３）（石田瑞麿訳）『往生要集１　日本浄土教の夜明け』平凡社東洋文庫。

源信（１９６４）（石田瑞麿訳）『往生要集２　日本浄土教の夜明け』平凡社東洋文庫。

高坂正堯（２０１７）『国際政治　恐怖と希望（改版）』中公新書。

小島毅（２００６）『近代日本の陽明学』講談社選書メチエ。

小島毅（２０１７）『儒教が支えた明治維新』晶文社。

児玉幸多編（２００５）『日本史年表・地図』吉川弘文館。

斎藤修・高島正憲（２０１７）「第１章　労働と人口　人口と都市化と就業構造」深尾京司・中村尚史・中林真行編（２０１７ａ）『岩波講座　日本経済の歴史　１中世　11世紀から16世紀後半』岩波書店。

財務省（２０１８）「四半期別法人企業統計調査 概要」。

https://www.mof.go.jp/pri/reference/ssc/results/h29.pdf（２０１８年８月９日アクセス）

坂田吉雄（１９６４）『士魂商才――日本近代企業の発生』未来社。

阪本是丸（１９９４）『国家神道形成過程の研究』岩波書店。

坂本多加雄（１９９９）『日本の近代２　明治国家の建設』中央公論新社。

坂元慶行（２００５）「日本人の国民性50年の軌跡――『日本人の国民性調査』から」『統計数理』（統計数理研究所）第53巻第１号。

http://www.ism.ac.jp/editsec/toukei/pdf/53-1-003.pdf（２０１７年６月17日アクセス）

佐々木銀弥（１９７２）『中世商品流通史の研究』法政大学出版局。

佐々木克（１９９２）『日本の歴史17　日本近代の出発』集英社。

佐々木克（２０１４）『幕末史』ちくま新書。

佐々木聡（２０１７）『丸田芳郎』ＰＨＰ研究所。

重藤威夫（１９６８）「東南アジアと御朱印船貿易」『長崎大学学術研究年報（９）』

島薗進（２０１０）『国家神道と日本人』岩波新書。

島田虔次（１９６７）『朱子学と陽明学』岩波新書。

シュウ・ミンチュン（２０１７）「経済教室　アジアで進む少子高齢化　低所得世帯の教育支援を」『日本経済新聞』２０１７年5月30日朝刊。

ジョージ、ビル（小川孔輔監訳・林麻矢訳）（２０１７）『True North リーダーたちの羅針盤』生産性出版。

末永國紀（２０１１）『近江商人三方よし経営に学ぶ』ミネルヴァ書房。

鈴木大拙（１９７２）『日本的霊性』岩波文庫。

高橋幸市・荒牧央（２０１４）「日本人の意識・40年の軌跡（２）――第9回「日本人の意識」調査から」『放送研究と調査』8月号、ＮＨＫ放送文化研究所。

http://www.nhk.or.jp/bunken/research/yoron/pdf/20170301_8.pdf（２０１７年6月15日アクセス）

高橋典幸・五味文彦編（２０１９）『中世史講義――院政期から戦国時代まで』ちくま新書。

高埜利彦（１９９２）『日本の歴史13　元禄・享保の時代』集英社。

田中彰（１９９２）『日本の歴史15　開国と倒幕』集英社。

田村秀男（２０１７）「日曜経済講座」『産経新聞』6月4日朝刊。

土屋喬雄（２００２）『日本経営理念史（新装復刻版）』麗澤大学出版会。

統計数理研究所（２０１６）「国民性の研究」。

http://www.ism.ac.jp/kokuminsei/table/（２０１７年8月1日～10日アクセス）

戸部良一・寺本義也・鎌田伸一・杉之尾孝生・村井友秀・野中郁次郎（１９９１）『失敗の本質――日本軍の組織論的研究』中公文庫。

トムソン・ロイター（２０１６）「「Diversity & Inclusion（D&I）Index」。https://www.thomsonreuters.co.jp/ja/press-releases/2016/jp-thomson-reuters-launches-di-index-reveals-top-100-most-diverse-inclusive-organizations-globally.html.（２０１７年８月12日アクセス）

どりむ社編（２０１６）『三方よし　ツカキのいまむかし』。

内閣府（２０１６）「日本の対外直接投資の動向」。www5.cao.go.jp/keizai3/monthly_topics/2016/0129/topics_048.pdf.（２０１７年８月10日アクセス）

内閣府（２０１７）「社会意識に関する世論調査」。http://survey.gov-online.go.jp/index-sha.html.（２０１７年７月21日アクセス）

内閣府（２０１８）「国民経済計算（ＧＤＰ統計）」。http://www.esri.cao.go. jp/jp/sna/menu.html.（２０１８年８月９日アクセス）

内藤莞爾（１９７８）『日本の宗教と社会』御茶の水書房。

中内㓛（１９６９）『わが安売り哲学』日本経済新聞社。

中島岳志（２０１７）『親鸞と日本主義』新潮選書。

中村哲（１９９２）『日本の歴史16　明治維新』集英社。

長井利浩（２０１２）『井上毅とヘルマン・ロェスラー』文芸社。

ナジタ、テツオ（子安宣邦訳）（１９９２）『懐徳堂――18世紀日本の「徳」の諸相』岩波書店。

日経ビジネス（２０１３ａ）「古森重隆の経営教室１〜４」、３月４日号、11日号、18日号、25日号。

日経ビジネス（２０１３ｂ）「特集 禅と経営」12月16日号。

日経ビジネス（２０１４）「遺言　日本の未来へ」12月29日号。

日経ビジネス（２０１８）（２０１８年）「特集　カリスマと老害」７月９日号。

新渡戸稲造（奈良本辰也訳・解説）（１９９３）『武士道』三笠書房。

日本経済新聞（２０１４ａ）「リアルの逆襲 日本の時価総額上位３００社 設立年代別の分布」１月９日朝刊。

日本経済新聞（２０１４ｂ）「グローバルデータマップ　技術革新の熱源広がる」３月３日朝刊。

日本経済新聞（２０１４ｃ）「グローバルデータマップ　日本の女性、まだまだ働きにくい」５月26日朝刊。

日本経済新聞（2014d）「グローバルデータマップ　外国人　働きにくい日本」7月28日朝刊。

日本経済新聞（2017a）「名ばかり研究大国ニッポン　目先主義、革新生まず　大企業偏重で効率低く」5月15日朝刊。

日本経済新聞（2017b）「スタートアップ大競争（上）走り出す　起業家4億人　大変革期、小が大を制す」5月22日朝刊。

日本経済新聞（2018a）「スローな教育改革　多様性が未来を開く生産性考　一歩前へ（4）」5月3日朝刊。

日本経済新聞（2018b）「トヨタ「電気自動車に出遅れ」の誤解　トヨタ「CASEバブル」に立ち向かう（下）」6月6日朝刊。

日本経済新聞（2018c）「科学技術大国　衰える研究基盤」10月13日朝刊。

日本経済新聞（2018d）「外国人受け入れ『賛成』54％」10月29日朝刊。

日本経済新聞（2018e）「外国人・単純労働に門戸」11月2日夕刊。

日本経済新聞（2019a）「標準化争いへ群雄割拠」1月9日朝刊。

日本経済新聞（2019b）「日産・ルノー連合、自動運転でグーグル陣営に参画」2月6日朝刊。

日本政府観光局（JNTO）（2018）「PRESS Release（報道発表資料）」。https://www. jnto. go. jp/jpn/statistics/data_info_listing/pdf/180116_monthly.pdf.（2018年8月9日アクセス）

日本貿易振興会（ジェトロ）（2016）「世界貿易投資報告2016年版」。https://www.jetro.go.jp/news/releases/2016/41ec591029d31aca.html.（2017年6月10日アクセス）

日本貿易振興会（ジェトロ）（2019）「直接投資統計 日本の直接投資（残高）」https://www.jetro.go.jp/world/japan/stats/fdi.html.（2019年5月3日アクセス）

野中郁次郎・戸部良一・鎌田伸一・寺本義也・杉之尾宜生・村井友秀（2005）『戦略の本質』日本経済新聞社。

野中郁次郎（2017）『本田宗一郎』PHP研究所。

長谷川宏（2015）『日本精神史　下』講談社。

波多野澄雄・戸部良一・松元崇・庄司潤一郎・川島真（2018）『決定版　日中戦争』新潮新書。

浜野潔・井奥成彦・中村宗悦・岸田真・永江雅和・牛島利明（2009）『日本経済史1600―2000』慶應義

塾大学出版会。

林廣茂（１９９９）『国境を越えるマーケティングの移転』同文舘出版。

林廣茂（２０１２）『ＡＪＩＮＯＭＯＴＯグローバル競争戦略』同文舘出版。

林文（２０１０）「現代日本人にとっての信仰の有無と宗教的な心――日本人の国民性調査と国際比較調査から」『統計数理』（統計数理研究所）第58巻第1号、39〜59頁。

http://www.ism.ac.jp/editsec/toukei/pdf/58-1-039.pdf.（２０１７年6月17日アクセス）

ハンチントン、Ｓ・Ｐ（鈴木主税訳）（１９９８）『文明の衝突』集英社。

半藤一利（２００８）『幕末史』新潮社。

深尾京司・中村尚史・中林真幸編（２０１７ａ）『岩波講座　日本経済の歴史　1中世　11世紀から16世紀後半』岩波書店。

深尾京司・中村尚史・中林真幸編（２０１７ｂ）『岩波講座　日本経済の歴史　2近世　16世紀末から19世紀前半』岩波書店。

福田恆存（１９６９）『日本を思ふ』文藝春秋。

藤直幹（１９５６）『日本の武士道』創元社。

藤井讓治（１９９２）『日本の歴史12　江戸開幕』集英社。

文藝春秋（２０１７）「大特集　人口減少はこわくない　経済成長をあきらめるな」6月号、２６４〜75頁。

細谷雄一（２０１５）『歴史認識とは何か【戦後史の解放Ⅰ】』新潮選書。

ベラー、Ｒ・Ｎ（池田昭訳）（１９９６）『徳川時代の宗教』岩波文庫。

ベンチャーエンタープライズセンター（２０１６）「ベンチャー白書２０１６」。

http://www.vec.or.jp/wordpress/wp-content/files/2016_VECYEARBOOK_JP_VNEWS_09.pdf.（２０１７年5月24日アクセス）

法政大学産業情報センター・橋本寿朗・武田晴人編（１９９２）『日本経済の発展と企業集団』東京大学出版会。

法務省（２０１７）「在留外国人統計（旧登録外国人統計）統計表」。

http://www.moj.go.jp/housei/toukei/toukei_ichiran_touroku.html.（２０１７年7月10日アクセス）

牧野邦昭（2018）『経済学者たちの日米開戦』新潮選書。

松尾匡（2009）『商人道ノス丶メ』藤原書店。

松下幸之助（1979）『人を活かす経営』PHP研究所。

松下幸之助（2001）『実践経営哲学』PHP文庫。

松下政経塾編（1983）『松下政経塾　塾長問答集』PHP研究所。

マディソン、アンガス（金森久雄監訳）（2000）『世界経済の成長史1820～1992年――199カ国を対象とする分析と推計』東洋経済新報社。

松本健一（1998）『日本の近代1　開国・維新　1853～1871』中央公論新社。

三谷太一郎（2017）『日本の近代とは何であったか――問題史的考察』岩波新書。

南埜利彦（1992）『日本の歴史13　元禄・享保の時代』集英社。

宮本又郎（1999）『日本の近代11　企業家たちの挑戦』中央公論新社。

三和元（2018）「日本企業の海外直接投資の歴史と問題点」『岐阜経済大学経済学論集』51巻3号。

http://gku-repository.gifu-keizai.ac.jp/bitstream/11207/249/3/ronshu_51%283%29_021_MIWA.pdf.（2019年5月3日アクセス）

村田ひろ子（2014）「日本人が持つ国への愛着とは――ISSP国際比較調査（国への帰属意識）：日本の結果から」『放送研究と調査』5月号、NHK放送文化研究所。

http://www.nhk.or.jp/bunken/summary/research/report/2014_05/20140502.pdf.（2017年6月15日アクセス）

村田ひろ子（2017）「国への愛着と対外国人意識の関係――ISSP国際比較調査「国への帰属意識」から」『放送研究と調査』3月号、NHK放送文化研究所。

http://www.nhk.or.jp/bunken/research/yoron/pdf/20170301_8.pdf.（2017年6月17日アクセス）

村上重良（1970）『国家神道』岩波新書。

村山元理（2012）「スピリチュアリティと経営」経営哲学学会編『経営哲学の授業』（219～227頁）PHP研究所。

山口栄一（2006）『イノベーション　破壊と共鳴』NTT出版。

義江彰夫（１９９６）『神仏習合』岩波新書。

吉田實男（２０１０）『商家の家訓　経営者の篤きこころざし』清文社。

吉田裕（２００７）『アジア・太平洋戦争　シリーズ日本近代史⑥』岩波新書。

吉田裕（２０１７）『日本軍兵士――アジア・太平洋戦争の現実』中公新書。

吉本隆明・梅原猛・中沢新一（１９９５）『日本人は思想したか』新潮社。

歴史の謎研究会編（２０１０）『「奇跡」の日本史』青春出版社。

渡辺利夫（１９９３）「ヴォーゲル教授の「四小龍」、私の試論――訳者あとがきにかえて」エズラ・F・ヴォーゲル（渡辺利夫訳）（１９９３）『アジア四小龍　いかにして今日を築いたか』中公新書。

綿貫友子（２０１７）「第５章　商業とサービス　中世の交易」深尾・中村・中林編（２０１７ａ）『岩波講座　日本経済の歴史　１中世　11世紀から16世紀後半』岩波書店。

和辻哲郎（１９５２ａ）『日本倫理思想史 上巻』岩波書店。

和辻哲郎（１９５２ｂ）『日本倫理思想史 下巻』岩波書店。

英語

Gallup（2013）The State of the Global Workplace.
http://www.gallup.com/poll/165269/worldwide-employees-engaged-work.aspx, accessed on July 30, 2017.
IMD（2017）World Talent Ranking 2017.
file:///C:/Users/HayashiHiroshige/Downloads/talent_ranking_2017_web.pdf, accessed on May 21, 2017.
IMD（2018）World Competitiveness Yearbook 2018.
https://www.imd.org/wcc/world-competitiveness-center-rankings/world-competitiveness-ranking-2018/,accessed on August 9, 2018.
IMF（2018）World Economic Outlook Database.
https://www.imf.org/external/pubs/ft/weo/2018/01/weodata/index.aspx, accessed on August 9, 2018.
US & World Report（2018）"Overall Best Countries Ranking"

https://www.usnews.com/news/best-countries/overall-full-list, accessed on August 9, 2018
WIN/Gallup International (2015) End of Year Survey 2014.
http://www.wingia.com/en/services/end_of_year_survey_2014/regional_results/8/46/, accessed on July 28,2017.
WEF (World Economic Forum) (2017) The Global Competitiveness Report 2017-2018.
http://www3.weforum.org/docs/GCR2017-2018/05FullReport/TheGlobalCompetitivenessReport2017%E2%80%932018.pdf, accessed on September 27, 2017.

ちくま新書
1413

日本経営哲学史《にほんけいえいてつがくし》
――特殊性《とくしゅせい》と普遍性《ふへんせい》の統合《とうごう》

二〇一九年六月一〇日　第一刷発行

著　者　林　廣茂（はやし・ひろしげ）

発行者　喜入冬子

発行所　株式会社 筑摩書房
東京都台東区蔵前二―五―三　郵便番号一一一―八七五五
電話番号〇三―五六八七―二六〇一（代表）

装幀者　間村俊一

印刷・製本　株式会社 精興社

ISBN978-4-480-07232-0 C0234

ちくま新書

619
経営戦略を問いなおす
三品和広
戦略と戦術を混同する企業が少なくない。見せかけの「戦略」は企業を危うくする。現実のデータと事例を数多く紹介し、腹の底からわかる「実践的戦略」を伝授する。

225
知識経営のすすめ
――ナレッジマネジメントとその時代
野中郁次郎
紺野登
日本企業が競争力をつけたのは年功制や終身雇用の賜物のみならず、組織的知識創造を行ってきたからである。知識創造能力を再検討し、日本的経営の未来を探る。

396
組織戦略の考え方
――企業経営の健全性のために
沼上幹
組織を腐らせてしまわぬため、主体的に思考し実践しよう！　組織設計の基本から腐敗への対処法まで「これウチの会社！」と誰もが嘆くケース満載の組織戦略入門。

1394
日本が外資に喰われる
中尾茂夫
「資産の壮大な歴史的移転」はなぜ起きたのか。転換点となった不良債権処理ビジネスの力学を解明し、「失われた30年」が物語る日本社会の仕組みを描く。

1166
ものづくりの反撃
中沢孝夫
藤本隆宏
新宅純二郎
「インダストリー4.0」「IoT」などを批判的に検証し、日本の製造業の潜在力を分析。現場で思考をつづけてきた経済学者が、日本経済の夜明けを大いに語りあう。

1222
イノベーションはなぜ途絶えたか
――科学立国日本の危機
山口栄一
かつては革新的な商品を生み続けていた日本の科学産業はなぜダメになったのか。シャープの危機や日本政府のベンチャー育成制度の失敗を検証。復活への方策を探る。

990
入門　朱子学と陽明学
小倉紀蔵
儒教を哲学化した朱子学と、それを継承しつつ克服しようとした陽明学。東アジアの思想空間を今も規定するその世界観の真実に迫る、全く新しいタイプの入門概説書。